ミネルヴァ日本評伝選

慷慨の志猶存す

満川亀太郎

福家崇洋 著

ミネルヴァ書房

図版出所一覧

東亜電報通信社編集局で（一九二三年一〇月、丸の内ビルディング）（早稲田大学図書館所蔵）……カバー写真
満川亀太郎（早稲田大学図書館所蔵）……口絵1頁
露支事情講演会（拓殖大学神奈川会主催）で講演中の満川（一九三三年一一月一八日）（早稲田大学図書館所蔵）……口絵2頁上
家族と（一九三〇年一月一九日）（早稲田大学図書館所蔵）……口絵2頁下
家族と（一八九五年）（川島一彦氏所蔵）……14
友人と（一九〇三年五月）（早稲田大学図書館所蔵）……25
私立吉田中学校（早稲田大学図書館所蔵）……28
金波会会員と（一九〇五年五月）（早稲田大学図書館所蔵）……32
東上並びに在京委員一同（一九〇六年一一月六日）（早稲田大学図書館所蔵）……41
早大在学時代に友人と（一九〇八年六月）（早稲田大学図書館所蔵）……52
民声新聞入社記念撮影（一九〇七年一一月）（早稲田大学図書館所蔵）……57
京都円山公園で旧友と（一九一〇年一月）（早稲田大学図書館所蔵）……71
上泉徳彌（一九一二年六月）（早稲田大学図書館所蔵）……78
鎮海の上泉邸で（一九一二年五月二四日）（早稲田大学図書館所蔵）……84

満川と逸子（原真理氏所蔵）……90
大日本社前で（一九一五年一二月）（早稲田大学図書館所蔵）……95
友人と（一九一三年七月）（早稲田大学図書館所蔵）……98
ボース一家とタゴール（一九二四年六月）（早稲田大学図書館所蔵）……103
北一輝（一九二二年一月）（原真理氏所蔵）……114
『雄叫び』創刊号表紙（一九二〇年七月）……130
東京駅到着時の皇太子一行（大阪毎日新聞社編『皇太子殿下御渡欧記念写真帳』壱巻、大阪毎日新聞社、一九二一年）……142
仙台にて（一九二二年）（早稲田大学図書館所蔵）……153
帝大日の会主催鹿子木員信送別会（一九二三年三月、有楽町山水楼）（早稲田大学図書館所蔵）……156
東亜電報通信社編集局で（一九二三年一〇月、丸の内ビルディング）（早稲田大学図書館所蔵）……163
拓殖大で講義をする満川（一九三三年一二月）（早稲田大学図書館所蔵）……167
社会教育研究所（一九二五年三月）（早稲田大学図書館所蔵）……170
社会教育研究所第三回卒業式で祝辞を述べる牧野伸顕（一九二五年三月）（早稲田大学図書館所蔵）……175
安田共済生命会社争議団一同と行地社社員（一九二六年）（清水行之助著、清水行之助回想録刊行会編『大行　清水行之助回想録』原書房、一九八二年）……187
朴烈怪写真事件で撒かれた怪文書（一九二六年七月）……191
大阪で同志と（一九二六年九月）（早稲田大学図書館所蔵）……197
逸子と生後五ヶ月の建（一九二七年五月）（早稲田大学図書館所蔵）……199

拓殖大学講演部旅行で（原真理氏所蔵）……201
敬愛学寮前の早大潮の会会員（一九二八年二月）（早稲田大学図書館所蔵）……205
床次竹二郎（一九二九年三月、衆議院控室）（前田蓮山『床次竹二郎伝』床次竹二郎伝記刊行会、
一九三九年）……214
小森雄介（小森彰子氏所蔵）……225
芝公園南洲庵での会合（一九二九年七月）（早稲田大学図書館所蔵）……241
朝鮮女子学寮創立相談会（一九三一年一二月）（早稲田大学図書館所蔵）……246
興亜学塾事務所（一九三〇年一一月）（早稲田大学図書館所蔵）……248
興亜学塾新学年開講式（一九三一年四月）（早稲田大学図書館所蔵）……250
首相官邸前の新日本国民同盟員（一九三四年九月）（早稲田大学図書館所蔵）……288
昭和神聖会統管の出口王仁三郎（大本七十年史編纂会『大本七十年史』下巻、大本、一九六七年）……292
『月刊維新』刊行告知（一九三四年一〇月）……299
故藤井斉君慰霊祭記念撮影（靖国神社、一九三五年二月）（早稲田大学図書館所蔵）……301
第一回早天顕修会記念撮影（靖国神社、一九三五年一〇月）（早稲田大学図書館所蔵）……310
第二回早天顕修会記念撮影（靖国神社、一九三五年一二月）（早稲田大学図書館所蔵）……313
中川小十郎立命館長古稀祝賀会（浅草草津亭、一九三五年一一月）（早稲田大学図書館所蔵）……315
満川一家（原真理氏所蔵）……325

凡　例

・本書では、一部の人名・固有名詞を除き新字体を用いた。引用文においては原文の仮名遣いを反映させた。

・引用文中、引用者による省略は……で示し、注記は〔　〕に入れて示した。／は原文における改行を、□は判読不能文字をあらわす。また読者の便を考え、原文のルビ、傍点、傍線等を一部省略し、原文にないルビも適宜挿入した。

・引用文中に今日から見れば一部差別的表現があるが、資料の歴史性を尊重してそのままとした。

・現在の中国東北地方の旧名は「満洲」を用いた。「満洲国」は傀儡政権の国号として本来「　」を付すべきだが、煩瑣を避けるため省略した。

序章　国家改造の胎動

1　日本の「岩戸開き」

上海「密航」

北一輝、長崎に到着す、との一報が満川亀太郎のもとに届けられたのは一九二〇年を迎えた直後だった。満川は上海にいた北を日本に迎えようとした当人で、前年八月、国家改造の実行を目指す猶存社《ゆうぞんしゃ》を東京で設けていた。満川にしてみれば、この新たな運動をみちびく人物こそ北一輝であった。

北を訪ねる大役を満川から任せられたのが、猶存社同人の大川周明である。上海行きをひかえた大川は、一九一九年八月六日付で船便に関する詳細な手紙を満川に送った。

（一）上海経由漢口行一貨物船、本月十二日肥前唐津を発し、上海に直航す。航程約三日。

（二）船長は『某学生の避暑旅行を試みんと欲する者の為に便宜を図りたし』との口実の下に、一名又は二名を乗船せしむる承諾を船主より得たり。

（三）貨物船にして客室なきが故に、船長特に自己の船長室を提供すること、なれり。船長室は大なる窮屈を感ずることなくして二名起臥することを得べし。

（四）乗船者は食料実費を支払ふ可し。但し極めて少額なり。

（五）乗船者は唐津に至りて必要なる紹介状を船長に提示す可し。船長直ちに乗船を承諾す。

（六）帰港の際は筑前若松港に上陸す可し。上海上陸に際しては何等法律上の困難なし。但し客室なき貨物船の乗客を乗船せしむるは違法なるが故に、若松に於て水上警察署及び税関官吏来船臨検の際は、汽船の船員なるが如く粧ふて彼等の注意を免るゝの必要あり。之に関しては船長好意を以て適宜その方法を教示す可し。

（七）若し日本よりの乗船者なく、汽船復航に際して上海よりの乗船者ある場合には、同じく当方より該乗船希望者に宛て予じめ送致する紹介状を船長に提示すれば、船長直ちに之に応ず。若松上陸の際に（六）の注意を要するは言を須ゐず。（「満川亀太郎宛大川周明書簡」同年八月六日付）

大川が乗る予定の船は、天光丸といった。同船は、鉄道に使う枕木を北海道で積みこんで漢口まで運んでおり、途中燃料補給のため、唐津に寄港することになっていた。この機をねらって密航を企てようというのである。

そのためには、旅費の捻出という難問もあった。当時、大川は南満州鉄道株式会社東亜経済調査局の嘱託だったが、見積もった旅費一〇〇円は月俸の約二倍にあたり、すぐに用意することは難しかった。先に引用した手紙のつづきで、大川は次のように訴えている。

さて先夜御相談の際、打電効を奏せざる場合は、小生岩戸開きの役を仰せ付かるやう一旦は承知仕り候へども、今日精確に事情を調べ上げ予想外に費用を要することを知り、聊か困難を感じ申候。兎に角茲数日間に小生が百円を手に入れることは不可能の事に御座候へば、これは一つ大兄か平賀君かゞ、いづくよりか軍資を引出して御出馬下さるわけに参るまじく候や。若し大兄の方にても軍資調達叶はずば、吾等各自若干を分担して集め得たる金子を為替に組み、乗船紹介状と共に之を先方に送致せば、態々こちらから出かけずとも、先方も我を折りて帰国の途に就くべしと存ぜられ候が如何。委細を陳じて御相談まで取急き如是に御座候。（同前）

大川の本音が透けて見える内容だが、「軍資調達」は急務であった。書簡にある「平賀君」とは猶存社同人の平賀磯治郎を指す。その平賀も旅費調達のあてはなく、結局、もうひとりの同人何盛三（赤松則良男爵三男で何家嗣子）が蔵書を売り払って旅費にあてた（満川亀太郎『三国干渉以後』二二〇頁）。

旅装が整った大川は八月一三日に東京を発ち、翌日唐津に着いて天光丸の到着を待った。

国家改造案原理大綱

暴風雨のため予定より遅れて唐津を発った大川は、八月二二日夜、上海港に着いた。わずか三日間の滞在だったが、初対面の二人は太陽館の一室で夜通し語り合うほど意気投合した。帰途につく大川に、北はひと月の断食をへて途中まで書きあげた「国家改造案原理大綱」を託した。

上海を発った大川を追うように北が出した八月二七日付の書簡では、大川の来滬を謝すとともに、満川、大川の二人に「根本的改造」を前にした「大同団結の方針」を説いた。

拝啓。今回ハ大川君海ヲ渡リテ御来談下サレシ事国家ノ大事トハ申セ誠ニ謝スル辞モアリマセヌ。残リノ「国家ノ権利」ト云フ名ノ下ニ日本ノ対外方針ヲ原理的ニ説明シタ者ヲ送リマス。米国上院ノ批準拒絶カラ世界大戦ノ真ノ結論ヲ求メラル、事等実ニ内治ト同時ニ外交革命ノ転機モ一時ニ到来シテ居マス。凡テ二十三日ノ夜半ニ物語リシマシタ天機ヲ捉ヘテ根本的改造ヲナスコトガ先決問題デアリ根本問題デアリマス。大同団結ノ方針デ国際戦争ト同ジク一人デモ敵ニ駆リ込マザル大量ヲ以テ御活動下サイ。小生モ早ク元気ヲ恢復シテ馳セ参ズル決意シテ居マス。岩田君ヲ宜ロシク御願申シマス。頓首。（「満川亀太郎・大川周明宛北一輝書簡」同年八月二七日付）

この書簡には「国家改造案原理大綱」の残り（巻八）が同封され、満川と大川は完成した大綱を謄写版刷りにして朝野に頒布した。後年、この経緯を大川は次のように回想する。

この『国家改造法案原理大綱』が満川君を初め吾々の同志を歓喜勇躍させたことは言ふ迄もない。それは独り吾々だけでなく、当時の改造運動にたづさはる人々の総てが切望して止まざりしものは、単なる改造の抽象論に非ず、実にその具体案であつたからである。北君の法案は暗中に模索していた人々に初めて明白なる目標を与へたものであつた。吾々は直ちに之を謄写版に附することにした。岩田君が刷役に当つたが、彼にステロを握らせると豪力無双の当世近藤勇のことであるから、二三枚刷ると原紙が破れて閉口したが、とにかく第一回分として四十七部を刷り上げた。四十七は言ふ迄もなく赤穂義士の人数である。そして主として満川君が人選の任に当り、同君が当代の義士と見込んだ人々に送つて其の反響を待つた。その最も著しい反響は翌大正九年一月、休会明け議会の壁頭に、貴族院議員江木千之が秘密会を要求し、此の書の取扱方に就て政府に質問したことであつた。そのために改造法案は正式に発売頒布を禁止され満川君は秘密出版の廉で内務大臣から告訴されたが、幸ひに不起訴となつた。（大川周明「北一輝君を憶ふ」）

「岩田君」とは北の弟子岩田富美夫《ふみお》のことで、彼は八月一六日に北のもとから満川を訪ねてきた。岩田を介して届けられた北の手紙（八月九日付）には、「今後は詳細の説明者も無用の時代と相成、只一方方針を確立して大同団結するの一事あるのみに候。小生も月末頃には帰京の考へに候間委細は国柱諸君子に拝姿して縷述可申、只如何なる内憂外患に対しても眉一つ動かさざる不動心を以て天下の先導たり度く候」とあった（「満川亀太郎宛北一輝書簡」同年八月九日付）。

しかし、満川らの期待をよそに、北は八月末になっても、一一月になっても帰国しなかった。その理由を、北は自身に課した「修行」をまっとうできていないからだと言った。

目下の小生ハ尚霊的苦闘を続けて居ます。禅室の問答等の畳水練に非らさるだけに今尚苦闘しつゝ苦闘の跡を顧みる時実に血痕拭ふに暇なきものを覚へます。小生にして若し君に何者かを御須ちすることが出来るものとせバ御目にかゝりて只此の霊的勝利を其侭御土産にしたいとのみ考へて居ます。（「満川亀太郎宛北一輝書簡」同年一一月六日付）

東京駅で待つ

修行不足の不安をかかえながら、北が妻子、弟子たちと上海を発ったのは年の瀬であった。この日本行の理由を、のちに北は「朝鮮が日本内地の思想問題に干し色々な騒ぎが続発するので」と語っている（北一輝『北一輝著作集』Ⅲ、三〇九頁）。

北一行は、妻の実家がある長崎に落ちつき、ここで正月を迎えた。東京で首を長くして待つ満川のもとに、北は一九二〇年一月一日付の手紙を送り、修行未完で心身衰弱ながら、遠からず「一歩卒」として馳せることを伝えた（「満川亀太郎宛北一輝書簡」同年一月一日付）。

北が東京に向けて発ったのは一月三日である。途中、山口の三田尻駅（現在の防府駅）で、北は「マンカワカメタロ」宛に「アスゴゴ一ジトウキヨウエキニテアイタシ」と打電、この電報は四日に届いた（「満川亀太郎宛北一輝電報」）。

北の帰国は、満川ら同志や当局だけでなく、四日付の国民新聞を通して広く知れわたった。記事には「マルクスの亜流を汲む純正社会主義者」が「不穏の密書」を「内地の各社会主義者間」に配布し宮内省への「或る種の請願」を目論んでいることになっていた（前掲『三国干渉以後』二三四頁）。しかし、そうではなく、北が「熱烈なる国家民族主義者」となっていたからこそ、満川は北を迎えたいと思ったのだった（同前、二三〇頁）。「密書」とされた『国家改造案原理大綱』も、満川は「若干の先輩国士」に配っただけで、直ちに実行運動をやろうというわけではなかった（同前、二三六頁）。

満川は新聞社に掛け合ってこの記事を訂正させ、北が東京に着く一月五日午後一時に東京駅に迎えに行った。改札口で降車客を見つめるものの、数年ぶりに見る北の姿を認めることができなかった。車中で身の危険を察した北は、中国服を洋服に着替えて尾行をまいていたからである。

不安にかられた満川が急ぎ帰宅してみると、玄関先に見慣れぬ信玄袋が置かれていた。「オオ北さんは矢張り安着したのだ」と嬉しさのあまり声をあげた満川は、妻に自分の留守中のことを尋ねると、やはり北がこの家を訪ねたとのことだった（同前、二三八頁）。北の方も、満川が当局に拘束されたのではないかと心配し、彼の宅に直接足を運んでいたのだった。

二人は、その日の夕方、顔を合わせて互いの無事を喜びあった。同日夜、満川はさっそく北を牛込の猶存社に案内し、その場にいあわせた岩田富美夫も交えて神楽坂を歩いた。

北はすぐに猶存社に落ちつくつもりだったが、その夜は請われて、満川家の二階で長旅の疲れを癒やした。満川もまた一階で床に就いて「初めてホツと一息をついた」（同前、二三九頁）。国家改造の前夜というべき静けさだった。

2 「草莽」の革命家

満川亀太郎は、これまで北一輝、大川周明の影に隠れてあまり注目されてこなかった。そんな状況が近年急速に変化している。

まず満川の孫にあたる原真理氏から国会図書館憲政資料室や早稲田大学図書館に資料が寄贈され、「満川亀太郎関係文書」「満川亀太郎関係資料」として公開された。あわせて、満川の日記、書簡、資料、著作などの翻刻・刊行が進むなど資料的な基盤が整いつつある。

しかしながら、満川に関するまとまった評伝は没後八〇年になる今日でも一冊もない。そこには、満川特有のある難しさがある。老壮会で満川と知り合い、長く交友を重ねた下中《しもなか》彌《や》三郎《さぶろう》（平凡社創業者）は、満川の姿を次のようにあらわしている。

老壮会から猶存社になり、猶存社から大学寮時代となり行地社時代があつて、流れが幾筋にもわかれた。

流れが幾筋にもわかれたけれども君はどの流れにも定着せず、どの流れにも流れてゐた。

維新運動の実際的方面と学究的指導と、人格的重味との綜合の存在として存在した。

教授として講演者として、君は成功した。がしかしこれは君の本領ではなかつた。生活戦線の営みのためにさうせざるを得なかつたのだ。（下中彌三郎「満川君について」）

「どの流れにも流れてゐた」満川の軌跡を描くには、「どの流れ」をも明らかにし、そこに満川を位置づけなければならない。けれども、今日の研究では、満川のアジア主義的側面や、北や大川との交流のみが描かれているにすぎず、その全貌はわかっていない。また、下中が言うように、「維新運動」の「実際的方面」「学究的指導」「人格的重味」の三位一体を体現できたのは満川をおいて他にはいなかった。だからこそ、下中は自らの運動の後継者に指名するほど満川に期待していたのだ。

特に政治・社会運動で欠けやすい「人格的重味」こそ、満川が本領を発揮した部分であった。大正初期から満川と交友のある新宿中村屋のラス・ビハリ・ボースも、この満川の精神を「潤ひのある心」と呼んで敬愛した。

満川君の名は満川亀太郎君であるが、私は同君を蜜甕君と名付けてゐた。何故ならば、満川君は、圧政の下にある人々迫害された人々、苦める人々にとつては、洵に蜜の充ちる甕の如き潤ひのある心を示し、その救済の為に献心的に努める人であつたからである。（ラス・ビハリ・ボース「満川君を憶ふ」）

満川は、革命に対する熱情をあますところなく国家改造運動に注ぎ込みながら、その類まれな包容力で組織と運動に生気を与えつづけようとした。だからこそ、満川が身を投じた国家改造運動とあわせて彼の生涯を描き出さなければ、彼本来の姿と精神を見失うことになりかねない。満川は、国家改造のためにあえて思想、身分、職業、信仰などを越えた交渉を引き受けようとした人物であり、彼の軌跡をとらえることはイデオロギーや固定観念によって左右両翼に引き裂かれた政治・社会運動の歴史を描き直すことにほかならない。本書がそのための一助となれば幸いである。

第一章　学校騒動

1　みやこを離れて

亀太郎の誕生

満川亀太郎は、現在京都に眠っている。京都駅から北西に車で約二〇分、上京区下立売千本西入の勝巌院《しょうがんいん》（浄土宗）に彼の墓はある。

満川は、大阪に生まれて東京で亡くなった。しかし、満川の父も母も京都の生まれで、満川も自らの「郷里」を京都と述べる（前掲『三国干渉以後』六頁）。

満川家は、勝巌院の近くで商家を営んでいた。屋号は松屋であり、当主は代々勘兵衛を名乗った。子孫のもとに残されていた「系歴」と題する文書には、松屋について次のように記されている。

父ハ満川雅恭（勘兵衛）母ハいく子。

父ノ家ハ元ト京都市日暮出水ニテ呉服商ヲ営ミ、松屋ト号シ、維新前後ニハ三井ト拮抗シ、土蔵十六、借家二百軒ヲ有セリ、父ノ代ニ至リテ維新ノ変ニ際シ、又北海道松前ノ貿易ニ従ヒ船舶ノ難破スルニ及ビテ大損失ヲ招キ、遂ニ一家没落セリ。

「三井ト拮抗」は他資料から確認できなかったが、明治初期に満川家が交易商を営んでいたことは、子孫のもとに残されていた、「午正月」（明治三年〔一八七〇〕か）に民部省通商司が松屋勘兵衛を「北海産物商社肝煎」に任命した文書から裏付けることができる。

京都市歴史資料館には、一八七六年一二月付で満川勘兵衛と妻から織物問屋福井宗兵衛に宛てた借金証文が残されている（「証」）。その額は三七八円で、さきの「大損失」と何らかの関連があるのかもしれない。この没落の時期は、満川の祖父僖右衛門から父勘兵衛（雅恭）に家督が移った時期と重なっている。

父の勘兵衛は、満川の著作や日記にほとんど登場しないものの、母いく（満川の戸籍簿には「以く」）については幼少期の思い出とともに懐かしく描かれている。いくは旧姓川島で、下京区の商家の出だった。川島家の屋号は荒物屋、当主は代々治兵衛を名乗り、いくは四代目治兵衛の娘として生まれた。しかし、明治維新の頃に父や兄妹が亡くなり、母みねといくだけが残された。そこで、川島家は兵庫の親戚で酒造家の藤澤家次男の兼三郎をいくの夫として養子に迎えいれ、その長男として一八七七年に元治郎《もとじろう》（のち元次郎と改名）が生まれた（拙稿「海外雄飛時代の歴史学　川島元次郎と京都の歴史」）。

けれども、兼三郎の素行はあまり優れなかったらしい。後年、川島元次郎によって編まれた家歴には兼三郎の金遣いに問題があったと記されている（『私史』）。ほどなくして、いくと兼三郎は離縁するが、みね、いく、元次郎だけで川島家を盛り立てていくのは難しかった。

そこに舞いこんできたのが、いくと満川勘兵衛との再婚話である。いくは満川家に嫁ぎ、川島家は幼い元次郎が継ぐことになる。しかし、いくが嫁いだ当時、満川家もまた転機にさしかかっていた。先述のように、家業が傾きかけていたのである。

そこで満川家は、親戚を頼って、大阪府豊島郡（現在の大阪府豊中市）に移ることを決める。そこには、勘兵衛の妹ぢうが嫁いでいた永田家があった。永田家は南豊島村原田で代々庄屋をつとめる「村一番の門閥家」で、戦後には京都市警察本部長永田圭一を輩出した（『永田圭一追想録』）。すでに信右衛門が永田家に居候していたことも、転居を後押しした。

慣れぬ大阪の地で再起をはかった満川家（勘兵衛、いく、元次郎）に、一八八八年一月一八日に新たな家族が生まれ、亀太郎と名付けられた。

亀太郎は、南豊島村で六歳になるまで過ごした。この時の一家四人の生活は幸せだったという。「故郷六年両親の膝下に浮世の風を知らず温かに育てられた僕は中々幸福で兄上の背に負はれて随分駄々をこね皆の者を困らしたものだ」（曉「記憶のとり〳〵」）。

しかしながら、大阪に移っても父の仕事はうまくはいかず、生活は次第に追いつめられていった。亀太郎によれば、「父〔雅恭〕は馴れぬ商売に失敗しその上病気にかゝつて床に就いたので秋風落莫

家族と（1895年）
左から母いく，亀太郎，川島元次郎

将に来らん」という有様だった（同前）。

いくにとっても大阪は慣れぬ地であり、元次郎もまだ一〇代の青年だった。それでも彼は一八九三年に高等小学校を卒えると、医家の書生になったり、村役場の書記になったりして、家計を支えた（満川亀太郎「『南国史話』の後に叙す」）。

家兄の背中

一八九五年、父と母、亀太郎の三人だけが京都に帰ることになった。元次郎はひとり大阪にとどまり苦学しながら教職の途を歩む。三人だけがなぜ京都に戻ることになったのかはよくわかっていない。あるいは生活のあてができたのかもしれない。

亀太郎が京都で通った小学校は、下京区の京都市立植柳尋常高等小学校だった。しかし、同校に通ったのは尋常科二年生から三年生までにすぎなかった。なぜなら、母と亀太郎だけが再び大阪で暮らすことになったからである。

一八九七年一月、二人は勘兵衛のもとを去って、大阪で教職に就いていた川島元次郎に引き取られることになった。父と別居の理由はわからないが、急に決まったようで、母いくと亀太郎が北新町の下宿屋に一、二週間滞在している間に、川島が新居を探した。三人の新しい生活は、大阪府豊能郡池田町の貸家からはじまった（暁峰「五月山麓の昔（中）」）。

亀太郎も大阪に転校することが決まった。転校先は兄がつとめる池田尋常高等小学校で、そこの三年次に編入された。担任は川島その人だった。川島は陸羯南の『日本』を購読し、鹿鳴館など欧化の風潮に反対する国粋主義に共鳴していた。この気持は授業でも抑えがたく、教壇の彼は「いたいけなる少年」を前に「熱血を双頬にたぎらせつゝ、東亜の地図を指して慷慨の志を述べ去り述べ来つた」（前掲『三国干渉以後』二三、四頁）。のちに川島は京都帝大で大学院まで進み、安土桃山・江戸期の海外貿易家を研究する。兄であり、家長であり、そして先生である川島の考えに、満川が自然と影響を受けることは逃れがたかったろう。

しかも、この兄弟は、その後の軌跡も重なっている。兄が一八九七年一〇月に池田尋常高等小学校から北豊島尋常高等小学校へ異動になると、弟も同校に転じたのである。

一八九九年四月に兄が京都で新設された第四高等小学校に転勤になると、弟も京都の第一高等小学校に転校した。京都行きは弟のたっての願いだったらしい。というのも、池田から南豊島へ移ると、満川は「島流し」にあったように感じ、京へ帰りたいと口癖のように兄に語っていたからである（同前、二三六頁）。

そして、今度は母もふくめて一家で京都市上京区へ舞いもどってきた。満川の喜びやいかにというところだろう。このとき彼は一二歳になっていた。

第一高等小学校の同級生のひとりに、のちの経済史の大家本庄栄治郎がいた。天長節（一一月三日）

の奉祝分列式では、本庄が級長として指揮したこともあった（同前、三八頁）。大阪生まれながら「京都人」を自認する満川にとって、こうした天皇関係の行事は尊皇心や明治維新の勤王家に対する憧憬をいやがうえでも高めたと思われる。

一九〇〇年になると兄がつとめる第四高等小学校に上級生用の学級が設けられ、四月に第一高等小学校から一〇〇名近い生徒が第四高等小学校に移った。そのなかには満川や本庄もいた。同校は設立間もないこともあって上級生がおらず、満川は急に最上級生になったことに得意を感じた（同前、四一頁）。

2 「東洋」への眼差し

自筆新聞

この頃から、満川の眼は外の世界に向けられた。ちょうど日清戦争から日露戦争に向かう時期である。満川少年の目を釘づけにしたのが義和団事件だった。彼は「扶清滅洋」をスローガンとする義和団を憎いとは思わず、「三国干渉」で遼東半島から日本を追いだしたロシアへの怒りを募らせていた。

こうした度重なる戦争が新聞の発行部数を伸ばすきっかけになったことはよく知られている。そんな時期にあって、満川も既存の新聞に飽きたらず、同級生たちと自作の新聞を交換しあった。一九〇〇年九月一七日からほぼ日刊で「山城日報」を発行する一方で、「新日本」も同時発行するという力の入れようである（「明治三三年（庚子）日記抄」同年九月一七日条）。彼の高等小学校時代の青春は、この自作新聞につぎ込まれたと言っていいだろう。

「東洋一ノ大新聞」と銘打たれた「山城日報」創刊号は、「社告」「電報」「論説」「時事」、「黄海大激戦」といった連載、「軍艦画報」の堂々たる構成である。もちろん満川が社長兼社員で、文字も絵も彼自身によるものだった。

「電報」「時事」は、普段の生活で目に止まった新聞や雑誌の記事から、満川が選んできたもので、「電報」はヨーロッパ、アジアまでふくまれ、特に軍事関係のものが多い。

「論説」にはこの頃の満川の関心があらわれている。同年代の高等小学校生への警鐘である「学生堕落」から「仏教廃止論」などの過激なものまである。紙面の多くは自筆の広告や挿絵で満たされ、見るものを楽しませてくれる。

同じ時期に、満川は週刊自筆新聞「新日本」も発行した。同年九月二三日の創刊、二号は三〇日に発行された（主筆は「満川梅花」）。わざわざべつに週刊紙を出したのは「東洋大事件ハ一日モ早ク迅速ニ報道スル」（「社告」）ためだったらしいが、二頁しかなく内容も薄い。二号以降は現物を確認できず、そのまま「廃刊」したようだ。

しかし、この余力は日刊新聞の発行に注がれ、「山城日報」は一五号（同年一〇月八日）から「京都独立新聞」に改題した。その理由は「山城日報ト云フ名ニハ余リ面白ク御座無ク候」であった（「山城日報社告」）。主筆はずっと「梅花」もしくは「満川梅花」である。

各号の構成は「山城日報」と大きな変化はなく、軍事関係の文章や挿絵が多い。その一方で、「論説」が一面に掲載され、満川の考えがより前面に押し出された。例えば、義和団事件を受けて、「東洋」の形勢を憂う文がつづられている。

危ヒ哉東洋ノ天地ハタシテ滅亡スベキ乎
北京陥リタリト雖平和未ダ成ラズ悲ヒカナ東洋ノ天地
我外務大臣死セルカイネムレル乎無能ナル乎
平和ハヨベドモ来ラズ此間ニ露ハ大ニ満洲ニ威ヲフルイ大ニ成ス所在ラントス危ヒカナ東洋ノ天地悲ムベキ哉東洋天地。（「嗚呼平和何日ニカ成ル。」）

嗚呼戦勝後ノ国民ハ何ヲユメミツ、アルカ、上ニハ内閣未ダ成ラズ下ニハ人民侈奢〔ママ〕ニフケル嗚呼何事ゾ而シテ隣近ヲ見渡セバ北清事変未ダ一段落ヲ告ゲズ露ハ満洲ヲ征服セントシ独仏又加ハラントス嗚呼東邦ノ危機ハ乃チ累卵ノ比ニ在ラズ嗚呼危ヒカナ（「東亜ノ形勢累卵ノ比ニアラズ（上）」）

脅威なるロシアを前に「東洋ノ平和」をいかに死守するかが満川の願いであり、ここに後年のアジア主義の萌芽を認めることができる。

その後、一年ほど発行のブランクをへて、「京都独立新聞」は一九〇一年一〇月一四日に「再刊」された。一一月一日には「新日本」再刊一号が、同月二一日には三号が出た。内容の濃さは再刊前と同じままに、一二月一日から「愛国新報」に改題した。

「京都独立新聞」再刊時に主筆名が「渓月」に変わったが、これも満川本人だろう。内容は以前とくらべて軍事もののかわりに、政治や地域に関する記事が増えている。

再刊の二四号から三八号までに八回確認できる連載「京阪神連合論」は、再刊後に迎えた天長節（一一月三日）にあわせて、天皇の肖像画とともに冊子として配布するほどの力の入れようである。

他の論説では、満川は西郷隆盛の主張に共感しながら、将来の「日本ハ東洋ノ大王トナレリキ」（「二十世紀末之日本（上）」）とか、「百年後ノ日本ハ北カ或ハ南洋ニ領地ヲ広メ再ビ東洋ノ繁盛ヲ期スベシ」（「二十世紀末之日本（下）」）などと述べている。

この主張を裏打ちするものが彼の愛国心であり、「満川君ガ主字ハ至誠、血涙ノ四個△ソレニ副主字ガ独立、自由△特別トシテ尊王愛国」と書いたのは満川本人である（一記者「題しらず。」）。

八四号附録に掲載された「桑港〔サンフランシスコ〕電報（七日発）」によると、「社長渓月君ハ南米ヨリ帰リ来レリ直チニ便船ニテ帰国ノ途ニ就クベシ今回暁峰ト其号ヲ改メタリ」とある。この「暁峰」という満川の雅号は、以後長く愛用されることになる。

「独立」への恋路

新聞にとって節目となるのが、全三二頁からなる一〇〇号（一九〇二年一月二四日）の発刊であった。

巻頭には社説「余輩之本領」が置かれ、自身の本領を「不偏、不党、不派、独立ニシテ、血ト涙コレナリ」と語る。一〇〇号には山縣有朋はじめ、京都府知事高崎親章《ちかあき》、平安茶話会、他社新聞社、友人からの祝辞がのせられたが、むろん満川の筆によるものもあったろう。暁峰「自ら祝ひて」と題する次の一文を引いておこう。

『今日よりは又世に出ずる
　二新聞
百まで号を続かして見む』

トハ明治三十四年十月十四日我社再刊ノ為ニ詠ジタル歌ニアラズヤ、而シテ時ノ号ハ僅ニ二十四号ニシテ、第百号マデハ、到底能ハズト期シタルモ『精神一度ビ到ラバ何事ガ成ラザンヤ』ナリト思ヒテ日々発行セシメタリ

而シテ余ハ材料ヲ得ンガ為メニ海外ニアル事約三ケ月ノ久シキニ渡リ遂ニ此処二三日前ニ帰京セシガ我社ハ已ニ百号ニ垂《なんな》ントシタルニ喜ビ早速旅ノツカレヲモイトハズシテ机上ニ筆ヲ取リ此ノ稿ヲ草シ『自ら祝ひて』ト云フト申ス。

もちろん内容にも力が入っている。夢の道人「未来の夢」、社説「自転車亡国論」、東山への旅行記「初旅」、短篇教育小説「須磨の月」（暁峰）、「乞食旅行」（暁峰）など様々な意味で興味をいだかせる

ものが多い。

一〇〇号付録の「独立集」には、満川の「独立」へのこだわりが遺憾なく発揮されている。満川は言う。「世ノ中ニ何ガヨケレト云フモ独ト立トノ二字ノ外アルベカラズ、イデヤ諸君コノ二字ヲ合シ給へ如何ナルモノガ出来ルカタ」（「独ト立」）。

これは、ほかならぬ満川自身の境遇を指している。彼は、経済的にも精神的にも兄の川島元次郎の庇護下にある自身の生活に飽き足らなさを感じていた。

それと同時に、日本もまた「三国干渉」、つまり、ロシアら列強の圧力を跳ね返すべく、「独立」への準備を進めていた時であった。青森県八甲田山における陸軍の訓練で凍死者が出たのはちょうどこの頃である（一九〇二年一月）。満川は、この事件を「号外」をもって報じたほか、自筆新聞を通じて「義捐金」募集をはじめた。

けれども、それからまもなく、「京都独立新聞」一一〇号（同年四月五日）において、「合名会社独立新聞社」の解散と「愛国新報」の廃刊（同年二月一日）が告知されている（「公告」）。

3　日銀事件

父の死

自筆新聞「廃刊」の理由は、満川の「独立」とも関わっていた。一九〇二年一月三一日に、彼は日本銀行給仕（雑用係）の受験を決め、履歴書を提出したのである（「明治三十五年　懐中日記」同年一月三一日条）。当時、日本銀行京都出張所は東洞院通御池上るにあった。

二月八日に選抜試験が行われ、無事試験に通った満川は、一〇日に見習を命ずる辞令を交付された（同前、同年二月八―一〇日条）。「日銀事件」と記されたこの一件は、当時の彼にとっては、人生を左右する大きな出来事だった（同前、同年二月一一日条）。

しかし、その門出に立つ満川を不幸が襲った。実父勘兵衛の死である。満川が父病気の一報を受けとったのは二月二三日だった。翌日は仕事を休んで、父の看護にあたったが、そのかいもむなしく、二五日に勘兵衛は息を引きとった（同前、同年二月二三―二五日条）。享年五六。まだ新しい職場に慣れないうちから、満川は満川家長男として火葬への出席、「大也加鬼」を施さなければならなかった（同前、同年二月二六日、三月一日条）。

満川は、三月一日から再び出勤しはじめる。給仕には授業が課せられ、珠算、作文、習字、簿記など銀行員になるための基礎を習得した。

この間、満川は高等小学校の授業は休ませてもらっていたが、最終学年のため、卒業の全体写真撮影や卒業証書授与式には出席した（同前、同年三月二九日、四月二九日条）。級友とも久しぶりに学校で顔を合わせたが、懐かしさと同時に、別れのつらさとも向き合わねばならなかった。

つかの間の学生から給仕に戻ると、満川は再び銀行が課す授業に取り組んだ。授業では、算術が不得意で先生から怒られたり、同じ給仕仲間とくらべて成績が振るわなかったりしている（同前、同年四月二五日、六月七日条）。日記には、「此ノ日ハ余ニ取ツテ最モ残念ノ日ナリ、学事試験ニ於テ、競争ノ場裡ニ於テモロクモ〔ママ〕敗北ノ位置ニ立チヌ」（同前、同年六月七日条）などと書き、悔しさを噛みしめた。

当時の愛読書は、松村介石《かいせき》『立志の礎』やマーデン『運命開拓策』で、「どれほど動もすれば卑屈に陥らんとする私の精神を救ふて呉れたか知れない」と回想する（前掲『三国干渉以後』五四－五五頁）。その間も満川が心に止めていたのは「独立」だった。しかし、いまだ兄の世話になる彼は、「余ハ未ダ何等ノ成スコト無シ、思フテ此処ニ至レバ血涙面ニ溢ル」と日記に記している（「明治三十五年懐中日記」同年六月三〇日条）。

「恐露病」を撃つ

満川の新生活に余裕が出てきたのだろうか。七月頃から、友人との小旅行や散歩の様子が日記に記されるようになる。

同月からは一時とだえていた自筆新聞の発行が再開された。誠基新報社発行の「誠基新報」である。今度は出勤しながらの発行だったため日刊とはいかず、約一〇日ごとの発行である。

この「誠基」とは、創刊号（同年七月一日）の「発刊ノ詞」によれば、「誠基ノ二字ヤ将来ノ此新聞紙ヲ代表スベキモノニシテ、正義ト自由トニ基キ、尊王ト愛国トヲ道トシ、血ト涙ヲ本領トシ世人ノ迷夢ヲ覚破スルヲ以テ目的トスベキ」ものであった。この血と涙が同紙の本領となる。

このうち「涙」（「誠基新報」一号）は「日本国ヲ維持スルモノ」とあるように、彼の念頭にあったのは八甲田山での雪中行軍遭難事件だった。「嗚呼涙ナルカナ涙ナルカナ、我国民ニ涙無キ以上ハ我国無キナリ、濺クベシ、同情ノ涙、流スベシ慷慨ノ涙、垂ルベシ憂国ノ涙」。彼らを想う涙こそ満川が重んじたものであった。

紙面に目を移すと、銀行勤務の影響からか、経済関係の記事が多く見られる。時事欄では、皇太子誕生、博覧会、田中正造、公徳問題、西郷従道の死、京鉄問題、宮地港開発、日露戦争などを取りあげている。特に、博覧会開催における「貧民部落ノ風俗」(「博覧会ト京都」)を問題視したり、田中正造に関心を寄せたりしているように、多感な彼の眼は社会問題に注がれつつあった。

もうひとつの特徴は、三国干渉後の臥薪嘗胆を人一倍心に留めてきた満川ゆえに、日露開戦に関する記述が多いことである。「日露戦争論(承前)」(「誠基新報」五号、一九〇二年八月一一日)では、三国干渉によって「日本ハ千秋忘ルベカラザル遼東ノ大恥辱ヲ受ケ」たとして、日露衝突は避けられないと断じた。それゆえに、「京都鉄道ノ速成」「勤倹貯蓄」「士気ヲ養成スル」などの戦闘準備をあげつつ、「我社ハ、主戦論者ナリ我社ニハ一名ノ恐露病患者アラズ」と主張した。

それから間もなく、同紙は六号(同年八月二一日)をもって終わり、誠基新報社も解散した(「公告」)。これは新雑誌「誠基」を発行するためで、満川は誠基雑誌社創立事務所を設けて、九月一七日の創刊を目指した(「社告」)。九月一五日には誠基会が結成され、元同級生を執筆者に迎えて「誠基」が発行された(「明治三十五年 懐中日記」同年九月一五日条)。

しかし、「誠基」の編集作業が確認できるのは一九〇二年の暮れもせまった頃で、かなりゆるやかなペースになる(同前、同年一二月一四日条)。あくまで元級友間の親睦が目的だったようだ。

苦学力行

ちょうど同じ頃、満川は高等小学校同窓会の委員を引き受けた。かつての級友と会うなかで、満川の心に沸きたってくるのが「独立」という二文字だった。一九〇三年五月、彼は悔しさをにじませながら、「余ハ家廷ノ業務ニ逐ハレテ自由ノ侭ナラズ、如カズ余ハ断然独立自営ノ途ヲ立テシカ」と日記に書いた（「明治三十六年　懐中日記」同年五月五日条）。

けれども、現実は思うようにいかなかった。満川は六月を終えて半年間を振りかえるなかで、「我レハコノ間ニ何ヲナセシカ『年頭ノ希望ハ年末ノ失意ニ終ハル』トハ金言ナルカナ夫レ勉メ以テ今後ニ於テ遺憾ナカランコトヲ期セヨ」と自戒の言葉を投げかけている（同前、同年六月三〇日条）。日々の業務に追われながらも、「独立」への想いが抑えきれなくなるのは九月に入ってからである。

友人と（1903年５月）
前列左が満川

満川がこれほどまで「独立」にこだわるのは「十六歳ニシテ未ダ他人ノ救助ニ依頼シテ衣食スルガ如キハ断ジテ余ノ本分ニアラズ」と考えていたからであった（同前、同年九月一二日条）。

あわせて彼は自分の未来をどう切り開くかという問題と取り組んでいた。自分には「数年前ヨリ苦学力行ノ志」はある（同前、同年九月一〇日条）。この「苦学力行ノ志」とは「何を措いても東京に遊学して、政治経済の学問を勉強したい」というものである（満川亀太郎「三国干渉以後（二）」）。そのためにはいかにして「独立自活センカ」、これが第一問題であった（「明治三十六年　懐中日記」同年九月一一日条）。この問題を「空想」ではなく「理想」であると日記に煩悶を書きつけながら、「一家ヲ整理シテ後、一身ヲ計画スベキ」ことを考えた（同前、同年九月二七日条）。

当時の満川は、まさに行くべきか、行かざるべきかの心境だったろう。「機会ヲ待ツ可キカ機会ヲ作ル可キカ」「余ハ何故ニヤ云ハントシテ云フ能ハザリシ」（同前、同年一〇月一四、一六日条）と歯痒い想いをかかえながら、彼はついに一〇月一九日、兄に向かって「苦学力行」の途に進むことを訴えた。この日の日記に次のようにある。

余ハ遂ニ忍ブ能ハザリシ午後八時三十分ト覚シキ頃爆発シタリキ
然レトモ遂ニ目的ヲ達スル能ハザリシ、然リ然レドモ、火山ノ噴火セントスルヤ、小爆屢々起リ、遂ニ大爆発ニ至ルベキモノヲ、
ア、汝失望スルコト勿レ。
コ、ニ、当時余ノ見ツメ居タリシ好箇ノ紀念物ヲ添付シ置カン。（同前、同年一〇月一九日条）

しかし、このときは兄から「汝ノ志真ニ可也ト雖、殊更ニ汝ハ苦学者ニ模セズトモヨキニアラズヤ」と一蹴されて終わった（暁峰居士「明治三十八年一月　漂流日記　第二」自序）。

元の鞘に収まった満川は、年末に「独立独歩＝コレ余ガ日夜思フ所ノ恋人タリ」（「明治三十六年　懐中日記」同年一二月一五日条）と書きつけた。「独立」までいましばしの時間が必要だった。

4　学び舎に帰る

吉田中学校

転機は翌年秋に訪れた。満川は二年半つとめた日銀を一九〇四年九月に辞して、再び勉学の道に戻ることになった。辞職の理由として、満川は、日露戦争が「私の気宇を豪壮にせしめた」こと、「最早銀行にへばり付いて、一年に日給二銭か三銭の昇給を当てに、朝から夕まで算盤をはぢいたり、伝票を勘定したりするに堪えられなくなつた」ことをあげている（前掲『三国干渉以後』六一、六四頁）。

当時の京都には京都府立第一中学校、第二中学校があり、高等小学校時代の級友本庄栄治郎はエリート・コースの一中に入っていたが、満川が選んだのは京都帝国大学に程近い私立の吉田中学校だった。府立中学では中途入学を許されなかったためである。彼が入学したのは開校（一九〇三年）の翌年一〇月になる。

意外なのは、日銀を辞してまで勉学の道に戻ったにもかかわらず、学校への言及がほとんどないことである。一九〇五年一月以降の日記でも、気の合う級友との交遊や旅順陥落への感激などが記されているばかりである（「明治三十八年一月　漂流日記　第一」同年一月三、四日条）。

私立吉田中学校

この理由は、まず授業が「睡眠を催ふす」とか「頭痛を覚ゆる」ものだったためで、満川は出席の代返を友人に頼んで、ほど近い府立図書館に「避難」して「会心の書物」を読みあさっていたようだ（前掲『三国干渉以後』六九頁）。またそもそも、学校自体があまりまともとは言えず、満川曰く「私立のインチキ」だった（同前、七四頁）。

二月には三年クラス会で担任を排斥する話し合いがもたれたらしく、排斥派の学生たちとそれに反対する満川たちが対立した（「明治三十八年一月　漂流日記　第一」同年二月七日条）。こうした校内の雰囲気が、さらに彼の興味を学校から遠ざけたと思われる。

一方、日銀時代の同僚大森忠四郎から誘われ、夜学（塾）の講師を引き受けたり、アメリカ人から英会話の授業を受けたりと活動の場を学外に求めた（同前、同年二月二五日、三月二日条）。

海光夜学会

この間も、一家からの「独立自活」を夢見ていた満川は、ついにその願いをかなえることになった。一九〇五年七月二日条の日記には「明日ハ余ガ素志ヲ貫徹スルカ又ハ失敗ニ帰シテ、以前ノ如ク欝々トシテ日ヲ送ルカ両者何レヲ決定スベキ日ナリ」とある（暁峰居士「明治三十八年五月　第二漂流日記」同年七月二日条）。

翌日は機会を得ずして出鼻をくじかれたが、七月四日、兄元次郎を説得し、とうとう「独立」を勝ち取ることに成功した。その合意内容は「一、大森忠四郎君方ニ寄宿スル事／二、本月九日実行ノ事／三、学資補助トシテ毎月三円宛ヲ受クル事」であった（同前、同年七月四日条）。

大森家での夜学補助の収入が、この独立の一助になったことは間違いないだろう。夜学は級友の援助もあって順調に進み、八月から海光夜学会と称して雑誌「海光」を創刊した（同前、同年八月三、七日条）。ただし、のちに満川の語るところによれば、「純潔なる愛国心に囚はれて居」った彼は、「毎晩々々英語などはそつち除けにして、訳分からずに時事を痛論」していたという（南溟庵主人「矢来台より」）。この独演会とも言える夜学は一九〇七年二月までつづいた（暁峰居士「明治四十年一月　第六漂流日記」一九〇七年二月三日条）。

ほどなくして満川は大森家に移るが、この念願の「独立」を得た感慨を次のように書いた。

余ハ竟ニ勝利者タルノ位置ニ立チヌ、余ハ竟ニ恩愛深キ父兄依頼生活ノ境遇ヲ脱シテ自治独立ノ域ニ進ミツ、アルナリ、嗚呼大ニ祝スベシ大ニ賀スベシ然リト雖男一疋十八歳ニシテ辛ジテ独立ノ域ニ達ス何ゾ遅キヤ、豈徒ラニ祝スヲ得ンヤ賀スヲ得ンヤ。

見ヨ社会ノ風潮ハ日一日暗流トナリ人情ハ刻一刻軽薄トナレリコノ無形ノ大敵ニ反抗シ自治ノ実ヲ挙ゲントス嗚呼難イ哉

然リト雖「断而行之鬼神避之」ト云ヘリ孟志ノ向フ所鉄心ノ到ル所滔々タル風潮果シテ何スルモノゾ紛々タル軽薄数フルヲ須ヒンヤ、

余ハ今年今月今日兎モ角モ自力自行ノ端緒ヲ開キタリ、前途雲漠々トシテ遮リ怒涛天ヲ突ク、大胆ニシテ細心始メテ克ク素志ヲ貫クヲ得ベシ。（「明治三十八年五月　第二漂流日記」同年七月九日条）

こうして「独立」はしたものの、いまだ「自活」とまでは言えなかった。兄から三円の「学資補助」を受けるからである。この補助について満川は、八月一〇日に兄と新しい契約を交わした（同前、同年八月一〇日条）。それは、月々三円の補助を今後は受けず、かわって一五円の費用を兄から受け、「母及僕婢監督ノ位置」に立つというものである。

しかし、この「独立自活」は長くはつづかなかった。一〇月二五日に満川と兄が話しあった結果、高齢の母を養うために一二月から元の家に寝に戻ることが決まった。

嗚呼我ハ万斛ノ涙ヲ飲ムデ再ビ衣棚ノ故宅ニ帰ルベキ運命ニ陥レリ　積年ノ志望漸ク成リテ指ヲ屈スル未ダ四閲月、企図其緒ニ就キ前途ニ光明ヲ認メタルノ我ハ不幸一家経営ノ犠牲トナリ闇々裡ニ埋没シ了ラレヌ、天乎命乎我言フ所ヲ知ラズ

然ト雖儀《ママ》牲ハ人生ノ最高道徳ナリ事茲ニ到ル又奈何トモスベカラザルナリ（暁峰居士「明治三十八年九月　第三漂流日記」同年一〇月二五日条）

出戻りの日にあたる一二月一日、満川は「余ハ本日ヨリ母ヲモ監督セザルベカラズ任甚ダ重シ、コ、一年内外目的ヲ阻隔セシタルノミ大ニ残念ナリ然レトモ一家経営ノ犠牲ナレバ是非ナシ」と無念さをにじませた（同前、同年一二月一日条）。満川の雌伏生活は、彼が東京へ居を移すときまでつづく。

5　世界統一主義

金波会

「独立」に先立つ一九〇五年一月、満川は増田恒一、生田《いくた》調介《ちょうすけ》ら級友たちと回覧雑誌「金《きん》波《ぱ》」発行を計画する（「明治三十八年一月　漂流日記　第一」同年一月二六日条）。創刊は二月一一日である（同前、同年二月一一日条）。

発行元の金波会は仲間内の会で、一〇月に第一回総会を満川宅で開いた。この日は開会の辞にはじまり、「予案」の決定や和歌、俳句の披露、福引きや食宴、自由演説などが行われた（「明治三十八年九月　第三漂流日記」同年一〇月二二日条、「総会記事」）。

野外活動では吉田中学校の創立二周年紀念日（一二月八日）にコーヒー店を開設し、三〇〇人もの来客に淹れたてコーヒーを振る舞った（「本会ノ活動」）。

金波会会員は、吉田中学校生徒の井堂真澄、生田調介、山根謙蔵、増田恒一、満川亀太郎で、彼ら以外に大森忠四郎（日銀行員）らの「投書家」もいた（「金波会々員名簿」）。いずれも満川の知り合いで、一九〇五年一一月から新たに大和宗吉、石館久三、岩富英が加わった（「広告」）。このうち後年歌人、

金波会会員と（1905年5月）
前列左から増田恒一，生田調介，後列左から井堂真澄，満川

小説家として名を為すのが生田調介（蝶介）で、満川との交遊は生涯を通じてつづく。

「金波」は、吉田中学の仲間たちが自筆の文章や絵、詩を寄せ合い編集発行し、内容を互いに論評し合うスタイルを取る。友人の満川評もあり、「満川君ハ我会ノ日月トモ云フベキ才子ナリ、文才ナリ、アラユル世界ノ物ヲ文化スル力ヲ有スル人物ナリ」とある（「新撰会員逸話」）。

特にその人格と文才が評価されていた彼が、理想の職業に「新聞記者、教育家」をあげたのは自然の流れだった（暁峰生「片々一束」）。これにつづいて「冒険家、海軍々人、軍事探偵、海賊」が列挙されているのは、雄飛に憧れた若き満川だからこそだろう。

「済度」の希求

のちに「金波」「主筆」となる満川は、ほとんどの号に論説やエッセー、日記などをのせた。論説は青年にしては肩ひじの張った内容で、中学時代の彼の考えが浮き出たものであった。その内容を大きくまとめるなら、青年訓、世相論の二つになる。

青年訓の代表が、「余が主義　第一。」（「KINPA」一巻四号、一九〇五年六月一一日）である。「主義」

は「命脈」とも言い換えられるが、物質的文明がもたらす「拝金主義」「実利主義」に抗する「主義」を考え、その内容を以下の一〇項目にあらわした。「一、生活ハ奮闘的、一、希望ハ天国、／一、観察ハ両面　一、行動ハ積極的／一　信仰ハ自己　一、言語ハ雄弁／一、抱負ハ済度　一　目的ハ利他／一　学問ハ自然界　一　文学ハ気節。／一　方向ハ向上　一　死所ハ青山、又ハ大海。」

二つのみ取りあげて解説すれば、「生活ハ奮闘的」とは、あらゆる存在がこの宇宙ではその意義を認められ、常に動いていなければならないということである。すなわち、「奮闘ハ天地ノ公道也、公道ヲ外シテ天地無シ、アラユルモノハ凡テ公道ニ従ハサルベカラズ」。

もうひとつの「観察ハ両面」だが、こちらはわかりやすいだろう。ここには日露戦争後の当時問題となった青年の煩悶があった。「始めて知る、大いなる悲観は大いなる楽観に一致するを」という言葉を残して華厳の滝に飛び込んだ藤村操（第一高等学校生徒）に、満川はまったく同調しない。悲観的、厭世的、消極的、保守的である面と、楽観的、楽天的、積極的、進取的な面の双方を見なければならないと彼は考えていたからである。

次に、彼の「最大ナル遺憾」（「金波」一巻三号、一九〇五年五月一〇日）を見てみよう。欧州には確かにシーザーやコロンブスのような「英雄」がいるものの、より長い目で見たときに釈迦、孔子、キリストと比肩できるだろうか。しかも、彼らはインド、中国、アッシリアというアジアの地で生まれたはずなのに、「何故ニ神州ト誇リ山紫水明世界ノ公園ト威張ル我日本ヨリ未ダ一名ノ聖人ヲモ輩出セザルカ」と述べ、「一等国」日本の虚妄を突いた。

ここには日露戦後の社会に対する満川なりの違和感があったのだろう。暁峰居士編「金波第一巻第六号附録　事局私見　附歴史之回顧」では、日露講和条約に「絶対的硬論」、つまり反対であり、締結は「不幸」と考えていた。三国干渉後の「臥薪嘗胆」を再び体験せねばならぬことを「泣血悲憤ノ情ニ不堪」と満川は述べ、「第二ノ日露戦争」を予想した。あまりのやるせなさに「憂国ノ涙滂沱トシテ襟ヲ潤ホスヲ覚ユ」有様であった。

それ以上に痛烈な批判を繰り出したのが「冷乎熱乎」（「金波」一巻一一号、一九〇五年一二月八日）である。「熱」とは、先に終えた日露戦争から帰還した兵士たちを迎える日本国民の熱狂で、満川はここに疑問を呈した。つまり、銃剣を携えて戦場に出た兵士たちも、銃後で鋤や鍬によって土を耕す農民も同じく国家に尽くしているのに、なぜ前者ばかりが熱狂をもって迎えられるのかというのである。そのうえで満川は言う。「国民相互ノ義務トシテ出戦ノ士ヲ慰スルモ、内窮民ヲ救フモ理ニ於テ一ナルヲ思ハヾ何ゾ自ラ進ンテ彼等不幸ナル同胞ヲ救ハザル」、と。この一文には熱狂的かつ空疎な愛国心に冷や水を浴びせながら、「同胞」内の目立たぬ弱き者に目を向けようとする彼の「済度」と「観察ハ両面」の思想があらわれている。

「理想之日本」

これらの論説を同人誌上だけで発表することに飽き足らなくなった満川は、書きあげた自説を世に問おうと考えた。その種類は多く、「興亡之日本」「国家の使命と国民の自覚」「日本歴史」「法制講義」などである。この時期の満川の日記には、稲垣満次郎『東方策』など購入図書がこまめに記載されており、それらを咀嚼する形で執筆したものと思われる。

このうち「興亡之日本」（完成時に「理想之日本」と改題）は、京都時代における彼の思索の集大成と言うべきものであった。執筆に手を付けはじめたのは一九〇六年四月からだが、筆が進まず、一〇月八日の脱稿である（暁峰居士「明治三十九年五月　第五漂流日記」同年一〇月八日条）。

その構成は、「大日本帝国」「戦後経営」「国家地位」「国民地位」「日本之運命」「国家之使命と国民の自覚（結論）」の各章からなる。このうち彼が展開する国家観と革命論を見ておこう。

同書を読めば、満川の日本観は、海洋国家論（肝付兼行海軍中将）、海外発展史研究、優勝劣敗論などの影響を受けていることがわかる。つまり、満川にとっては、対外進出によって発展をとげてきた「日本民族」は優秀であり、また優秀であるがゆえに「優者なる日本民族は劣者なる他の人類を支配すべき使命を帯べるなり」という結論になる。もっとも、いくら優秀でも「日本民族」だけでは列強に打ち勝つことはできないため、欧米列強にともに対抗すべき「亜細亜人」の優秀さもあわせて強調されている（「南洋土人」「朝鮮人」「波斯人」は除外）。

もうひとつ同書で目を引くのが社会主義への高い評価である。満川は「貧民の現状」という節を立てて、日本の貧民窟などを紹介した。ただし、「社会主義は自由平等正義博愛を標榜するに於て吾人の主義を相似たり。吾人は深く社会主義を敬重す」として社会主義に共感しながらも、その実現には慎重だった。

一見すると、矛盾する帝国主義的言説と社会主義への共感が同居しているかに見えるが、前者の内実は「帝国主義」ではなく、満川によれば「世界統一主義」と言うべきものだった。これは「遠く三千載以前の諾冊二尊〔イザナギノミコト、イザナミノミコト〕に発せられたり」として日本「建国」以来のものとされる。これに類似する列強の帝国主義は「一夜漬」の考えにすぎない。にもかかわらず、「明治の日本民族は祖先伝来の高貴なる世界統一主義を忘却して、悪魔なる帝国主義に投ぜん」としていることが満川には問題だった。

そこで原点に帰れというのが満川の主張になる。しかも、この世界統一主義を取りもどすことは社会主義とも繋がると言う。「吾人の唱道せんとする世界統一主義は人類最後の理想に達したる時の社会主義なり。これ正義なり、自由なり、平等なり、博愛なり。」ここにおいて満川にとって「世界統一主義」と「社会主義」は一体となる。しかし、このいずれとも遠いのが現状の日本の姿であり、そうした日本を変える方策として満川は「革命」をもちだしている。

維新以来万事は過渡時代なり。旧思想と新思想の衝突なり。貴族主義と平民主義の闘争なり。世を挙げてこの昏濁乱雑暗黒の幕に包まるゝ中に一道の霊火遙か彼処に輝けるを見る。第二維新は到底免るべからず。嗚呼日本は革命に近けり。……革命は天なり。吾人は革命を喜んで歓迎す。革命の目的は興国なり、楽観的日本の建設なり。而して興国策は革命の道を教ふるものなり。

この「革命」を担う人材の養成こそ、満川がまず取り組まなければならないと考えたことだった。「理想之日本」完成の数日後、満川はさっそく金波会の大森忠四郎を訪ねた。彼に「理想之日本」

を渡して出版依頼の仲介をお願いするためである。大森は、つてのあった京都の聖書房と交渉して、東京の警醒社に出版してもらえるよう依頼する（「明治三十九年五月　第五漂流日記」同年一〇月一〇－一二日条）。この聖書房は満川も通った書肆で、ここで売られていた社会主義関連の文献を読むことで「禁断の果実を味つた」という（前掲『三国干渉以後』七二頁）。

時を同じくして、同年五月には佐渡から上京していた北輝次郎（当時二四歳）が『国体論及び純正社会主義』を自費出版した。同著はすぐに発禁処分に遭うが、福田徳三ら識者から評価され、北は気鋭の論客として認められていく。

いまだ京都にとどまる満川のもとには、一〇月末に警醒社から不採用通知が届く（「明治三十九年五月　第五漂流日記」同年一〇月二九日条）。すでに天涙居士『思想の日本』（同年九月）という本が同社から出ていたことが理由だった。

6　学校騒動

「山逃げ」の果て

一九〇六年の秋には満川の足元である騒ぎがもちあがった。一〇月一日に彼が吉田中学校に登校すると、昨日までの校長、教師が罷免され、代わりに新しい校長と教師が赴任してきたのである（同前、同年一〇月一日条、以下同）。生徒には寝耳に水の出来事だった。

この日朝、罷免された教師のひとり西見は、生徒の面前で激烈な演説を行った。満川はその内容を次のようにまとめている。

余ハ正義ニヨリテ行動スルモノナリ抑々本校ハ既ニ業ニ廃校ノ運命ニ立至リタル筈ノ処今日迄維持シ得而シテ益々発展スルノ傾向ヲ示シタルモノコレ偏ニ北尾校長及不肖ノ尽力ニヨレルナリ。然ルニ青天ノ霹靂斯クノ如キ挙ニ出デントハ、凡ソ従来生徒ノ権利那辺ニ在リシヤ諸君父兄粒々ノ辛苦ヲ以テ五十銭十銭ト積立テタル校友会費五百七十余円ハ校長之ヲ保管スベキ筈ナルニ校主ハ之ヲ私消シ校長ガ調金請求ニ応ズル能ハズ実ニコレ今回大動機ナルベシ。又先年行ハレタル『山逃ゲ』トテ監督官庁役員来ラバ定員外ノ生徒ヲ山ニ逃ガシ出席簿ノ如キモ二通アリテ一ツヲコノ用ニ供シタリシ如キ何事ゾヤ苟モ堂々タル立憲政下ノ国民ガ月々二円ノ月謝ヲ支払ヒテ何故山逃ゲ如キヲ行ハザルベカラザリシヤ然ルニ今ヤ十級室トナリ諸君ノ位置安定ニナリシ如キ皆北尾校長ノ英断ニシテ、校主ト結托《ママ》シテ悪事ヲ働キタル白井前教諭ヲ放逐シタルモ亦氏ノ力ナリ。然ルニ今ヤ突然解職セラル実ニ其意ヲ得ズ、新任教師ヲ見ルニ成程博士学士ノ肩書連中ニテ如何ニモ立派ナル如キモコレ大学生等ガ内職仕事ニ過ギズカ、ル輩ガ校主ヲ煽動シテ学校ヲ横領セントスル実ニ悪ムベシ諸君廃校ノ運ニ迫レリ

校主による校友会費の私消、「山逃ゲ」などの不祥事、校主側による一方的な解雇などが告発されている。

これを聞いた五年生は会議を開き、満川をふくむ六名が「悲憤ナル演説」を試みたのち、次の四点を決めた。「一、北尾校長以下ノ留任ヲ勧告スルコト」「二、校主勧告スルコト」「三、不正教師ヲ排斥スルコト」「四、十名ノ委員ヲ選ビ五名ヲ校長ニ五名ヲ校主ニ派スル事」。この委員には満川をふくむ一一名が選ばれ、四年級から選ばれた五名をくわえて、北尾校長、西見教師および校主と面談するうちに、しだいに事の真相が明らかになってくる。

事件の発端は、白井という教師が校主と結託し、卒業証書を二〇～三〇〇円で売りさばいたことを北尾校長が知って、白井を辞めさせたことだった。これに腹を立てた校主が高木という自称管理者を学校に送り込んで校長を辞めさせ、体制を一新しようとしたのである。この説明が真実なら、校長派に分があるが、執行部の内輪もめとも言えるこの事件によって、とばっちりを食らったのは生徒だった。

それにもかかわらず、生徒からなる委員は、新聞社に「口留メ」を求めて訪問するなど大人顔負けの手際の良さを見せた。激昂した生徒が「新校長」岡村司に砂をかけた一件に対しては満川、岩富英、石館久三ら金波会会員が岡村に面談、謝罪を行った。

しかし、渦中の校主が「高飛」して居所をくらませたため、学生委員は校長の復校を交渉することができなくなった。そこでわき上がってきた話が、京都府に直接交渉する、またそれもかなわなければ東京の文部省に直接陳情を行うという方法である。

この提案は一〇月二日に出されたが、幸いにもその翌日校主が戻り、「旧」校長の北尾らと交渉の結果、校主側が折れることで、ひとまず騒動は落着することになった（同前、同年一〇月二日条）。

陳情行脚

校長側ならびに生徒の「万歳三唱」に終わったこの結末にはつづきがある。約二週間後、文部省から吉田中学校に閉校命令が下されることが明らかになったのである。すでに新聞に漏れていた学校の不祥事は京都府、はては文部省にまで届き、閉校の検討が行われていた。

このため、喜びもつかの間、生徒たちは再び起ち上がった。一〇月一八日、閉校中止の歎願書を文部省に出すことになり、満川、増田ら三名が起草委員に選ばれた。閉校命令はその日の午後七時に学校に着くということで、満川らは夜を徹して歎願書を仕上げた（同前、同年一〇月一八日条）。

同書は「謹デ書ヲ我文部大臣牧野伸顕閣下ニ上リ以テ路頭ニ彷徨セル四百有余ノ赤児茲ニ泣血頓首再拝シテ哀訴ス」からはじまり、「国家ノ柱石」となるはずの生徒の窮状を訴え、最後は「嗚呼閣下願クバ児等ノ衷情ヲ憫察シ狂瀾怒涛ニ漂泊シ暗黒界ニ迷惑セル児等ヲシテ一閃ノ光明ヲ与ヘ以テ素志ヲ貫徹セシムルノ栄ヲ垂レ給ハン事ヲ書キ去リ書キ来レバ意迫リ情激シ暗涙潜々トシテ襟為ニ沾フ尊厳ヲ冒瀆シ惶懼已ムナシ児等一同泣血頓首再拝」という中学生らしからぬ文句で締めくくられている（「歎願書」）。

翌朝、学生たちの前で朗読のうえ、改めて文部省への陳情を決議し、すぐに東上委員を互選、結果として満川、岩富、石館をふくむ学生六名と教師二名が決まった。満川は生まれてはじめての東上が決まるや、散髪に行って身なりを整え、午後八時半に七条駅着。すでに多くの学校関係者が来ていて、東上委員を迎えた（「明治三十九年五月　第五漂流日記」同年一〇月一九日条）。

東上並びに在京委員一同（1906年11月 6 日）
後列右端が満川

彼らを乗せた新橋行の列車が京都を発ったのは午後九時半である。満川は「嗚呼余等ハ全校四百余名ノ運命ヲ双肩ニ荷フノ重任ヲ負フ心茲ニ慎マザランド欲スルモ豈得べケンヤ意自ラ厳ナラザラント欲スルモ豈得べケンヤ」との感慨をいだいた（同前、同年一〇月一九日条）。

慣れぬ列車の揺れに夢うつつの間をさまよいながら、新橋駅に着いたのは翌朝一一時である。すぐに旅宿に向かった彼らは、昼飯を食べたあと眠って長旅の疲れを癒し、夜には運動方法について話し合い、牧野伸顕文部大臣、澤柳政太郎文部次官、白仁武文部省普通学務局長、小森雄介文部視学官、中川小十郎文部視学官らを歴訪し、閉校命令の取消を求めることに決まった（同前、同年一〇月二〇日条）。

二一日、東上委員らは文部官僚や前校長を訪ねたが、満川はひとりで歎願書を終日複写した

（同前、同年一〇月二一日条）。

その翌日、西見教師、満川ら四名は文部省を訪ねた。しかし、彼らに対する応対はきびしいものであった。小森は彼らに同情しつつも、文部省が要求を受け入れるのは難しいだろうと言い、「案外冷淡」な中川の意見も、生徒は学校の維持など考えずに転校を考えるにこしたことはないというものだった。満川らはそれでも歎願書を中川に渡した（同前、同年一〇月二二日条）。

二三日も生徒たちは文部省の松本順吉参事官や中川小十郎を訪ねるが、閉校の結論を覆すことはできなかった（同前、同年一〇月二三日条）。二四日、牧野大臣を官邸に訪ねるも会えず、中川と再び面会するなかで、彼が創立した清和中学校（のちの立命館中学校）に吉田中学校全学生を引き受けることで話が決まった（同前、同年一〇月二四日条）。

こうして東上委員は、二四日午後七時半、新橋発の列車に乗って帰京の途に就いた。翌朝九時に七条駅に着いた彼らを在京の委員たちが迎えた。休む間もなく、その足で学校に直行した彼らは、待ちかまえる学生たちを前に、事の顚末を告げた。午後二時に解散すると、満川らは疲労のためすぐに帰宅した（同前、同年一〇月二五日条）。

転校と卒業

その後、満川ら委員は、転校の交渉を清和中学校側と進めた。一一月六日には、約四〇〇名の全生徒が校庭で最後の記念撮影をし、校旗に敬礼したうえで燃やした。学生のなかにはむせび泣くものもいた（同前、同年一一月六日条）。秋も深まった一一月一四日、彼らは清和中学校第五学年として転校した（同前、同年一一月三〇日条）。この中学校は、当時京都御所の清和院御門の近くにあった。

清和中学校では、西洋史（阿刀田令造担当）以外の授業にさほど満川は興味をもてなかったらしく、いつしか教室は『破戒』（島崎藤村）、『思出の記』（徳富蘆花）などの本を耽読する場に変わった。『日本及日本人』を読んで孫文ら「支那革命党の諸士」と会うことを夢見たり、宮崎寅蔵《とらぞう》（滔天《とうてん》）らを中心に発行された『革命評論』（一九〇五年三月まで発行）や宮崎の自伝『三十三年之夢』を読んだりしたのも、この中学時代である（前掲『三国干渉以後』八一―八五頁、「明治四十年一月　第六漂流日記」一九〇七年二月一九日条）。

同時に、満川は間近にせまった卒業後の進路を考えていた。彼は、一一月下旬から一二月上旬まで発熱で床に伏せたあと、兄元次郎に向けて長編の手紙を起草する。その目次は、「『十年の回顧と生の独立せざるべからざる理由』『生が思想の変転』『何が故に日銀を辞せしか』『中学を択びし理』『中学卒業後を如何にすべきか』『何が故に東京に出でざるべからざるか』『如何にして東京に出づべきか』」だった（「明治三十九年五月　第五漂流日記」同年一二月一六日条）。

全容はわからないものの、断片と思われる次の文が日記に書きとめられている。

歳ハ流水の如く去て不還中学参年級に入りしハ既に明治三十七年十月の夢と化して今や明年三月を以て其課程を卒らむとするに際し『卒業後を如何にすべき』換言すれバ『今後の方針如何』との問題これ或ハ生が生涯の浮沈を定むへき晴雨計にして兄上がこれかため憂慮せらる、ハ真に感謝するに辞なく十年の恩寵尚此上に加ハるかと夙夜嬉気に不堪候然しながら生が月を見むと目ざす山ハ既に業に定まり候て只今ハ分け登る麓之道をいづれよりせんかと心を砕くのみに候

○

生思ふに東京へ行き候ひし後は左まで心配するに足らず多寡が男一疋自分が自分でやる位ハ兄上が八円の薄給を以て二人を養はれし困難に比し何でも無き事に候ハずや（同前、同年一二月条）

「生ハ今日青年時代として京都に日を送るを好まざる者」とも、満川は文中で「自白」する（同前、同年一二月条）。彼は新たな青春を東京ではじめたいと考えていた。

この手紙を一八日に送った満川は「余ノ運命或ハ之ニ於テ決セントス」（同前、同年一二月一八日条）という気持ちだったが、年末にさしかかっても兄から返事は来なかった。

優勝劣敗論

一九〇七年の新年を迎えて、満川が立てた一年の計は、一、二月に著述執筆と出版交渉、三月下旬に海光夜学会解散、四月に早稲田大学に入学することだった。さらに、翌年か翌々年に「文部検定試験（歴史科）」を受けて、中等教員資格を得ることまで考えていた（「明治四十年一月　第六漂流日記」同年一月一日条）。その多くが実行に移され、著述は京都と東京の新聞紙に掲載、夜学は二月三日解散、そして早稲田大学高等予科入学も決まった。

同年一月、満川は暁峰のペンネームで書きあげた「国家の使命と国民の自覚」を『京都朝報』に投じて、これは一一回にわたって連載された（同前、同年一月六、二三日条）。といっても、意気揚々というわけではなく、じっさいのところ「学校から未成年の分際で政治を論じたりするのは不都合だと譴責されはせぬかと怖ろしい感じもした」（前掲『三国干渉以後』七〇頁）。

また、東京の『民声新聞』に交渉した結果、一月末より客員として短文を掲載してもらうことになり、「国家の使命と国民の自覚」も二月六日から二〇日にわたって全文掲載された。

同稿の内容は、日露戦後の難局をどう乗り切るかという問題に向き合ったものだが、そこには青年期における満川の国家観や思想がいかんなく打ち出されている。若き満川は、日本や民族を考えるにあたってある原則を確認する。それは優勝劣敗だった。「夫れ日本民族は斯くの如く秀逸なり。凡そ優者は勝ち劣者は敗るこれ宇宙の原則にして即ち優者なる日本民族は劣者なる他の人類を支配すべき使命を帯べるものなり」（暁峰「国家の使命と国民の自覚」同年二月七日付）。

しかし、この帝国主義的言説に対しては、自ら「誤解する勿れ、余輩は帝国主義者にあらず、又日本主義の一派にもあらず」（同前）と断りを入れたうえで、理想に至る現実を直視せよと述べる。これが満川の考える日本の使命だった。

もっとも、日本人がこの使命を全うすることに満川は悲観的である。これを楽観へと転換させるものこそ「革命」となる。彼は「第二維新の来る将に近きにあらんとす。嗚呼日本は革命に近けり」（暁峰「国家の使命と国民の自覚」同年二月一九日付）と述べたあと、その具体的な内容を次のように明らかにする。

◎革命の目的は興国なり。興国策は革命の道を教ふものなり。余は興国策として政治刷新の要を知らざるにあらず、対外政策の確実を望まざるにあらず。教育制度の改革も之を知れり、宗教統一の要も之を知れり海運業の発展国語の改良殖民政策貿易政策商工政策国劇改善労働問題軍備家庭策苟も世上の論客が説く所は之を知り必ず実現せざるべからざるを思ふ。然れども余輩が前節に於て述べし如き惘むべき国民は果して克くこの大事業に堪ふべきや。抑も亦第二維新の鴻図と為し得べきや。余輩は爰に於ても再び人材の養成が興国策の第一着手とすべきを絶叫せんとす。

（同前）

日本を興す革命こそ満川が目指したものであり、そのための政治と教育の刷新を何より重視した。両紙、とりわけ東京の政友会系新聞に自分の論稿が掲載されたことについて「余ガ将来ニ資スベキモノ亦少ナカラザリキ」（「明治四十年一月　第六漂流日記」同年一月三一日条）と満川は述べるが、のちに自身が『民声新聞』で健筆をふるうことになるとは思いもしなかっただろう。

家兄の「宣告」　中学生活最後の月となる三月が来た。満川曰く、この月は「余ガ生涯史ニ於ケル重大ナル瀬戸際ノ一」であった（同前、同年三月）。これは、主に先に述べた兄との関係を述べている。一一日に兄から次の返事が届いた。

一筆啓上昨年十二月十六日付を以て其評感想具さに申遣志なされ委曲承知致居然るに自分は御身

の見る所と見解を異にし独立活学の意義に就き縷々説述する所あり且自分の境遇一家の事情に関志此際御身の東上を是認する能者ざる事由を説き切に反省を求めたりしも御身の之を諒承せざる事及母上の意見も亦御身に左担志飽くまで自分の見解に服せられざる心底今日瞭然致候ニ付自分は今日血涙を揮つて御身に次の一事を宣言致候間生涯御忘却有之間敷自分は御身と骨肉を分けたる兄として御身に告ぐる言葉の最後として之を御身の餞別と可致候

其辞に曰ふ

　御身は御身の為さんと欲する所を為せ然れどもその失敗すると成功するとに関せず自分は御身の将来に対し何等の責任を負ふことなし

　御身と自分と等しき慈愛を受けたる母は御身の自ら提言するまで自分に於て其奉養を引受くべし

最後に臨み御身は自分が御身の東上を絶対に拒否した□に非ず来年三月迄待てよと言ひたること及び樹欲静風不止子欲養親不在の格言を挙げて御身の反省を求めたることの二点に就き永へに記臆《ママ》せんことを求むる也

嗚呼復何をか言はん御身は幸に健康を保全志満川家の福祉の大ならんことを勉むべし（「満川亀太郎宛川島元次郎書簡」同年三月一〇日付）

この手紙を「宣告書」と受けとめた満川は、「且ツハ悲ミ且ハ奮励ノ情激増スル」と述べた（「明治

四十年一月　第六漂流日記」同年二月）。この日は満川にとって、「目的ト境遇ノ衝突紀念日」（同前）になるが、もはや彼の未来は目的の上にのみあった。

卒業に向けて勉強に追われる日々となったのは二月頃からだった。と同時に、満川が見すえた進路は、早稲田大学高等予科の政治科だった（それがし「当年の日記」）。

満川は三月中旬からはじまった卒業試験を無事にパスし、転居の準備に追われながらも、三月二七日に卒業証書を受けとった（「明治四十年一月　第六漂流日記」同年三月二七日条）。早稲田にともに通う同級生は、この日ひと足先に東京に旅立っていた。旧友に見送られながら、満川が住み慣れた京都を旅立つのは四月二日午後のことである（暁峰居士「明治四十年四月　第七漂流日記」同年四月二日条）。

第二章　若き操觚者

1　「雄飛」と「革命」

眠り眼の満川を乗せた列車が新橋駅に着いたのは四月三日午前七時だった。駅には、電報を受けとった友人が迎えに来てくれていた。

早稲田入学

下宿先は、二月から日銀本店に転勤していた大森忠四郎の寓居（神田区三河町）で、ここで満川は大森家、清和中学の同窓生石館、増田と起居をともにする。満川は下宿に荷物をおろし空腹を満たすと、さっそく上野の内国勧業博覧会に出かけた（「明治四十年四月　第七漂流日記」一九〇七年四月三日条）。四月四日、満川たちは早稲田大学高等予科への入学手続きを済ませて、九日の入学式に出席した（同前、同年四月四、九日条）。当時の学長は高田早苗で、一七日に大隈重信が総長に就いた。

しかし、希望に満ちた新生活とはいかず、京都時代からの友人は満川のなかにある変化を嗅ぎ取っていた。それは、「東上以来非常ニ沈鬱性ニ変ジテ京都ニ居ツタトキノ快活性ガ無クナツタ」ことである（同前、同年四月一五日条）。この満川の鬱屈した気持ちを生み出していたのが、ほかならぬ東京という新天地で見た現実だった。

嗚呼弱者ニ同情ノ無キ社会ダ、上部計ハ成程文明ダトカ開化ダトカ如何ニモ立派デアルガ、情愛トイフ油ノ無キ摩レバ直グ火ノ出ル現世ノ修羅場ダ、コノ地獄ヲ救済スルノハ抑モ誰ノ任デアルカ、僕ハ到底コノ任ヲ宗教家トカ文学者トカノ専問ニ委ネテ安閑ト呑気ニ拱手、傍観シテ居ル訳ニハ行カヌ、「現代を救済するは聖人の志也」トハ既ニ業ニ病膏肓ニ入ル程胸中ニ繰リ返ヘシタ言葉ダ、

「人はパンのみにて生くるものにあらず」トハナザレノ聖者ガ吾人ニ教ヘタ所ダ、ケレドモ如何ナ大聖人デモ飯ヲ食ハズニ活キテハ居ラレヌ、物質界ノ救済コソ差シ当リ急務デハアルマイカ、出デ、ハ物資ノ現実界ニ奮闘シ入ツテハ霊的理想界ニ逍遥セントスルノガ僕ノ志望ダ、換言スレバ政治教育ノ二大方面ハ僕ノ抱負希望デアル（同前、同年四月二五日条）

「文明」とは聞こえはいいが、「弱者」を蹂躙するこの無情な社会をどのようにすれば変えることができるのか、これは若き満川の悩みであるとともに、時代の悩みでもあった。

そうした文明の負の遺産に正面から向き合ったのは、社会主義者たちであった。幸徳秋水、堺利彦

らは、主戦論に転じた『万朝報』から別れる形で、週刊『平民新聞』を創刊した。中学時代から社会主義文献に接しはじめた満川は、東京の友人に『平民新聞』の取り置きをお願いし、上京早々届けてもらっている（「明治四十年一月　第六漂流日記」同年一月一五日条、「明治四十年四月　第七漂流日記」同年四月四日条）。同紙は一九〇三年一一月から一九〇五年一月までつづいて廃刊となるが、一九〇七年になって再刊され、「非戦」や平等などを社会に訴えていく。

図南の鵬翼

これら社会主義者の問いかけに、満川青年が感化されたことは想像にかたくない。自らの目指す「革命」の計画がこの頃の日記に次のように記されている。

道灌山付近ニ実ニ理想的ノ土地ガアル、凡ソ五万坪程、右ニ蓊鬱タル樹林ヲ控エ、地高クシテ南武蔵野平野ヲ眼下ニ見、中央ニハ日鉄山手線往来ス、巍然タル校舎ヲ起シテ天下ニ革命ノ旗ヲ飜スハ何日、言フ休レ徒ニ空想ナリト、理想モ実現スル迄ハ空想デナイカ、『世の中は三日見ぬ間の桜哉』僕モ何時マデ呉下ノ旧阿蒙デ無イ積リダ（同前、同年四月二八日条）

この「革命ノ旗ヲ翻ス」ための同志こそ、東京で生活をともにする友人たちだった。「我党ノ士ハ将来如何ニ国家ノ為ニ尽悴シテモ神ニ祀ラルトイフ如キハ断ジテ無イ、コレ寧ロ大ニ我党ノ光栄トシ名誉トスベキ事デアルト思フ」（同前、同年五月四日条）。後年、満川はこの計画の源泉を、雄飛癖をかきたてる押川春浪《しゅんろう》の冒険小説や伊藤銀月《ぎんげつ》『日本海賊史』の影響だろうと語っている（南溟庵主人

「こゝろの日記」)。こうして自己形成と「革命」の実現、この二つが満川の目標となる。

といっても、彼の新生活はいたって平凡だった。授業は昼までに終わり、午後は家で本や新聞を紐解き、夕刻後は同居人と散歩、夜は学校の予習や手紙の執筆、時には「理想ノ計画設計」をしていたらしい(「明治四十年四月　第七漂流日記」同年六月一二日条)。

早大在学時代に友人と(1908年6月)
右端が満川

学校の図書館にも通い、ここで発禁の書である北輝次郎『国体論及び純正社会主義』を読んだが、その読後感は「精神鬱陶敷クイヤニナツテ来タ」とある(同前、同年六月一一日条)。京都時代に読んだ北の『純正社会主義の哲学』(一九〇六年七月)に対しても「余りに六つかし過ぎた」(満川亀太郎「新愛国運動の諸士」)とあるので、若き満川の目には北の主張は必ずしも魅力的に映っていなかったらしい。

しかし、こうした発禁の書に目を通そうとしたのは、むろん彼の「革命」熱があったからこそである。引きつづき「革命」の準備を押し進める満川は、「政治教育ノ外漁業探検貿易殖民等ニ従ヒ図南ノ鵬翼ヲ奮フ事」(「明治四十年四月　第七漂流日記」同年五月五日条)を目論み、「我党ノ事業」に必要な資金の算段まで行っている。

その費用総額一〇億万円の内訳は、「五億万円　汽船、貿易、漁業、運送、探検事業」を筆頭に、「参億万円、一千五百万円ノ学校二十校／五百万円創立費一千万円維時費《ママ》」、「壱億万円　救済事業」などがつづく（同前、同年五月六日条）。

算出根拠はともかく、海外発展事業に重きが置かれ、高等予科A級組会の講演会において、「図南鵬翼何時奮」の題で「日本ノ地理的関係歴史的観察ニヨリテ我国ハ飽クマデモ南ニ発展スルヲ至当トス」などと述べたことに通じている（同前、同年五月七日条）。

愛国の革命家

燃え上がる革命熱を胸に、満川は自宅が「参謀本部梁山泊」となることを思い描き、「革命者善也」と赤書した紙を玄関に張りつけた（同前、同年五月一〇日条）。

ただし、満川にとって、「革命」は国家にとって「善」でなければならなかった。日記に「生レテ茲ニ二十年ノ間朝起キルヨリ夜寝ルマデ寸時モ国家社会ヲ思ハナカツタ事ガ無イ、国家ハ実ニ余ノ恋人デアル」とまで述べる彼なら当然であろう（同前、同年五月二四日条）。行幸を見たときも、彼は皇室と国民の関係にある「三千年来ノ美風」を感じとっている（同前、同年五月三一日条）。

しかし、一方で満川は学校教育で教えられる「忠君愛国」をそのまま受けいれようとはしなかった。なぜなら、忠君は愛国にふくまれ、「吾人同士の眼より見る愛国は主題にして忠君は之に付属せるもの」だからである（暁峰居士「明治四十年七月　第八漂流日記（暑中休暇号）」同年七月三〇日条）。にもかかわらず、これまでの教育は「単純なる忠君よりも遥かに必要なる国家的観念には殆んど空乏の現象を示せり」（同前、同年七月二〇日条）という有様で、満川が革命の事業のなかで教育を重視したのはこのためであった。

その教育以上に重視されたのが政治で、満川は政治こそ「最高の人職」であることを信じ、「政治は済世の術也済世の術は即ち利他也博愛なり。実現せる宗教也」と述べている（同前、同年七月三〇日条）。観念的な宗教ではなく、現実を動かす政治こそ満川にとって重要だった。

七月に入ると、満川は「革新党宣言綱領党規」編纂に着手したという（同前、同年七月二八日条）。これがいかなるものかはわかっていないが、日本社会党（前年二月結党、一九〇七年二月解散）の影響というよりは、宮崎滔天ら中国革命志士の影響が強かったのではなかろうか。彼は「余は革命を思はざるを得ざりき。旗幟高く天に翻りて紅蓮の炬火暗黒なる汚流を照さんの時は何時」（同前、同年八月一九日条）と述べ、志士としての革命を目指す。

しかし、「革新党」が何らかの実態をもっていたかどうかは別の話だろう。満川自身、「予め成敗を期して事を計るは建設家の面目にして革命家の本領にあらず。革命家は所謂『当つて砕ける』の意気に富まざるべからず」と述べるからである。彼にとって、「革命家」は「建設の急先鋒也、百花の魁也」であった（暁峰居士「明治四十年九月　第九漂流日記」同年九月一日条）。

のちに、満川は東洋問題の解決に奔走する黒龍会の機関誌『黒龍』に触発され、南溟会を起こそうと目論んでいる（同前、同年九月一五日条）。また、一〇月には『民声新聞』に投じたアメリカ艦隊歓迎反対論によって、はじめて「警視庁ノ注意人物」になった（満川亀太郎「仮日記」同年一〇月二七日条）。

しかし、しだいに、彼の日記から「革命」の文字は遠ざかっていく。それは「革命」の理想と情熱が日々の生活に埋もれていったことを物語る。すなわち、就職である。

2　就職戦線

民声新聞

満川が東京へ来てから、日々の生活は学業と理想の燃焼に費やされ、ここに仕事が入る余地はなかった。これは四ヶ月分の「食料」費と授業料を先払いにしていたからで、「コ、姑クハ天下泰平」であった（「明治四十年四月　第七漂流日記」同年五月一日条）。京都時代からつづく『民声新聞』への投稿は、パンのためというより、自らの主張を世に問うためであった。

転機が訪れるのは八月である。東京での同居人大森忠四郎が井上準之助（当時日銀営業局長）と会ったときに満川の名が出て、井上が満川の保護を明言したのである（「明治四十年七月　第八漂流日記（暑中休暇号）」同年八月四日条）。井上は、満川が日銀京都出張所で働いていたときの支店長だった。これを伝え聞いた満川は、「先づ大船に乗りたる心地して可なるか」と安堵の表情を浮かべている（同前、同年八月四日条）。同じ頃、満川は日銀京都出張所の上司だった綿貫吉秋とも会って、その将来を保証されている（同前、同年八月一一日条）。

当時の満川の本心を日記にのぞくならば「書生や家庭教師の類の如き自由の範囲を拘束せられれば年来の素志たる独立力行の四字に対しても甚だ厭や也」というものであった。つまり、彼はただ「手を引て河を渡す」人を探しており、それが井上や綿貫という庇護者だったわけである（同前、同年八月四日条）。

八月中旬、満川は井上を自宅に訪ね、改めて自身の口から新聞社への就職を依頼した。井上から返ってきたのは「極めて曖昧の中に『一つ話丈け仕て遣らう』との抽象的茫然たる返事」だった。甘くない世の中に触れつつも、満川は「七分の成算は確かにありと思ふ」と望みは捨てていない（同前、同年八月一六日条）。

結局、満川の当ては外れ、彼が望む新聞社への紹介話はもらえなかった。しかし、有楽社という出版社の校正に空きがあることを井上から伝えられ、紹介状を受けとったあと、有楽社に向かった（同前、同年八月三一日条）。以後、なんどか社の人間と会ったものの、採用には至らなかった。

満川は紹介話を待ちながらも、新聞記者になる夢をあきらめきれず、翌年にかけ、知人づてで国民新聞、中外商業新報、早稲田大学出版部などに就職を試みたが、いずれもうまくいかなかった（暁峰居士「明治四十一年度之一　紀元二千五百六十八年　第十漂流日記」一九〇八年三月一日条）。

その合間をぬって、八月末に最も関わりのあった民声新聞社への就職を村居銕次郎《てつじろう》社長に手紙で直談判した（「明治四十年七月　第八漂流日記（暑中休暇号）」同年八月三〇日条）。直訴のかいあり、面接が行われたのはそれから一〇日余り後のことである。この日、満川の目に映った村居社長は「壮快の好漢」で、新聞社の軌跡を聴かされて「一臂の力を添へたく思」ったという（「明治四十年九月　第九漂流日記」同年九月一一日条）。

しかし、すぐに就職には至らなかったため、九月中旬に友人からお金を借りて、「学資及食費の支払」にあてなければならなかった（同前、同年九月一八、一九日条）。

「絶対的南展論者」

その後も満川は『民声新聞』への投稿をつづけたが、二ヶ月後の一一月九日に村居社長と再び面談、晴れて翌日から同紙記者として言論と編集事務を任されることになった。その日の日記に、「余は仮令金銭上の報酬到底薄しとするも、苟も一新聞を双肩に荷ふて立つの覚悟あり」とつづられている（同前、同年一一月九日条）。

民声新聞入社記念撮影（1907年11月）

彼の仕事振りを物語る例として、同紙二〇〇〇号の編纂作業がある。満川は、「二十頁の尨然たる紙数中記事は余の筆にかゝるもの殆んど半に達す。私に愉快に不堪」と漏らす（同前、同年一一月一九日条）。中学時代に同人誌の編纂、執筆を担った経験がいかんなく発揮されたのだろう。

言論は、就職前からの投稿もふくめれば政治、教育、中国状勢、社会など多岐に渡る。ここでは満川暁峰の名で一〇月二二日から一九〇八年二月一日まで不定期連載された「海洋日本論」を見ていこう。同稿は、「海洋日本」がいかなる「国是方針」のもとで発展するかを歴史、外交、産業、貿易などから明らかにしたもので、同紙に連載された満川の連載のなかでも最も長いものになる。

満川は、国家が発展するためには「政治的発展」（侵略・外交・軍備）と「経済的発展」（貿易・交通・海運・植民）を「車の両輪の如〔ママ〕並行すべき」と考えていた（満川暁峰「海洋日本論（八）」）。このため、満川の関心は軍備拡張を支える経済的発展をいかに確保するかにあった。彼の主張は明解で、南に展《の》びよということにあった。

> 有体に自白すれば余は絶対的南展論者の一人也、即ち西比利亜満洲蒙古方面に於て我勢力を扶植するよりも寧ろ南清、暹羅、印度〔、〕波斯、土耳古、南洋、〔ママ〕群島、南米に発展するも国是に適応するのみならず地理及び歴史を一貫せる真理に合体すべきものとなす主張者の一人也（満川暁峰「海洋日本論（十二）」）

こうした主張は、満川のまわりに新たな同志を呼び寄せていった。その一人が、当時三一歳ながら樺太日日新聞社社長をつとめる山田丑太郎だった。綿貫吉秋の紹介で出会った二人はすぐに意気投合した（「明治四十年九月　第九漂流日記」同年九月二二日条）。しかも、「〔山田〕氏が進退は我徒事業着手に遅速の差を与ふべきを以てなり」として、早速満川の「革命」仲間にくわえられている（同前、同年一〇月二二日条）。

年上の山田は満川の生活も気にかけていたようで、経済的に苦しかった満川に著書『北門之宝庫富

之樺太論』（一九〇八年、警眼社）の代筆を依頼した（暁峰居士「明治四十一年度之一　紀元二千五百六十八年　第十漂流日記」同年二月二二日条）。

しかし、学業や『民声新聞』、また後述する実家との関係があって、彼の筆はなかなか進まなかった。桜が咲く四月になっても同じ状況で、「上野の彼岸桜見頃なりと聞けど我久しくかの方面に足を向けず、机に向つて兀々原稿用紙と睨みごつこをなす。筆を以て世に立たんとする豈に容易ならんや」と嘆いた（同前、同年四月一日条）。

3　慈母の死

離京の説得

同じ頃、満川にはもうひとつ気がかりなことがあった。京都の母との関係である。東上後も母との書信は欠かさなかった満川だが、一九〇八年一月末の日記にある決意を書きとめた。

丹波より手紙来る。余は母上を引き取るべく余義なくせられたる故に近日提言せんと欲す、早稲田大学も退め元の通月給取にならんと決心すかくせざれば一家の円滑は到底期し難きを以て也。民声のみにては生活する能はざれば弥々この方面へ新に活動を試みん考なり。嗚呼百の艱難予ての覚悟ならずや。身は月給取になりたりとて心は依然として書生道を失はざれば可ならずや、男

子為す事多し徒に薄書の間に埋没され終る勿れ
『樹静ならんと欲すれど風止まず子養はんと欲すれど親在さず』今にして母を東京を迎《ママ》ふるは余が少々余計に働くのみにて可なり精神は甚だ安らかになりゆくべしと思ふ。（同前、同年一月三一日条）

母を呼びよせ、大学を辞めて働くというのは、満川青年にとっては一大決心だったろう。一九〇七年三月から兄の川島元次郎は南桑田郡立高等女学校で働くことになり、川島一家と母は丹波亀岡で暮らしていた。具体的な経緯はわからないが、兄から満川に満川家長男として母を引き取る話がもちかけられたようだ。

しかし、母いくの気持ちは違っていた。彼女からの手紙には「東京いきハすゝみませぬ」「どふしても京がよろし」と書いてあった（「かめさん宛母書簡」一九〇八年二月二六日付）。

この手紙を受けとり、満川は「余の進退殆んど谷まらんと欲す、一条の血路何処にか求むべき」とその悩みを書きつけた（「明治四十一年度之一　紀元二千五百六十八年　第十漂流日記」同年二月二七日条）。ともかくも、満川は西下して母を説得する必要があった。

このため、満川は村居社長に直談判のうえ、『民声新聞』を一時休職した（同前、同年三月一日条）。新聞社の仕事と樺太論の執筆、そして通学、さらに母との関係が重なり、彼の心と身体の余裕は失われていた。

京都から来る西下の催促をなんども断りながら、ようやく著述の目処がつき、四月六日午後六時、旅費と鉄道乗車券を山田丑太郎と村居社長から借り受け、新橋発の列車に乗った（同前、同年四月二、六日条）。

翌朝、七条駅に降り立った満川は、そのまま川島兄一家と母が暮らす丹波亀岡町を訪ねた。彼の足取りは重く、「世は春将に来らんとするに余は冬枯の心地あり」との感慨をいだく（同前、四月七日条）。翌日、母とともに京都に向かい、母は川島家の菩提寺長仙院を、満川は亡き父が眠る勝巌院を訪ねた。満川は長仙院に母を迎えに行き、中森孟夫《たけお》（京都女子手芸学校創立者）を訪ねる車中で、母に東京行を相談したが、彼女は肯かなかった。満川は「余の腸も亦断たるゝもの無んばあらず」という気持ちだった（同前、同年四月八日条）。

中森氏も交えて夜遅くまで東上を説得したが、母の意志は変わらなかった。すれ違う親子はこの日京都で一泊し、翌日満川は亀岡に戻る母を二条駅に送っていった。四月一一日、彼は一人で東京行きの列車に乗った（同前、同年四月一〇、一一日条）。

悲しき帰郷

帰東した満川は、再び『民声新聞』で働きはじめた。旧の生活に戻り行く自分に納得できない気持ちを次のように振りかえっている。

我党の同志と前途を語るにもあらず、然らばとて専問に勉強するにもあらず、如何にして目前の職責を果たすべきかに付き苦心して学校に通ひ原稿を書くのみかくして一日々々を送りつゝある

也（同前、同年五月四日条）

学校の新学期も四月二〇日からはじまり、午前は大学へ、午後は新聞社に通う生活がつづく。しかし、彼が感じていたのは停滞だった。

六月一日からは多忙のため一時減らしていた勤務日数を増やした。編集にたずさわっていた同僚が社を辞め、その代役が求められたためである（同前、同年六月一日条）。

六月中旬になると、試験の準備に追われた。西洋史や漢文、英作文などの試験を無事こなし、満川は高等予科を修了するが、政治科の同窓生は落第したものが多かったという（暁峰居士「明治四十一年度之二　紀元二千五百六十八年　第十一漂流日記」同年七月四日条）。

満川自身も「学課の半は欠席したれば成績の悪しきが至当」であった（同前、同年七月三日条）。また六月末には、京都の家兄から徴兵猶予許可証が送られてくる（「明治四十一年度之一　紀元二千五百六十八年　第十漂流日記」同年六月二八日条）。

苦しかった生活も、この頃から少し改善した。七月、『民声新聞』と関係のあった藤本震太郎が発行していた雑誌『成功之日本』（成功之日本社）の言論と編集を担当することが決まったからである（「明治四十一年度之二　紀元二千五百六十八年　第十一漂流日記」同年七月五日条）。同月一九日には新しい住所（神田区錦町二丁目三番地）に引越し、心機一転となるはずだった（同前、同年七月一九日条）。

その矢先、満川にとって思いもかけぬことが起こった。母の死である。七月中旬、満川はいつものように京都に手紙を送ったが、下旬になっても一向に返事が来なかった。

　七月二六日、満川は民声新聞社の宴会に出ていたため、帰宅したのは午後一一時頃であった。主人のいない家のあかりが煌々と灯っていることを怪訝に思いながら扉を開けると、大森の母が満川を待ちかまえていた。

　彼女から渡されたのは一通のハガキと二通の電報である。ハガキ（二四日付、二五日消印）には「母其后就床経過宜しからず、かゆすら咽喉に通らず纔に葛湯の類のみ心痛限りなし兎に角報知す」とあった。そしてハガキとほとんど同時に着いた電報には「ハ、ケイカワルシ」（母経過悪し）とあった。そしてもう一通には「ハ、五ジセイキヨス」（母五時逝去す）と記されていた。

　満川は、この内容に驚くとともに、いままで知らずにいた自分を責めた。家を出た直後に着いた書信をもし見ることができていたならば、母の臨終に間に合ったかもしれないと思うと悲しかった（同前、同年七月二六日条）。

　報せを受けて、すぐに京都へ発とうとしたが、鉄道旅券の調達がうまくいかず、東京を発つことができたのは二七日の午前一一時であった（同前、同年七月二七日条）。

　翌二八日午前三時四〇分に七条駅に着いた満川は、何とか五時半からの出棺に立ち会うことができた。残された異父兄弟は、渋谷の火葬場で母の亡骸を茶毘に付したあと、長仙院で葬式を執り行った（暁峰居士「森羅万象録　第二巻」同年七月二八日条）。

　満川は『民声新聞』の論説を長く空けるわけにはいかず、初七日を終えてから八月三日に東京に向けて発った（同前、同年八月二、三日）。

彼は、母親を失った気持ちを日記のなかで次のように書きつづっている。

余や腹に泣く、されどこれを外面に表はす程の神経質に非ず、不幸は不幸として悲む、されど悲んで傷る者に非ず、嗚呼これ運命ならずや、人誰か死無からん、生あり、既に死無かるべからず、然かもこれ慈母が余をしてその活動を自由ならしめんがために今日卒然として逝きしにあるならんや。然らば余は慈母に向つて感謝の意を表すると共に、大に発奮する所あるべき也、成功の二字これ慈母に対する唯一の孝行に非ずや。慈母在らざれば孝行出来ざるか、否決して左る理由無き也。（「明治四十一年度之二　紀元二千五百六十八年　第十一漂流日記」同年七月二六日条）

母の死は、満川にこれからどう生きるのかという問いを突きつけるものでもあった。

4　「硬派」の進退

早稲田退学

一九〇八年九月から新学期がはじまり、満川は早稲田大学大学部の政治経済学科に入学した。

けれども、授業に彼の姿はほとんどなく、『民声新聞』と成功之日本社に通う生活がつづく（「森羅

万象録　第二巻」同年九月二一日条）。一一月末には「前途光明着着トシテ輝クト雖学業ハ全ク怠レリ否怠レルニ非ザルモコノ暇ナキ也而レニ余ハ寧ロ退学スルモ可ナルヲ思フ」とこぼしている（「仮日記」同年一一月三〇日条）。

一九〇九年を新しく迎え、彼は今後の進路について次の悩みを漏らした。

記憶せよ、余は今重大なる岐路に立ちつゝある也

……

ニ、民声新聞、成功之日本両社にて受くる俸給は不充分ながらも一家計を立つることを得べし

ホ、されど民声に在る間は早稲田大学を継続したし、然かも時間の都合は到底充分なる授業を受くる能はざる也、さればこの分にて進まば試験を通過すること甚だ覚束なし。

ヘ、若し学校を完全に学ばんとせば民声は全然退くか、時間を短くせざるべからず、かくせば俸給は減ぜらるゝか取れざるかの二つに一つ也、余一人の生活ならば成功之日本のみにて充分なれども他に責任の付随せる以上斯くの如きは不可能也、然らば一歩進んで早稲田大学を退学し、而して他社に転ずるに若かずや

ト、他社に転じ、成功之日本と兼帯すれば或る一面よりして非常に楽となる、然かも徴兵の方は如何すべきか

チ、或は本年六月進級試験まで日和を見るべきか然る後徐ろに策を決せんか

り、本年十二月迄に一家計が優に立ち得るものならば余は早く徴兵の方を済ますを可とす。然らずんば早稲田を継続して姑息の策を講ぜざるべからず。

余はかくして端緒の解決を得んがため転社の運動を開始せざるべからず。(暁峰居士「明治四十二年ノ一　紀元二千五百六十九年　第拾弐漂流日記」同年一月六日条)

仕事と学業の両立や徴兵との関係もあり、満川は難しい決断をせまられていた。大学では授業もはじまったが、多忙のためやはり行くことはできなかった。まもなくして早稲田大学を退学する。この道を選んだ想いが次のようにつづられている。

早稲田大学を退学す、内外の事情は竟に□断に出づるの不得已に至らしめたり。回顧すれば一昨四十年の春余が意を決して東上したりし事蹟は一面希望の歴史たると共に一面涙の歴史なりき。余は之がために逝き母を煩はしたり。兄を煩はしたり。友を煩はしたり。而して自らはあらゆる辛酸を嘗め、あらゆる苦難を侵し漸くにして早稲田の課程を進むることを得たり、然かも今一朝茲に至る心に深く決する所あれバ也、亡母之を聞かば驚かん、家兄之を聞かば亦驚かん、而して余が友之を聞かば亦驚かん、二年の歳月敢て長しとは言はず、されどこの歳月や兎に角早稲田の学窓に過したる也。高等予科の課程のみは終へたる也。思へば天下の大を以て之を計る余が一人の進退何の影響だもあるなし、されど余のために尽力したる人、期待せる人に対して一言の謝辞

すら発する能はざるを奈何、唯他日の大成を念として一途に新運命を開拓するあるのみ。（同前、同年一月二六日条）

大学を辞めれば、日銀時代以来の「社会の人」である（同前、同年一月二六日条）。と同時に、大学からはなれることを機に、彼は新たな職を探してもいた。二月に、満川は報知新聞の人に入社を依頼してみたが、「年齢の不足」のためにかなわなかった（同前、同年二月二八日条）。また、満川は国民新聞社に入社しようとも努力した（同前、同年三月五日条）。彼はとにかくいまとは異なる環境を求めていた。

余は毎日同じことをのみ繰り返へしつゝあり、日々筆を執つて原稿なるものを作るのみ、昼出社して夜退社す、六時間の編輯事務は、学問の余が脳頭に入るべく枯渇せしむるに過ぎず、余は兎に角大新聞に入社せざるべからず、而して八月の徴兵検査に合格せざれば一二年の後満洲又ハ北海道に遊ばんとも思へり。（同前、同年三月一八日条）

しかし、残念ながら、「大新聞」の国民新聞からも色よい返事が来ることはなかった（暁峰居士「明治四十二年ノ二　紀元二千五百六十九年　第拾参漂流日記」同年七月四日条）。

徴兵検査の方は六月二五日に満川のもとに通知が届き、八月一日に神田区役所で実施された。近眼のため「丙種との宣告」だった。当初、満川は「不合格」ならば「満洲」か北海道を目指すことも考えたが、この結果を受けて「今日の所斷くあるを喜ぶ」と満足した（「明治四十二年ノ一　紀元二千五百六十九年　第拾弐漂流日記」同年六月二五日条、「明治四十二年ノ二　紀元二千五百六十九年　第拾参漂流日記」同年八月一日条）。

退社の辞

一方で、『民声新聞』を通じて生まれた交流から、満川のもとに新たな仕事が舞いこむ。七月に矢野龍渓を通じて『保険時報』の執筆を依頼されたり、水上熊吉の『東京エコー』（有楽社）で働かないかと打診されたりした（同前、同年七月四日条）。さらに、七月中旬に創刊する『東洋運輸時報』にも執筆を依頼された。こうして、少しずつではあるが、活躍の幅が広がりつつあった（同前、同年七月一五日条）。

しかし、満川の生活を支えてきた『民声新聞』に大きな転機が訪れる。経営者の交代にともない新聞の性格が大きく変わることになったのである。満川はこの話を村居社長から次のように聞かされた。

> 軟派とならばどうで君の御気に召さぬは必定である、然かし今まで辛棒して貰つたのだから、どんな新聞が出来るか、それを見て貰ひたい而して君の気に入らずとならば僕が他の新聞を紹介するさ。さなくもよい加減に君を大新聞に栄転せしめ様と思つて居るのだから喜んで君を送る積りさ。然しこの社のために役に立つ人を出すのは辛いことは辛い（同前、同年七月三一日条）

次の安定した職も決まらぬうちの唐突な話だった。硬派な新聞から「艶種新聞」へ。硬派を自認する満川は、退職の道を選んだ。退職にあたって、彼は『民声新聞』に「退社の辞」を掲載し、自らの主張を改めて振りかえった。

……尚余の前後一千回執筆せし一貫の綱領は、大なる日本と同時に大なる日本国民を作り、列国の上に雄飛せしめて世界統一的進運に貢献せしむることを得せしむるに在りたり、この故に国家本位の積極政策を絶叫し、軍備の拡張を主張し外交の刷新と共に殖民及国際商業の拡張を論じ国民の自省を促して政治的智識の普及の大必要を述べ、而して此等有らゆる興国的要素の結論を『教育の革新』に帰納せり、書生の机上論未だ以て正鵠を得たりとはいふべからざるも、一士の諤々時に山水の色を添ふるあるを思へば、余が今『民声新聞』を去るに臨み、胸中多少越王勾践呉を破つて還るの感無くんばあらざる也。（暁峰満川亀太郎「社を退くに臨んで一言を述ふ」）

「大なる日本」「大なる日本国民」のために犬馬の労をいとわず、というのが満川の一貫した姿勢だった。この退社の辞を多くの知友や家族に送るなか、兄からは「士の進退出所斯くの如くならざるべからずと同感いたし候」との返信が届いた（「明治四十二年ノ二　紀元二千五百六十九年　第拾参漂流日記」同年八月二〇日条）。満川にすれば、我が意を得たりという思いだったろう。退社は八月一四日付で、同月末に渡された「涙金」は五円だった（同前、同年八月一四、三一日条）。

改めて、満川は今後の進路を再考する。いまだあきらめていなかったのが、『国民新聞』政治部記者への道である。ほかに『東京日日新聞』政治部記者、立憲政友会編集局主任、特に後者に望みを託していたが、これらは実現しなかった（同前、同年九月一日条）。このため、当分の間、彼は成功之日本社、東洋運輸時報社、新しく加わった通信社関係の仕事でやりくりせねばならなかった。

また、早稲田中退でとだえた向学への意欲に押されて、一〇月から日本大学に入って法律や政経の勉学を志すことになった。履修する科目はイギリス法、海運、経済、民法、会社法、債権、親族、商法、物権、憲法、刑法、行政法と多岐に渡る（同前、同年一〇月一、六日条）。

一一月になると、話だけ前に進んでいた『東京エコー』創刊の話がようやく動き出し、満川は編集にたずさわることで糊口をしのいだ。彼はこれを機に東洋運輸時報社の方を退くことで、「非常に暇が出来て楽になり、勉強も思ふ様に出来得べければ也」と考えていた（同前、同年一一月一七日条）。

5 転機の一年

「大逆犯」の叫び

一九一〇年の新年を迎えてすぐに、満川は帰省した。京都では家兄と会い、かつての級友と会い、いまはなき吉田中学校の跡地を訪ね、父の墓にも参った（暁峰居士「明治四十三年ノ一　紀元二千五百七十年　第拾四漂流日記」同年一月二-七日条）。暗中を模索していた旧年が去り、満川のなかでも期するものがあったようだ。

東京に来りて茲に三年、而して西に下りしこと三回に及ぶも、浩然の気を養ひに行きしは今回が始めて也。たとへ一週日の旅行に過ぎざりしとはいへ、余のためには好個の静養たり、好個の刺激たり、好個の思想回転たりし也。（同前、同年一月八日条）

今日の時点から、満川の青年期を振りかえるとき、この一九一〇年はひとつの転機であった。じっさい、彼自身も次のように述べている。

嗚呼思へば余は一昨年冬以来この渦中に在りて深く覚らず嘲笑、冷笑、冷酷、迫害、威脅あらゆる間に孤立して尚自ら得々たるところありし也。疑心暗鬼を生じ一犬万犬に伝へ、錯綜せる人情を義理との間に立ちし余も斯くの如き地獄修羅道なるに於ては速かに一大処決するところ無かるべからず、

明治四十三年一月一日以降の余は新しき思想の下に生れ出したる余也、過古のことは之を四十二年之墓に葬り、初

京都円山公園で旧友と（1910年１月）
後列右が満川

陣の首途に京都に在ること週日、斯くして余の頭脳は全く洗滌せられたる筈也、而して希望と光明とに一年を送るべく一処決をなさんとして之を友に図る、図らずも意外の意を知り一度は驚きたるも冷静に考ふれば思い当ること無きにしも非ず、即ち一日も速かに之を決行せんと欲する也。

（同前、同年一月一六日条）

京都から帰れば、感傷の間もなく、成功之日本社、東京エコー、通信社の掛けもちで追われる日々が待っていた。特に水上に気に入られた満川は、彼が四月に創刊予定の『保険銀行通信』にも書くことになり、代わりに『東京エコー』組織改編に際して水上とともに編集部を辞めた（同前、同年三月二八日、四月一六日条）。

この一九一〇年は大日本帝国にとっても大きな転機だった。「大逆事件」と韓国併合である。満川が「大逆事件」を知ったのは六月四日のことだった。かつて『平民新聞』を取りよせたほどの彼にとって、社会主義は「危険」ではなかったが、その「破壊主義」的傾向には批判的だった。

満川は、表向きは「『革命』といひ、『共産』といひ、『無政府』といひ、何ぞ夫れ狂気の沙汰なる」（満川暁峰「当今パン問題の解決」）と書いて社会主義に批判的だったが、日記では今次の事件で世上の社会主義観が悪化することを憂いた。

社会主義の領袖幸徳秋水爆裂弾事件に座し縛に就くの詳報あり、余は彼が晩節の為に惜しみ、社会主義を天下に誤りたるの罪を糺さんとするもの也。社会主義は破壊主義に非ず、堂々たる社会改良の主義也、日本は未だこの風潮に浴すること日浅く世人亦一般に閑却するの観ありと雖も、向後資本と労働との関係益々複雑を極め来らば必然必至的に六十余州を風靡するに至らん。この時に当り政府者眼眩み頭紊れ、周章狼狽するも及ばず、一人の破壊主義者の為に巨額の国費を投じて監視を努むるよりも天下青年間に流れつゝある暗流を洞察し、今にして綢繆の策を講ずるこそ経世家の本旨なれ、（暁峰居士「明治四十三年ノ一　紀元二千五百七十年　第拾五漂流日記（六月及七月）」同年六月四日条）

社会主義の取り締まりではなく、社会問題の根絶こそ、本当の対策であることを満川は見抜いていた。この事件に触発されたのか、満川は「天下更新之機」（『経済時報』九五号、同年一一月二〇日）を投じて、「東洋の平和」に向けた海軍力の充実、華族世襲制廃止、社会政策の実行、教育の革新などさまざまな提言を披瀝する。

じつは、満川は幸徳たちへの死刑宣告に立ち会っていた。一九一一年一月一八日に大審院法廷で特別裁判が開かれ、ここに満川も記者として特別に入廷傍聴を許可されたためである。法廷で最後の判決が下されたとき、被告たちの口からは「無政府主義万歳」が次々に叫ばれたという（満川亀太郎「幸徳秋水の話」、前掲『三国干渉以後』一〇〇－一〇一頁）。

他方の韓国併合に対しては、満川に良心の呵責を認めることはできない。一九〇七年六月のハーグ密使事件に際しては、「亡国の運命亦悲しからずや」（「明治四十年七月　第八漂流日記（暑中休暇号）」同年七月一七日条）と述べ、自国を強くできなかった国民の自己責任という意識が強かった。

また、この密使事件をきっかけとする第二次日韓協約についても、「亡国の運命や悲しむへしと雖優勝劣敗は到底免るべからざるもの今に及びて何をか言はん、況んや韓国合併は素より我に取りて当然の事に属し、吾人が所論として殆んど意に関する事にあらざるをや」と満川は述べ、突き放す（同前、同年七月二五日条）。

それどころか、韓国併合の時に自宅で友人たちと祝杯をあげた。これは「優勝劣敗」の勝者としての杯であろう（暁峰居士「明治四十三年八月　第十六漂流日記」一九一〇年八月二九日条）。

この時期、満川は多くの政治家、軍人、運動家と出会っている。この交流は、後年の活動の布石となるものであった。

公私交友録

一人目は、小栗孝三郎海軍大佐である。きっかけは、満川が小栗の著書『帝国及列国海軍』（一九〇九年四月）を『民声新聞』で紹介したことだった。その後、書状のやりとりにはじまり、数回会い、小栗は満川を高く評価し、のちに職も斡旋した（「明治四十二年ノ一　紀元二千五百六十九年　第拾弐漂流日記」一九〇九年五月二七日条、「明治四十三年八月　第十六漂流日記」一九一〇年一〇月一九、二〇日条）。

二人目は、鈴木誠作である。鈴木とは一九〇九年六月に山田丑太郎の紹介で出会った（「明治四十二年ノ一　紀元二千五百六十九年　第拾弐漂流日記」同年六月二八日条）。鈴木は当時、後藤新平逓信大臣のもとで鉄道院嘱託をつとめ、満川によれば「後藤逓相の黒幕」と称される人物だった（「明治四十二年ノ

二　紀元二千五百六十九年　第拾参漂流日記」同年九月一三日条）。

満川は、鈴木に後藤新平への面通しを依頼したが、かなわなかった（同前、同年九月一三日条）。その後、一九一一年六月末の「後藤逓相午餐会」に列席したが、この時の後藤にとって、彼はいまだ一新聞記者にすぎなかった（暁峰居士「明治四十四辛亥年一月　第十八漂流日記」同年六月二八日条）。

三人目、四人目は中村春吉、神林啓太郎である。中村は押川春浪の『中村春吉　自転車世界旅行』（一九〇九年、博文館）などで当時からよく知られ、「五賃征伐将軍」（汽車賃・船賃・宿賃・家賃・地賃）の異名をとった浪人だった。

中村は一九〇六年秋、講演のため吉田中学校を訪ねたことがあり、満川はその時はじめて彼と対面した（南溟庵主人「矢来夜話」）。その「痛快」ぶりに心を打たれた満川は、上京後の一九〇八年一〇月に中学時代からの友人石館久三の紹介で中村と会った（「仮日記」同年一〇月一一日条）。

二人はその後なんども手紙のやりとりをし、中村も満川宅をふらりと訪ねた。満川の中村評は、「彼一人をして彼の事業を経営完成せしむる丈けの智識と理性とに欠け」ているため「好個の片腕」が必要というものだった（「明治四十二年ノ二　紀元二千五百六十九年　第拾参漂流日記」一九〇九年一一月一二日条）。中村は全国津々浦々、さらには韓国にも足を運び、併合前後の様子を満川に伝えた。

満川が中村を宿泊先の旅館に訪ねたときに同席していたのが神林啓太郎だった。一九一〇年三月二四日のことである。満川は神林の「言々慷慨淋漓鬼気人を襲ふ」様を気に入ったようだ（「明治四十三年ノ一　紀元二千五百七十年　第拾四漂流日記」同年三月二四日条）。

神林は神出鬼没で、突如満川の下宿にあらわれることもたびたびだった。その議論の様子は「眉昂り情激し平日の満川暁峰その の観に非るを示せり」（同前、同年四月三〇日条）というものだったから、満川の雄飛熱をいっそう呼び覚ますものでもあったろう。

最後は、立憲政友会の代議士床次竹二郎《とこなみ》である。一九一〇年四月に床次から著書『欧米小観』が贈られてきたことが交流のきっかけだった（同前、同年四月二九日条）。五月一日、返礼のため、満川が床次の自宅を訪ねると、通された書斎兼応接間には西郷隆盛の肖像画がかかっていた（同前、同年五月一日条、剣書楼「床次と上泉」）。

床次については、山田丑太郎から「有望」（「明治四十二年ノ一　紀元二千五百六十九年　第拾参漂流日記」一九〇九年五月一九日条）との評を満川は聞かされていたが、満川の評価も頗る高く、訪問時の日記には「磊落にして畛域を設けざる主公の人格識見の如何をも窺ふに足るべし」とある（「明治四十三年ノ一　紀元二千五百七十年　第拾四漂流日記」同年五月一日条）。「余は是非共氏を一度宰相にさせたく欲するなり」とまで満川に述べさせる二人の交流は、その後も長くつづいた（「明治四十四辛亥年一月　第十八漂流日記」一九一一年一月三一日条）。

6　「亜細亜覚醒」の先導

海国日報

一九一〇年七月下旬、満川は亡母の施餓鬼のために帰省したが、帰東後二週間ほどして彼のもとに『海国日報』入社の話がもちこまれる。じつは、満川が母の葬式のため急ぎ帰省しようとしたとき、村居銕次郎民声新聞社社長の紹介で鉄道旅券を借りに行った先が海国日報社だった（「明治四十一年度之二　紀元二千五百六十八年　第十一漂流日記」一九〇八年七月二六日条）。

この就職話は、成功之日本社の藤本震太郎の斡旋だった。八月一五日、満川は藤本からこの話を聞き、さっそく同日、海国日報社で太刀川又八郎社長らに会い、そのまま入社が決まった。同社では言論、海軍、海運を担当する（「明治四十三年八月　第十六漂流日記」同年八月一五日条）。もともとこれらの分野に満川は強く、九月八日から二〇回にわたり「海軍拡張私論」を連載し、持論を展開した。

一〇月には小栗孝三郎海軍大佐の推薦で、雑誌『海軍』に原稿を寄せることになった。『海軍』は中村静嘉海軍少将を編集監督とする海事の啓蒙雑誌で、「海軍国の国民たる智識の普及涵養」が目的だった（「発刊の辞」）。小栗から中村に「人物は確かで筆は雄健」として、満川が推薦されての寄稿であった。彼は小栗の厚意に感動した（「明治四十三年八月　第十六漂流日記」一九一〇年一〇月一九－二一日条）。

こうして日本大学に籍を置きながら、『海国日報』『海軍』『成功之日本』『保険銀行通信』の仕事を

上泉徳彌（1912年6月）

かかえ、いっきに多忙な生活となる。また、村居を通して、富山の『北陸政報』主幹の打診が舞いこみ、これはさすがに辞退したものの（暁峰居士「明治四十三年十一月　第十七漂流日記」同年一一月七日条）、かつての苦しかった就職戦線が嘘のようであった。これ以外にも鴨居匡が経営する『経済時報』にも助力を依頼されるなど（同前、同年一二月三一日条）、とても学業どころではなく、翌年二月に「つまらなければ」として日大を辞することを決めた（「明治四十四辛亥年一月　第十八漂流日記」同年二月一日条）。

満川は一一月を終えるに際して次の言葉を贈った。「明治四十三年十一月は去れり、嗚呼彼れは呼べども還らざる也、我に光陰を与へ、我に糧を与へ、我に智識を与へ、我に活動を与へたるこの敬すべく謝すべき十一月、四十三年十一月は永久に還らざる歟」（「明治四十三年十一月　第十七漂流日記」一九一〇年一一月三〇日条）。しかし、年をまたいでも、満川の「十一月」は終わらなかった。

一九一一年の新年早々、彼は徳富蘇峰と会うことになった。これは交友のあった国民新聞社の段隆介の紹介による。若い満川記者を前に、新聞記者のイロハを説く徳富に、満川は「咄！狸爺奴、御用記者！官僚の走軀狗！然かも彼蘇峰先生斯くの如き非難を屁とも思はず平気で済まし込む所寧ろ愛すべきもの無からずや」との印象をつづっている（「明治四十四辛亥年一月　第十八漂流日記」同年一月六日条）。

他方で、同じ一月に満川にとって重要な人物と知遇を得ることになる。上泉徳彌《かみいずみとくや》（海軍少将・大湊要港部司令官）である。すでに日露戦争や酒豪振りでその名を轟かせていた上泉は、様々な伝説に事欠かない人であった。

一月一六日、満川と山田丑太郎が招かれた大湊開港期成同盟会主催の東北記者団招待会に上泉も出席・演説し、その翌日、上泉と鈴木誠作、床次竹二郎、山田、満川で酒席をともにした（同前、同年一月一六、一七日条）。じつは、鈴木と上泉は同じ米沢出身で親しかった。

この直後から、満川は『海国日報』紙上で「大湊国港論」を連載し、上泉の大湊港開発事業を後押しした。その後、二人の交流は深まり、のちに満川が編集者として働く大日本社を上泉が社友として支えることになる。

亜細亜義会

海事にくわえ、満川がこの時期に積極的に取り組んだものがアジア解放問題だった。この関心の高まりは『海国日報』の論説にも反映され、「東洋政局観察」が四月七日から六月二〇日まで不定期連載された。このなかで、満川は、いわゆる「黄禍」論に対抗しつつ、「亜細亜のモンロー主義」を宣布するのは日本人だとして、「亜細亜覚醒の先導者となるは日本国の取るべき国是也、外政の大道也」と喝破した（満川暁峰「東洋政局観察（五）」）。

七月には、同紙でこの主張を発展させて、「海先陸後主義」を提唱した。これは陸軍よりも海軍をまず充実させよという論である。そして、大陸に伸びた日本は、アメリカとの対決を見越してロシアと手を結び、ともに「亜細亜経綸」を行うべきであるとした（満川暁峰「海先陸後主義（一）」、満川暁峰

「海先陸後主義（下）」）。そのためか、三月から満川は東京外国語学校専修科露語学科に入ってロシア語の勉強をはじめている（「明治四十四辛亥年一月　第十八漂流日記」同年三月条）。

満川のアジアへの関心の高まりは論説にとどまらず、アジア主義団体にも関わりはじめた。一九一一年二月、満川は亜細亜義会への入会を申し込んだ（同前、同年二月一日条）。満川はこの時の気持ちを「飛び付くやうな心地」で加盟したと述べている（前掲『三国干渉以後』九六頁）。

この団体は犬養毅、頭山満《とうやまみつる》、大原武慶《おおはらたけよし》、河野広中《こうのひろなか》、中野常太郎（天心《てんしん》）、山田喜之助、青柳勝敏が発起人となって一九一〇年一二月に結成された。清国、インド、アッシリア、トルコの人々も評議員に名を連ね、「亜洲ノ改善向上ハ亜人自カラ大ニ奮励」することが目的だった（「亜細亜義会設立主意」）。

一九一一年九月には、亜細亜義会の会合に参加した。来会者は三〇名あまり、大原武慶、中野天心、青柳勝敏が幹事となり、アブデュルレシト・イブラヒムの談話があった（「明治四十四辛亥年一月　第十八漂流日記」同年九月一三日条）。彼は、ロシア出身のムスリムで、帝政を批判したかどで国外に追われ、中央・東アジア旅行の途次にあった人物である（アブデュルレシト・イブラヒム著、小松香織・小松久男訳『ジャポンヤ　イブラヒムの明治日本探訪記』）。

満川は、一一月に開かれた太平洋会、亜細亜義会、大陸会の三派連合有志懇談会に参加した（「明治四十四辛亥年一月　第十八漂流日記」同年一一月一二日条）。このときの議題は前月起こった辛亥革命だった。会場の精養軒には「支那通」と呼ばれる豪傑たちが集まり、その様子は「議論百出気焔虹の如き有様」だったという。この場で、革命の遂行と「支那保全の国是を尊重する」ことが決議されたが

（暁峰生「一昨夜の精養軒」）、これはそのまま満川の主張でもあった。

翌年二月には、亜細亜義会の中野天心から機関誌『大東』五巻三号（一九一二年三月一日）への執筆を依頼された。満川は「気候馴化性と民族発展」という題で投じて、ヨーロッパ人に代わって世界を支配するのは「気候馴化の力」に富む「日本民族」こそふさわしいと論じた。

こうした団体に入って「支那通」や外国人と接することで、満川のなかでより具体的なアジア像が形作られていった。

革命熱再び

満川は国内での活動に飽き足らず、大陸での活動を望み、国民新聞社の段隆介に「満洲」や韓国の新聞社、とりわけ満洲日日新聞への就職の斡旋を依頼したが、これはうまくいかなかった（「明治四十四辛亥年一月　第十八漂流日記」同年一〇月四、二八日条）。この心意気を満川は一九一二年新年の日記に次のように書きとめた。

……志未だ酬ゐず、国家のために何も尽くす所無きは遺憾至極なり、されどこは時節の未だ至らざるものとして諦らむるより詮なし、見よ、日本に漂浪しては形容枯槁、意気銷沈したりし孫逸仙も、一度び風雲の機に乗ずれば四百余州を動かすことすら出来得しにあらずや、余の年未だ廿五歳、何といつても小僧ツ児なり、前途の遼遠たゞ夫れ大成を期す事にあるのみ（暁峰居士「明治四十五年一月起　第十九漂流日記」一九一二年一月一日条）

この日は、中華民国臨時政府樹立が宣言され、孫文が初代臨時大総統に就任した日でもあった。この不屈の革命家に、満川は未来の自分を重ね合わせた。辛亥革命は満川の中に再び「革命」熱を呼び起こすことになる。同年五月、「革命」を目指す彼は、自分のまわりにいる人々を結びつけようとした。

余が昨年来の宿志たりし四派連結（余の責任たる）
　床次上泉鈴木山田一派（中堅派）
　中村神林上原一派（活動派）
　亜細亜義会一派（同）
　石館満川一派（後進派）
の一角は這回中村春吉氏を上泉将軍に紹介せし事によりて確かに実現したり、余の理想は着々実現しつゝあり豈に愉快ならずや斯くして他日国家を計らば皇天必ずや余等耿々の志を照覧あらせ給らん乎（同前、同年五月一日条）

文中の「着々実現」とは、満川の紹介で中村春吉《はるきち》が上泉徳彌のいる朝鮮鎮海へ向かったことを指す。こうした横の結びつきにより「革命」の「理想」を実現する方法は、大正期に再び試みられることになる。

7　明治の終焉

朝鮮行

満川自身も、一九一二年五月二〇日から六月七日まで朝鮮の鎮海に出かけた。「鎮海開発団」の山田丑太郎が、東京の新聞記者を集めて鎮海視察記者団を編成し、山田と旧知の満川もここにくわわったのである。この旅行の目的は鎮海の軍港と市街の開発を視察することだったが、山田個人の発案というよりは、背後にいる上泉徳彌（鎮海湾防備隊司令官）ら海軍によるメディア戦略の一環だろう。

釜山に着いた満川一行は「上泉司令官代理」中村春吉らに出迎えられたのち、馬山を経由して鎮海に着き、市街、軍港などを視察、その後、京城、新義州などにも立ち寄った。この視察で彼は、「日本は既に朝鮮を併合して大陸経営の時代に入れり、この時に於て南進論を唱ふは可なり、北守夫れ何の愚ぞ」との持論を改めて確認したようだ（暁峰生「朝鮮行（二十）」）。他の記者と一緒に満川も朝鮮を辞したが、帰途ひとり京都に立ち寄り、東京にたどり着いたのは六月七日だった。

帰国後ほどなくして、満川は七月二〇日から今度は東北に視察旅行に向かった。これは大湊開港期成同盟会（主幹鈴木誠作）の招待で、都下の各紙新聞記者が参加した。汽車は午前九時三〇分上野駅発の青森行急行だったが、郡山に停車したとき、駅員からはからずも、天皇重態の報せを受けとった。後年、満川はこの時の気持ちを「これで日本が潰れるやうな感がした」と語っている（前掲『三国干

鎮海の上泉邸で（1912年５月24日）
中央最前列に中村春吉，中列左から３人目が山田丑太郎，右から４人目が満川，６人目が酒巻貞一郎，９人目が上泉徳彌

渉以後』一〇八頁）。二名の記者が急ぎ東京に引き返し、そのまま東北に向かった人々も「後ろ髪を引かるゝ心地無きに非らず」という気持ちだった（暁峰生「北日本（一二）」）。彼らは大湊を視察し、二四日に東京に戻った。

明治天皇は七月三〇日にこの世を去った。満川にとって、このことがいかほどの衝撃だったかは日記から推測できる。

明治天皇陛下には二十日よりの病次第に重らせ給ひ一旦御好良の兆見えたるも仇なれや今暁〇時四十三分といふに天に上らせ給ふ嗚呼悲しい哉
昨二十九日下午炎熱金を溶かすばかりの中に於て三重橋畔数万の国民と共に祈願を籠めたる余は夜に入りても御容態気になりて眠る能はず午後九時東京毎日新聞の号外にて　陛下の御熱上らせ給ふと共に待医の問ひ参らする言葉にウンと御返事あ

り赤酒を少しばかり御口にし給ひて漸次好良に向はせらるとの事を承知し稍安堵の胸を撫で下ろしたるも午前二時といふにけたゝましき号外の鈴声に驚かされ急ぎ外に出で、求めば嗚呼万事休矣、我等が憧憬欽仰措く能はざる
天皇陛下は七千万の同胞を残して神去り給ひたり嗚咽極まりて復た言ふ所を知らず、余はうたゝねの床を排ひて潔斎の後
崩御
一篇を艸し奉り之を今日の紙上に掲げんとせり（暁峰居士「大正元年一日起　第二十漂流日記」同年七月三〇日条）

この直後の八月一五日、満川は『海国日報』を退社した。退社の理由は、同紙が「純然たる官僚系新聞」となったこと、満川自身が「六年自由の言論に慣れたる余の今遽かに御用記者たらんとするは到底堪ゆる能はざる所」だったからであった（同前、同年八月一五日条）。おそらくは円満な退社とはいかなかったらしく、満川退社の告知は簡単なものだった（「暁峰満川君を送る」）。

袁世凱伝

彼は、退職後の生活を心配した鈴木誠作や上泉徳彌から、東京朝日新聞の佐藤真一への紹介状を受けとり、佐藤を訪問したものの入社はかなわなかった（「大正元年一日起　第二十漂流日記」同年九月二、四日条）。

これまで生活を支えてきた成功之日本社での仕事も、この頃になるとほとんどなかった。それでも、

『保険銀行通信』と『経済時報』にくわえて、九月に藤本震太郎から『東京日報』での編集と人物評の仕事を斡旋されて、当座をしのいだ（同前、同年九月一七日条）。

それでも、九月一三日に行われた明治天皇の葬儀に、満川は「臨時新聞記者」の資格で参加することを許された。馬場先門前に設置された参列場で午後二時から待ち、葬列が来たのは午後七時半だった。満川はこのときの印象を「御轜車の切々たる響、哀調の喈々たる悲楽何れか腸を絞らざるべき、聖世に生れて二十有五年、振古未曾有の大典の拝ろがみ得られしの光栄を得たるは悲しき中にも有難き極みなれ」と記している（同前、同年九月一三日条）。

翌朝、乃木希典大将の自刃を中村春吉から聞かされた満川は「驚駭措く所を知らず」との感慨をいだいた（同前、同年九月一四日条）。乃木は一三日夜、辞世の句を残して妻とともに殉死したのだった。

新たな時代を迎えようとしていたのは日本だけではなかった。同じ日、満川は上泉の紹介で、「支那通」の川島浪速と山座円次郎（外交官）に会っている（同前、同年九月一四日条）。川島はいわゆる「満蒙独立運動」に関わり、参謀本部の協力のもと、北京を脱出した清朝の粛親王を擁立して「満蒙独立」を実現する計画を立てていた。しかし、西園寺公望内閣下でこの問題は沙汰止みとなり、川島も帰国する。

けれども、満川は清朝復辟派よりも革命派に共感していた。彼は「清国の革命は自然の勢にして、而してその政体の共和政体なるべきは何人か之を疑はん」と断じている（満川暁峰「共和政歟君主政」）。満川は、「革命は天下最大の手術なり。この手術が途中より廃めて生療法となり又短日月にて健康体を得んと欲するは、欲する者の無理なるを、余は支那革命にも、民国建設にも充分此等の無理のありと思ふて私かに其前途に懸念せざるを得ざるなり」とも述べ、その行く末を案じていた（満川暁峰「支那近時の形勢を論ず（上）」）。

その最大の懸念は、袁世凱（臨時大総統）にあった。この頃、満川は中央新聞記者の酒巻貞一郎から依嘱されて「袁世凱」を執筆した。一九一二年一一月に酒巻から「原稿催促のハガキ来る」とあるので、この前から執筆がはじまったようだ（「大正元年一日起　第二十漂流日記」同年一一月一九日条）。完成は翌年一月下旬である。

酒巻曰く、「本書の成るは一に満川君の力にして予は唯綱目を定め、材料を供給し、及び校閲をなしたるに過ぎず」（酒巻貞一郎『支那分割論　附袁世凱』五頁）とあるが、「袁世凱」は酒巻名義のまま彼の『支那分割論　附袁世凱』に収録して発表されている。

満川自身、「私は復辟論には釈然たらざるものがあつたが、何故孫文が袁世凱如き奸物を正式大統領に推挙したかの真相をも摑むことが出来なかつた。そして結局正直なる孫文が姦雄袁世凱に致されたものであつたことが分つたとき、袁の滔天の罪悪を責めざるべからざるものと考へた」と振りかえっている（前掲『三国干渉以後』一一三頁）。

満川にとって、中国の動乱は対岸の火事ではありえず、袁世凱の台頭と革命派の衰退は彼の日中関係に対する認識を転じさせることになった。彼は支那保全論を「最早過去の夢」とし、「日支同盟」や「亜細亜のモンロー主義」についても次のように冷ややかな態度をとる。

僕も嘗てはこの種の議論を放言したのであるが、今や痛切に言ふに易くして行ふに難きを感じたのである。一言にして尽くせば、日本は果して何れの亜細亜人と大同盟をして来りつゝある白禍に対し、之を撃退せんとするか四億の支那人と結ぶべきであるか、二億の印度人と結ぶべきであるか、乃至は二億の回教徒と結ぶべきであるか。結んで果して予期の効果が挙るであらうか。然り大なる疑問である。由来その国が亡びたといふ事は、その国民が何れも我利々々亡者であつて熱烈なる愛国的精神が無かつたからではないか。而して其等の子孫や之と同じな支那人、印度人乃至中央亜細亜人と結んだ所で、天下に何事が出来るであらうか。（満川暁峰「敵か味方か」）

愛国心が希薄という「亜細亜人」への失望が吐露されている。その一方で、同稿で満川が高く評価するのがスラブ民族であった。彼は日露同盟論を提唱することで、日露連携のうえでアジア大陸や世界に望むべきことを訴えた。

被災と結婚

一方、私生活に目を転ずれば、この時期満川は災難に見舞われている。一九一三年二月に神田で起きた大火災である。この火災で約二五〇〇戸が焼失したとされるが、ここに満川の下宿先（富勢館）もふくまれていた。当時の緊迫した火事場の様子が「大火遭遇録」としてつづられている。

此夜田中与五郎君〔元海光夜学塾生で早稲田大入学〕宿泊シ初メニ警鐘ノ声ヲ聞クヤ直チニ蹶起シ

テ見ニ行キシガ火ハ二丁程隔タリ火ノ粉吹キ来リテ風下ナリシカバ危ウシト見テ取リ宿ニ帰リ皆ノ者ニ用意スベキ様注意シ、水ヲ飲ミ小便ヲナシ洋服ヲ着シ靴ヲ穿キタル上書籍ナドハ皆焼ク覚悟ヲナシタヾ必要ナル書類写真日記類ヲ風呂敷包トナシ又別ニ洋服衣類ヲ梱ニツメテ兎ニ角田中君ヲ煩ハシテ九段飯田町二ノ一ニ家原毅男氏（軍医）ニ嫁セル従妹和子ノ許ニ運バシムルニ火ハ益々迫リ火ノ粉雨ノ如シ然ル所大森忠四郎君小僧ヲ連レテ車ヲ引キ来リ援ケ呉レシカバ大切ナル書物夜具ナドハ大抵車ニ積ミ得タリソコヘ田中君九段ヨリ帰リ来リ大森君方ノ若衆ト共ニ車ヲ再ビ九段ニ齎ラシメ又大森君ハ車一台ニテ足ラズ黒門町（自宅）マデ取リニ行キ都合二台ノ車ニテ積メル丈ケ積ミシニ火ハ益々迫リ来リ危険刻々ニ加ハリシカバ竟ニ寓ヲ見捨テ、助カリシ荷物丈ケヲ和子ノ許ニ頼ミ置キ余ハ直チニ美土代町青年会館ニ尾上君（第四高等小学校同級生、のち神戸高等商業学校入学）ヲ援助ニ行キシニ同君ハ無事ナリシカバ家原方ニ引キ返ヘシ朝飯ヲヨバレ夜ハ兎ニ角岡田貞一君（私立吉田中学校同級生、第四高等学校中退後東上）ノ宅ニ一時落付ク事トシ遂ニ三月六日迄同君方ノ厄介ニナリヌ（暁峰居士「大正弐年一月　第二十一漂流日記」）

満川は幼い頃に母親から京都の「鉄砲焼け」（禁門の変にともなう大火事、どんどん焼けとも言う）の恐怖を聞かされていたが（前掲『三国干渉以後』二一 - 二二頁）、彼自身が火事に遭遇したのははじめてだった。

しかし、災難ばかりではない。この一件からほどなくして満川は生涯の伴侶を得た。これまでの彼

満川と逸子

の日記を見てきて気付かされるのは、女性関係の記述がまったく出てこないことである。満川曰く、「国家ハ実ニ余ノ恋人」（「明治四十年四月第七漂流日記」一九〇七年五月二四日条）だったためだが、その硬派な彼が一九一三年三月に遠戚の藤澤逸子《いつこ》（満川の戸籍簿には「いつ」）と結婚した。満川が二五歳、逸子二二歳の時である。

満川に逸子を勧めたのは兄の川島元次郎で、「本人（逸子）母親の希望もどうやら其許に娶せ度やう考へられ候へば同人御娶りなされ候ては如何に候や」とあった（「満川亀太郎宛川島元次郎書簡」一九一二年五月一六日付）。

三月六日、式に向けて満川は東京を発ち、翌朝京都の七条駅に到着（「結婚ニ付西下中ノ仮日記」同年三月七日条）。亡き父母の代役を兄夫妻が引き受けてくれた。媒酌人は前田平八である。八日に式は行われた。藤澤理一郎、藤澤しま子、川島兄夫妻、中山岩松、永田寿（ぢうと思われる）、前田平兵衛が若い二人の門出を祝った（同前、同年三月八日条）。

彼らの新生活は、牛込区喜久井町五六番地ではじまった。満川はあまりに新婚生活が嬉しかったのか、それまでマメに付けていた日記がおろそかになっている。しかし、七月にこれではイカぬと次の決意を日記に書きとめた。

結婚前後よりだらしなくなりしこの日記も今日より真面目に書かんとて新に第二十三漂流日記を作りぬ、牛込早稲田に閑居してより早や四ケ月百二十日を夢と過ぎて朝夕の残寒堪え得ざりしもの今や炎熱湊ぐに由なからんとす、結婚を以て一新時機を画し第二の新生活に入るべく心に期せしもの多くは水泡の如く消え去りて今日までを夢と暮らせしかと思へば慚汗背に普ねからんとするなり、嗚呼、大正塾創立の理想果して何れの日にか成らん過ぐる日学校に於て偶々「関門日々新聞」の広告欄を見るに大正学校職員一同云々の文字あり　その如何なる学校なるやは知らざるも余の心臓は時ならぬ波の打つを覚えぬ。（暁峰生「第二十三漂流日記」一九一三年七月一三日条）

それでも、「夢」うつつの新婚生活において日記は一〇月からひと月とつづいていない。また、大正初期から後期までは断片的な日記がいくつか残されているだけである。この間、一九一七年七月に長女喜美《きみ》、一九二〇年一一月には長男靖《やすし》、一九二二年一一月には次女桂子《けいこ》が生まれている。とはいえ、この日記空白の期間は、満川が国家改造運動に取り組みはじめる重要な時期でもあった。

第三章　老壮会・猶存社時代

1　「亜洲復興」への途

『大日本』　一九一四年七月にヨーロッパではじまった第一次世界大戦は、八月中旬に日本がドイツに宣戦布告し、遠い「極東」にも飛び火した。当時の満川にとっては、日露戦争の印象が大きく、往時ほど「深き感興が湧かなかつた」（前掲『三国干渉以後』一二五頁）。

しかし、この大戦はこれまでアジアに傾いていた満川の関心をヨーロッパに向けさせる転機となった。満川は、この戦争が「世界の政治経済を一変せしめ、歴史の上に一大革命を見るべき秋」と洞察する（満川暁峰「大戦乱と将来の国際政局」）。日本が連合国軍に加担したことを「世界的強国（World power）の班に列した」と歓迎するものの、満川は敵国ドイツに同情した。

この間も満川は、一九一二年に『海国日報』を辞してから、『経済時報』『保険銀行通信』にくわえて、川久保健の紹介で『新世紀』（林包明が主宰）にも投稿するようになっていた（満川亀太郎「衣斐白洋の懐出」）。

一九一三年は憲政擁護・閥族打破をスローガンとする「大正政変」の時期にあたる。義憤にかられる満川も「その鬱憤を洩らすべき言論機関」を探していたところで、新たな寄稿先で「会心の筆」を走らせ、「国民的大運動大正維新の第一目的は官僚打破なり」と意気込んだ（前掲『三国干渉以後』一一六、七頁、満川暁峰「過渡時代の政局」）。

これ以外には、有給か無給か不明ながら、日本歯科医学専門学校の嘱託もつとめ（一九一三年一〇月―一九一五年三月）、同校機関誌『歯科新報』で小文の連載をもった。

このいささか不安定な境遇を脱するのは一九一四年一〇月のことである。この月に軍事評論家で『海軍』にも寄稿していた川島清治郎を中心に雑誌『大日本《だいにほん》』を立ち上げることになり、満川は編集担当のひとりに迎え入れられた。彼によれば、「当時在米某実業家の出資によつて国防義会の有志中国防雑誌発行の計画が熟し」ていたことが創刊の背景にあった（前掲『三国干渉以後』一二七頁）。

「国防義会」とは大日本国防義会のことで、海軍拡張を目指して一九一二年一月頃から創立が企図され、一二月に設立趣意書が発表された。中心となったのは中野武営《ぶえい》（東京商業会議所会頭）や海軍軍人、民間の海軍拡張論者である。

一九一三年四月、満川が川島を訪れると、彼は「『国防義会』の発展せざる所以を説きて邦人の海事思想に乏しき」を嘆いたという（南溟庵主人「風塵漫録」）。この「海事思想」の普及こそ、『大日本』

大日本社前で（1915年12月）
左から３人目が満川，右から２人目が川島清治郎

とそれを支える大日本国防義会の意図するところであった。

『大日本』創刊当初の編集局員は川島、満川、則本富三郎（陸軍中尉）、葛生《くずう》東介《とうすけ》（黒龍会幹部葛生能久の兄）で、則本、葛生は大日本国防義会の発起人でもある（『蘭英二国の盛衰と海上競争』奥付）。

「大日本帝国」とは「上に万世一系の絶対帝位を戴き、幾万歳に亘りて確然不動の国礎を据ゆ。世界稀に見るの一雄国」「民族亦た黄色人中の最優なるもの」というのが同誌の主張で、その思想的傾向は明らかだろう。それゆえに、「支那問題」「黄白人種の問題」「世界に於ける人類の生存及領域均等の問題」の解決こそ雑誌が取り組むべき課題とされた（「発刊の辞」）。

硬派な雑誌ながら、満川の回想によれば、創刊当初の部数は「一万二千部」だったという。しかし、「根が天下国家を論ずる志士の集りであり、営業方面には殆ど無能に近かつた上に、創刊間もなく事務員に拐帯されたりして惨々な目に会つた」（前掲『三国干渉以後』一二八頁）。結局、一九一五年九月に社友組織を設けて、上泉徳彌海軍中将らの支援を仰ぐことで社を立て直し、編集局も三巻四号（一九一六年四月一日）から川島と満川の二人となる。

満川は、南溟庵主人、剣書楼といった筆名を駆使して、主筆の川島に劣らぬ数の論文を『大日本』に投じた。主な内容はアジア関係、軍事関係で、創刊後数年は中国革命に関するものが多い。この時期は、青島攻略につづき対華二十一カ条要求が中国に提出され、民間でも対支連合会、国民外交同盟会など対外硬運動が盛り上がっていた。

一時、満川は日中提携に懐疑的だったものの、第二革命、第三革命を受けて、中国の革命に再び期待を寄せるようになる。かつての中国蔑視論から、「今にして邦人が対支那人の態度観念を一変する所無くんば支那は強国となりたる暁必ずや我国に反噬し来るべく」と考えるようになっていた（南溟庵主人「在外邦人の欠陥」）。

また、彼は、『大日本』四巻八号（一九一七年八月一日）で組まれた特集「共和維持か清朝復辟か」に「日支興廃の機と我積極政策」を投じて、中国を「東洋の雄邦」として復活させるためには、「鞏固なる統一政府」をきずく革命をいっそう推しすすめるべきだと考えた。

……況んや一度は亡国民族なりと目せらるゝとも革命の鉄火は之を興国民族に叩き直し得べきも

のなるをや、支那は我皇室の如き国民尊崇の中心を有せず、即ち忠君とは何を指すやを解せざるも、忠君の念無きが故に愛国心無しとは断ず可らず、日本流に忠君と愛国との合一を支那に強ゐんとすることは到底不能なるも、何れの国民と雖も其の国を愛せざる者無し。支那革命運動を構成しつゝある中心思潮が愛国的観念なることは苟くも支那革命の意義に理解を有する日本人にして一点疑を存せざる所なり。

満川の中国革命に対する期待と信頼がにじみ出た一文である。

三五会

一方で、満川が情熱を傾けてきた日本の「革命」構想がその後どうなったのかは、日記がなく不明な点が多い。空白となる一九一四年一月から一九一九年三月までは自伝や回想などで見ていくしかない。

この時期の彼の活動で逸することができないのは三五会である。同会は、一九一六年から翌年にかけて開かれ、その結成経緯と会の性格は次のようなものであった。

三五会とは大正五年より六年にかけ、東亜の前途を憂ふる若干青年有志が、主として国際関係を研究討議すべく牛込江戸川端の清風亭に集会したものであつて、毎月一回十五日に開催したから三五会といふ名を付けてゐた。素より何等の会則もなし役員といふ鹿爪らしい者も無かつたが、たゞ長谷川文吉、平賀磯治郎、満川亀太郎の三人が交代で世話人を勤め、会場の斡旋やら案内状

友人と（1913年７月）
前列左から増田恒一，長谷川文吉，後列左から満川亀太郎，岡田貞一

の発送などをしてゐたのである。会員数は二十名足らずであつたが、当時の記録を存してゐないので、小生の記憶には左の諸氏しかない。
大川周明、何盛三、宮川一貫、永井柳太郎、衣斐釺吉、長谷川文吉、酒巻貞一郎、長瀬鳳輔、渡辺新五郎、鈴江満太郎、市原真治、平賀磯治郎、満川亀太郎、
三五会では支那革命問題や、印度独立問題や、蒙古問題、西伯利問題は勿論、中央亜細亜問題、巴爾幹問題などが盛に研究せられた。（満川生「老壮会の過去と現在」）

「前途の憂」であるが、大戦後、国民精神の弛緩や徴兵忌避などの問題が生じており、「遠大なる目的が国民に無い」ことが原因だと満川は考えていた（暁峰生「矢来夜話（五）」）。その打開こそが三五会結成の目的であったと思われる。
会員の長谷川文吉は、満川とともに早稲田大学高等予科を修了、そのまま大学部に進学した学友だった。満川の日記に彼の名前が登場するのは一九〇九年九月で、翌年には「所謂我党の士」のひとり

にあげられている（「明治四十三年ノ一　紀元二千五百七十年　第拾四漂流日記」一九一〇年三月三一日条）。

長谷川は、のちに老壮会《ろうそうかい》世話人・猶存社同人となる平賀磯治郎、市原真治らとともに、一九一七年一月に惟一協会という青年団体を結成した。創立会には伊東知也の祝辞、長瀬鳳輔《ほうすけ》、内田良平の演説が披露され、三五会や黒龍会とのメンバー重複が考えられる（「惟一協会の創立」）。

同じく三五会会員の宮川一貫《いっかん》は、玄洋社幹部宮川太一郎の息子で、福岡の修猷館を卒業後、一九〇七年一〇月、早稲田大学政治経済学科に進学した。一年先輩に中野正剛《せいごう》や風見章がいた。満川によれば、宮川は長谷川の「級友」だった。宮川は早大在学中、国外追放を命ぜられた亡命インド人ラス・ビハリ・ボースをかくまうため、頭山満の指示でボースを相馬愛蔵邸に連れ出したことはよく知られている。

ある日、長谷川を通じて、宮川から満川にボースを紹介したいという申し出があった。宮川の家で会った満川とボースは、日本語と英語で意思疎通をはかった（前掲『三国干渉以後』一三三頁）。一九一六年春の出来事である（ラス・ビハリ・ボース「満川君を憶ふ」）。

なお、この場には何盛三が同席していた。何は赤松則良三男だったが何家を継ぎ、京都帝国大学法科大学に入学、卒業後は住友鉱山に勤務したが、一九一六、七年頃に退社し、中国語の研究に従事した（長岡新次郎「日本におけるヴェトナムの人々」、「何盛三君とエスペラント」）。のちに満川に頼まれて、老壮会に河上肇を勧誘する人物でもある。

大川周明と北一輝

三五会には、大川周明も参加した。一九一一年の東京帝大卒業後、中学教師などで生計を立てていた大川は、ヘンリー・コットンの『新インド』を読んで、植民地インドの悲惨さに衝撃を受け、植民地解放運動にのめり込んでいくことになる。

彼の主張と研究がまとめられたのが『印度に於ける国民的運動の現状及び其の由来』（一九一六年一月）であった。植民地インドの惨状とそれに抗する「国民的運動」の歴史・現状を描いたもので、一学士による私家版とはいえ、官憲の目に止まって配布禁止となる曰く付きの本であった（新聞雑誌出版物等取締関係雑件　第二巻）。満川は、この本の存在をボースから教えられ、入手した同書を旧友の本田義英（のち京都帝大教授）に渡した（本田義英「東上日記の中から」）。

その後、大川も三五会に参加しはじめ、ポール・リシャール『告日本国』の原稿を最初に紹介したのは三五会の席上だったという（前掲「新愛国運動の諸士」）。

後年の満川の回想によれば、三五会自体は一年経たずして、「肝腎の会も亦一人減り二人減つて数回の後、自然消滅の姿となつて仕舞つた」（前掲「衣斐白洋の懐出」）が、このメンバーが核となって老壮会や猶存社が結成される。

この頃、満川の活動でもうひとつ特筆すべきは、北輝次郎（のち一輝）と見えたことである。北は、辛亥革命が勃発すると宋教仁の招きで中国に渡って革命運動に関与するものの、一九一三年四月に三年間の退去命令を受けて、日本に戻ってきた。

この滞日中に北が書きあげたのが『支那革命及日本外交革命』（のち『支那革命外史』と改題）だった。

改題後に付された序文によれば、同書は「清末革命の前後に亘る理論的解説と革命支那の今後に対する指導的論議」で、「同時に支那の革命と並行して日本の対支策及び対世界策の革命的一変を討論力説」したものであった（北一輝『北一輝著作集』Ⅱ、二頁）。

北は一九一五年一一月はじめから翌月にかけて前半部の「支那革命党及革命之支那」を書きあげると、これを要路者に配布し、大日本社にも一部を送った。満川は、北の帰国と論稿執筆を新聞で知っていたが、まさか論稿そのものが送られてくるとは思わず、「吸入らる、が如く」この書を読み、「初めて支那革命其者を理解することが出来た」（前掲「新愛国運動の諸士」）。

その後、満川は大日本社社友の鈴木誠作とともに北を青山に訪ねた。執筆のため長時間の面会謝絶と書かれた玄関をくぐると、夫人が出迎えて奥座敷に通された。ここで二人は、床の間の法華経と譚人鳳の肖像を背にして、中国服の北とはじめて向かい合った。満川は老成した学者然とした風貌を予想していたが、北の精悍な雰囲気に良い意味で裏切られた。膝を交えた彼らは「非常な快心と傾倒とを以て国事を談じた」（前掲『三国干渉以後』一四八頁）。

この北邸の二町ほど先に戴季陶がひそんでおり、満川は葛生東介の紹介で戴のもとを訪ねるようになると、その足で北邸にもしばしば足を伸ばした（南溟庵主人「戴氏来朝を機として」）。

しかし、この時の二人の交流は長くはつづかず、一九一六年六月に北は再び法華経をいだいて中国へ渡る。満川に「僕は再び窩濶臺汗《オゴタイカン》を大陸に求めに行きます、日本にはもう帰らぬ積りです」という餞別の辞を残しての旅立ちであった。満川の心境は、「北君去つて、私はどれほどそゞろに長安の空しきを感じたか知れない」（前掲「新愛国運動の諸士」）というものだったが、彼の手元には北の著作が残されていた。北は同年四月末から翌月末までに後半部も書きあげ、双方合わさった『支那革命及日本外交革命』は満川の手元に届いた。彼は同書の読後感を次のようにまとめている。

余ハ未ダ曾テ此ノ如キ天下第一ノ書ニ接シタルコトナシ、余ガ多年支那革命ノ実体ヲ捕捉セントシテ焦慮シタルノ努力ハ遂ニ本書ノ若者ト其鮮血ノ筆ニ成リシ本著トヲ与ヘラレタリ、余ハ皇天ニ感謝スベク果シテ何ノ辞ヲ以テスベキカ、著者遠ク法衣剣ニ杖イテ窩濶臺汗ヲ求メツ、アルノ時、著者ヲ思フテ同志ヲ祖国ニ求メ亜細亜復興ノ大業ニ一臂ノ力ヲ藉サントスルハソノ報謝ノ道ニ非ルカ、本書ヲ回覧ニ付セントスルニ当リテ一言ヲ述ブ。

大正五年中秋　　暁峰生（北輝次郎『支那革命及日本外交革命』）

インド独立問題

この時期の満川の関心は、中国にとどまらず、インドや西アジアにまで広がっていた。しかも、彼はインド人革命家の声を積極的に日本国内に届けようとした。満川はインド問題の論文をこの時期精力的に発表しながら、編集を担当している『大日本』四巻六号から八号（一九一七年六月一日－八月一日）まで「一亜細亜人」による「日本と亜細亜」「印度は永久に自治を得ざる乎」「露国革命と印度国民運動」の各論文を掲載した。また、『経済時報』一七五号（同年八月一日）にも、某亜細亜人稿・南溟庵主人訳「日本の地位と亜細亜問題」が掲載され、日本が

「白人圧迫よりの救世主」として期待を寄せられている。

「一亜細亜人」として、三五会に出入りしていたボースの名前が真っ先に思い浮かぶが、同年六月に警視総監から内務・外務両大臣への報告に「『ダス』ハ昨今牛込区東五軒町大日本社ニ出入シ同社員モ亦時々同人ヲ来訪セル模様ニ付目下仝人ガ起稿中ノ著作物ヲ或ハ同社ヨリ出版スルコトナキヤ否ヤ注意中ナリ」とあるので、おそらく当時来日中だったタラクナス・ダスが「一亜細亜人」と考えられる（各国内政関係雑纂／英領印度ノ部／革命党関係（亡命者ヲ含ム）第二巻）。

ボース一家とタゴール（中央）（1924年6月）

インド独立に関する満川の判断は以前から現実的で、「印度革命の事業は支那革命の事業よりも更に難事」というものであった。それゆえに、独立ではなく、まず自治の獲得を目指すべきだと考える。しかも、「吾人をして忌憚なく言はしむれば印度独立の可能なる一点は実に支那革命の大成に在り」として、まず中国の革命を重視し、それなくして印度の独立や「大亜細亜主義の実現」はないとする（満川亀太郎「印度の不穏と其将来」）。

この満川の取り組みには、大川周明も関わっていたと思われる。『大日本』に掲載された大川の紹介文には「印度革命の志士は大抵従来氏の世話になつてゐた、独探の悪名を負ふて米国に放逐せられた好漢タラクナスダス君の如きも亦其一人」（「社友評判記」）とあるので、ダスを大日本社と引き合わせたのも大川だった可能性が高い。

また、大川周明が代表者をつとめる全亜細亜会は、『国際間に於ける日本の孤立』（一九一七年七月）を刊行した。同書はダスの冊子を邦訳したもので、日本での刊行にあたり大川の尽力があったとされるが、すぐに発売頒布禁止となった（各国内政関係雑纂／英領印度ノ部／革命党関係（亡命者ヲ含ム）第二巻）。

この頃から満川は、黒龍会機関誌『亜細亜時論』の「客員、誌友」となっている。元三五会会員では大川周明、宮川一貫、長瀬鳳輔、酒巻貞一郎（のち黒龍会機関誌『エシアン・レヴュー』主任）の名もある（「謹賀新年」）。

満川が同誌に投稿したのは、西・中央・南アジア、アフリカなどに関する論文であった。「今や帝国に取りて最も重大なる死活問題は支那問題であるが、支那問題は支那そのものにのみ没頭して居つては到底解決が望まれない」からである（満川亀太郎「国際政局の新中心　中亜と印度とに着目せよ」）。満川の視野がアジア全体へ広がるとともに、そのアジアは西欧列強から解放されなければならなかった。

この視座から国際政局をまとめたものが、彼の初の単著『列強の領土的并経済的発展』（一九一八年六月、広文堂書店）である。同著作では、イギリス、ドイツ、アメリカが領土的、経済的に覇権をきずこうとするなかで、日本はいかにすれば「世界的強国」（二七一頁）になれるのかが語られている。

その解は明快で、欧米の奴隷になりつつあるアジアの復興のためには、「日支共存」（二八〇頁）が必要であり、「日本は支那に対して身代りになつて呉れた恩義に酬ひ、其の国を興して東亜の強国に改造し、両国相倚り相扶けて亜洲百年の計を講ずることが、日本の国是であり、日支共存の根本義」（二八二頁）だと彼は言う。

そのための具体策として満川があげるのが中国人への教育事業、東洋研究機関の設立、「日支を一体とせる経済的自給自足主義の完成」による「東亜に於ける国防的施設」の建設（二八九頁）、そして「軍国主義に依て国家社会主義を行ひ、一国の組織を整齊し、亜洲復興の大計を画すること」（二九五頁）である。この提言は、中国の革命と世界大戦を受けた「東亜」総動員体制の構築を目指すものであった。

同著を恵与された大川周明は、その着眼、研究の真摯さと内容を褒め称え、「箇程の御骨折が悪質の用紙に印刷せられたるは珠を繿《ママ》縷に包むの感に堪え申さず候」との粋な返礼を満川に送った（「満川亀太郎宛大川周明書簡」一九一八年八月二四日付）。

2　老壮会の世話人

改造運動連絡機関

著書刊行からまもなくして、満川は老壮会を立ち上げた。この会にはのちの国家改造運動を担う人物が数多く参加したために、「昭和維新」の揺り籠と考えられてきた。

しかし、老壮会の特徴はそれだけではない。確認できた第一回（一九一八年一〇月九日）から第四五回（一九二二年五月二三日）までのべ数百人が参加したように、多種多様な人々が最新の時事について様々な意見を交わす場であった（拙稿『戦間期日本の社会思想 「超国家」へのフロンティア』第四章）。

こうした会でありえたのは、世話人満川の人を結びつける力によるところが大きい。第一回を開催した翌日、満川は旧友の本田義英に「内外に促迫する国難の今日に当り年齢階級職業の一切を縦断する智識交換会を目論見」とか、「毎月二回以上純然たる茶話会でやる積り行く〳〵は床次（竹二郎）内相を引張り出さうと思つて居ます」との展望を語っている（「雁のたより」）。こうした老壮会の性格をあらわす言葉として生まれたのが「老壮男女貴賤貧富／平等無差別無礼講／来者歓迎去者不追／但一応ハ世話人満川亀／太郎ニ御通告ヲ乞フ」というものであった（「老壮会名簿」）。

けれども、老壮会は最初からこうした方針ではじまったわけではない。初期のメンバーは満川が関わってきた旧三五会と大日本社双方の人脈から構成されたものであった。「大日本社報」（『大日本』四巻六号、一九一七年六月一日）によれば、社の関係者や執筆者を呼んで「談話小集会」を社内で催し、「何れは此種談話会を公開的のものとし弘く社友各位の来会を歓迎せんものと計画中に有之候」とあるので、この取り組みが老壮会へ繋がっていった可能性もある（六月五日開催の「小茶話会」には大川周明も参加）。

初期の老壮会には、旧三五会から宮川一貫、何盛三、大川周明が参加していたし、大日本社からは上泉徳彌、宮島大八（善隣書院院長）ら「満蒙独立運動」に関与した人物もいた。前者が壮年、後者が老年から主に構成され、あわせて老壮会の命名となった（名付け親は佐藤鋼次郎陸軍中将）。これ以外の案として満川の「夜光会」、大井憲太郎の「大正義会」があったが、第二回の会合において多数決で「老壮会」に決まる。

老壮会で話し合われたテーマは、東アジア問題にとどまらない。第一回開催時の挨拶で、満川は「一歩を転ずれば国を滅ぼすに至るの非常重大時期」にさしかかっていると危機感をあらわにした。東洋における「英米の勢力」の増大、「民主的傾向」の台頭と日本への影響、「貧富の懸隔」にともなう「階級戦争の大波」、「物価の騰貴不足等」が満川の考える危機であった。

これらの問題を総合的に解決するには、個別に対処することは不可能で、「如何にして此の国の立つべき所を定むるかに付衆智を集めて研究せば」というのが、満川の考える老壮会の目的だった（満川生「老壮会の記」一九一九年四月一日）。老壮会が改造運動連絡機関と評された所以である。つまり、第一次世界大戦後の世界再編とその影響を日本がどのように受けとめればよいかが、老壮会の大きなテーマだった。この潮流を追い風と解したのが吉野作造、福田徳三らの黎明会や東大新人会で、逆風として受けとめたのが老壮会であった。

特に初期の老壮会は「英米の勢力」「民主的傾向」が論題となっており、第二回から第五回までのテーマは「現下世界を風靡し我皇室中心主義上将た亦講和上至大の関係ある所謂民主的大勢を如何に取扱ふべき乎」「我国政治組織改革の根本精神如何」「独逸の敗退に伴ふ英米勢力の増大は我国の生存を脅圧し来るや否や、来るとせば之に対応するの道如何」「選挙制度問題」になっている（同前）。第四回（一九一八年一一月二二日）では、このテーマに関して上海の北一輝の来翰も披露され、満川と北のやりとりがはじまっていることがうかがえる。この往来が、のちの北による「ヴェルサイユ会議に対する最高判決」（一九一九年六月二八日）郵送や大川の上海派遣に繋がっていく。

社会主義者の参加

老壮会にとって大きな転機になるのは第六回（一九一九年一月一九日）であった。「大逆事件」（一九一〇年）後の社会主義者は「冬の時代」を忍んでいたが、堺利彦らを中心に文章の代筆や翻訳を請け負う売文社を立ち上げ、文字通り、売文業で糊口をしのいでいた。その堺や山川均と並ぶ幹部だった高畠素之《たかばたけもとゆき》とその一統の北原龍雄《きたはらたつお》、遠藤友四郎《えんどうゆうしろう》（無水）、尾崎士郎ら社会主義者が老壮会に参加した。

彼らを招いたのは、のちに老壮会の世話人となる岡悌治だった。第六回では北原が「社会主義とは何ぞや」、高畠素之が「社会主義者の観たる世界の大勢」の各テーマで講演を行った（同前）。その後、「社会主義者」と老壮会の関係は世間にも広まり、刑事が老壮会の開催日を満川に聞きに来るほどだった（「大正八年三月三日初　行余日誌」一九一九年三月四日条）。

第七回（三月四日）に北原が参加して、「売文社は目下廿二名の社会主義者の団体なるが、近時社内に国家社会主義の新傾向起りて分派を生じたる故、何れ何等かの形式となりて現はるべし」と述べた（前掲「老壮会の記」）。これは、売文社に生じていた高畠一統が堺利彦、山川均らと袂を分かち、新たに国家社会主義運動を起こすことを指す。

この売文社の分裂劇の背景には、一九一七年に起きたロシア革命が関係していた。はやくからロシア革命の意義を認識していた高畠は、言論活動から合法実践活動へ乗り出そうとしたのである。老壮会参加と時期が重なったのも偶然の一致というわけではなく、高畠にしてみれば新たな一歩だった。
三月一五日には北原から満川のもとに手紙が届き、四月一日に機関誌『国家社会主義』を創刊することを知らせてきた（「大正八年三月三日初　行余日誌」同年三月一五日条）。満川は彼らに次の祝辞を送っている。

対外問題に従事して皇威を八紘に輝かさんか。社会問題に没頭して同胞の福祉を増進せんかとは、血性に富む青年の一度びは採択に迷ふ所と存候〔。〕小生の如きは欲張りと申すか決断力無之に依るか、未だ其の岐路に彷徨致居候処、貴同人諸兄は夙に後者の路に進まれ多年衆人の就くを欲せざる孤城に死守せられ候事、乍陰深甚なる同情に不堪候。（満川亀太郎「脈々の熱血」）

第二〇回（一九一九年八月二九日）には、社会主義運動の重鎮堺利彦が老壮会に参加した。異色の来賓を招いたのは、すでに老壮会に参加していた権藤誠子《ごんどうせいこ》である。彼女は女性解放運動家で、権藤成卿の妹でもあった。
老壮会に乗りこんできた堺が、社会主義に好意的ではない人々の面前で、「社会主義は当然の帰結なり」と述べたのはさすがだった。あわせて、彼は資本家の絶滅や「労働階級ト中流智識階級トカ提携シテ社会主義ニ依ル国家施設ノ革新」を訴えた（内務省警保局「特別要視察人状勢一班　第九」六三四頁）。満川は、堺の参加について、「極端右党より極端左党までを網羅する老壮会の特色を遺憾なく発揮せるもの」との感想を洩らしている（「老壮会の記」一九一九年一〇月一日）。

　こののち、高畠は国家社会主義運動を推しすすめ、彼亡き後の一九三〇年代初頭にこの運動は花開く。一方の堺、山川は一九二二年夏に創立される「第一次」共産党幹部となるが、のちに党をはなれて「労農派」を旗揚げする。

改造同盟と文化学会

　老壮会の活動にくわえて、満川は他団体にも精力的に参加した。大正中期に簇生した「改造団体」のなかで、彼が関わったものに日支国民協会、人種的差別撤廃期成同盟、改造同盟、文化学会などがある。

　日支国民協会への参加は、引きつづき中国への関心を示すものである。同会は一九一七年頃に結成され、頭山満、寺尾亨、亀井陸良《ろくろう》、宮崎滔天、萱野長知《ながとも》、水野梅暁《ばいぎょう》、中野正剛、阿部真言《しんごん》らの「支那通」や、いまでは民俗学者として知られる柳田国男も参加していた（柳田国男『定本　柳田国男集』別巻第四、三二五頁、前掲『三国干渉以後』一三九頁）。結社の目的は中国の革命派支援で、一九一八年一〇月末に同会主催で唐紹儀、章士釗の招宴が開かれている。

　満川が同会に参加するのは翌年三月一三日である。この日、会場の頭山満邸に集まったのは頭山、水野、萱野長知、今井嘉幸、満川である。会では、翌日の日支共同防敵軍事協定発表を待って会の宣言を発すること、唐継禹《とうけいう》（唐継尭《とうけいぎょう》の弟で広東軍政府顧問）来朝の歓迎について話し合われた（「大正八年三月三日初　行余日誌」同年三月一三日条）。同月一六日にも頭山邸で汪兆銘、廖仲愷《りょうちゅうがい》の歓迎会が催され、水野、今井、阿部真言、犬塚信太郎、満川らが列席した（同前、同年三月一六日条）。

二つ目の人種的差別撤廃期成同盟は、パリ講和会議において日本側が提案した人種的差別撤廃要求に呼応して生まれた団体だった。運動の中心にいたのは、佐藤鋼次郎陸軍中将である。一九一九年一月末から設立相談会が開かれ、二月から四月まで隔月で人種差別撤廃期成大会を開催した。「人種平等案は、確かに世界革命に向つて投ぜし一個の爆裂弾」（満川亀太郎「黒人阿弗利加の新潮」）と見る満川も相談会の時から参加し、第一回、第二回の大会に列席したが、「呉越同舟最早行詰りたるを免れず」（「大正八年三月三日初　行余日誌」同年三月一四日条）と見て、まったく期待をかけていない。

満川の人脈形成において重要と思われる思想団体は、改造同盟と文化学会だろう。前者では中野正剛、後者では下中彌三郎や島中雄三と活動するきっかけとなる。

改造同盟の主なメンバーは中野正剛、馬場恒吾、永井柳太郎、長島隆二、植原悦二郎、古島一雄らで、その多くがパリ講和会議特派員を経験した人々だった。大戦後の世界再編の機運を肌身で感じた彼らは、日本の「改造」を目指して一九一九年八月に同盟を結成した。具体的には普選実行、華士族平民の差別撤廃、官僚外交打破などをかかげたものの、数ヶ月で自然消滅した（神谷昌史「第一次大戦後の世界秩序と日本の「改造」　改造同盟とその周辺」）。

満川が改造同盟に参加したのは、同年二月から中野が主宰する『東方時論』に寄稿していたためだと考えられる。中野は『講和会議を目撃して』（同年七月、東方時論社）で名をあげ、翌年から国会議員へ転身するが、中野と満川の交友は一九二〇年初頭のロシア承認運動に繋がる。

他方、改造同盟に先立つ二ヶ月前、島中雄三、下中彌三郎、石田友治、岡悌治らによって設立されたのが文化学会である。彼らは大正初期に創刊され、普選運動にも取り組んだ雑誌『第三帝国』（のち『新理想主義』）の関係者でもあった（水谷悟『雑誌「第三帝国」の思想運動　茅原華山と大正地方青年』）。結成に際しては堺利彦の後援があったとされ、社会主義の共鳴者を集める形で結成された。それゆえ、彼らはイギリスのギルド社会主義を機関誌やパンフレットで啓蒙することにつとめた。

島中は初期から老壮会に参加し、岡は同会世話人になる人物である。満川も文化学会に入っていたとされるが、彼自身、「予は文化的国家にも片足かけたけれど未だ軍国主義的国家の建設を思ひ切る能はず」（「大正八年三月三日初　行余日誌」同年三月六日条）と言うのだから、どれほど積極的に関わっていたかはわからない。

島中はのちに政治研究会を創立して社会民衆党結党に参加し、下中は平凡社創業者として出版活動や教育運動に取り組んでいく（中島岳志『下中彌三郎　アジア主義から世界連邦運動へ』）。それでも、下中らの交流はその後もつづき、一九三〇年代初頭には国家社会主義の下で新たな政治・社会運動を起こしていくことになる。

3　猶存社と改造法案

老壮会は参加者が膨大になるにつれ、しだいに「エタイ」の知れぬ姿になっていった。そこで、満川ら元三五会同人は運動の核となる新たな団体を結成しようとした。これが一九一九年八月に生まれた猶存社である。猶存社は満川自身が「純然たる実行的思想団体」と述べるように、老壮会とは性格が異なるものだった。その設立経緯を満川は次のように振りかえる。

画龍点睛

老壮会の国家主義者中、一途に国内改造を目指せる人々は、最早毎週第一回位の集会討究に満足出来なくなつた。出来得るならば夜を日に継で始終集つて来て、イザ大事勃発の時機には即刻間に合はせるだけの準備を整へて置かねばならぬと思つた。牛込区南榎町なる私の宅の二階六畳の一室は、私の書斎兼寝室であつたが、同時にこれらの同志の集合所でもあつた。山田丑太郎、何盛三、平賀磯治郎の諸君はその御常連であつたが、余りに室が狭小なのと、私宅であるが何かと不自由なので、別に一戸の家屋を借り受ける相談をした。山田氏が牛込区南町一番地穂積〔陳重〕博士の隣りに適当の家を探がし出して来た。階下六室の洋風木造家屋で集会を開き密議を凝らすに持つて来いの家である。家賃は八十五円で、敷金三ケ月分と共に、何盛三君が心配して来た。「満川君、何かこの家に適はしい名称が無いか」と三君が私に相談した。私は言下に「猶存社」としようと答へた。唐詩選の巻頭魏徴の述懐に、「中原復逐鹿　投筆事戎軒　縦横計未就　慷慨志猶存」（中原復た鹿を逐い筆を投じて戎軒を事とす縦横の計は就らざれども慷慨の志は猶お存す）云々とある。今や天下非常の時、何時までも文筆を弄してゐるべき秋ではない。我等は兜に薫香をたきこめた古名将の如き覚悟を以て日本改造の巷に立たねばならぬ。慷慨の志猶存す。猶存社の名は佳いではないかと言ふと、諸君が非常に賛成せられて、その通りに決定した。大正八年八月一日より新に猶存社の門標がかゝり、平賀君が鎮台としてこゝに常住することゝなつた。（前掲『三国干渉以後』二一五－二一六頁）

北一輝（1922年1月）
大川周明撮影

老壮会中のより急進的な「壮」年層が新たな運動を起こしたものが猶存社である。しかし、今日この猶存社がこれほどまでに知られるようになったのは、やはり北一輝の存在が大きい。同じ頃、中国での五・四運動のただなかにあって、北は断食をしながら「国家改造案原理大綱」を執筆していた。序章でも触れたように、北を日本に呼びもどすべく、大川周明が上海に向けて東京をはなれるのは猶存社結成から約二週間後のことである。

上海の北は長らく寄寓していた長田医院を去って、フランス租界に居を移し、そこで苦闘しながら国家改造案の執筆に取り組んでいた。大川は北に使者を送り、長田医院で落ち合い、太陽館の一室で終日語り明かし、北の寓居に席を移して翌日も二人は語り合った。この尽きせぬ会話の様子を大川は次のように回想する。

　当時北君は私より三つ年上の三十七歳、白皙端麗、貴公子の風姿を具へていたが、太陽館の一室で私と対談する段になると、上着を脱いで猿又一つになつた。その瘠せた裸形童子の姿は、何んとも言へぬ愛嬌を天然自然に湛へて居た。そして一々の動作におのづから人の微笑を誘ふユーモラスなものが漂つていた。私は北君の国体論や支那革命外史を読んで、その文章には夙くから傾倒して居たが、会つて対談に及んで、その舌端から迸る雄弁に驚嘆した。（前掲「北一輝君を憶ふ」）

八月二五日に上海をはなれる大川に、北が手渡したものこそ「国家改造案原理大綱」である。この時は書きあがっていた巻七までで、残りの巻八は後日、満川と大川宛に送られて来た。この上海土産を一読するや、満川は感嘆の声をあげた。その意気軒昂なる様子が次のように語られている。

　大川君は同志の倚託を完うして東京に帰つて来た。然かも思はざりし『日本改造法案〔ママ〕大綱』を齎らし帰ったことは、どれだけ同志をして歓喜せしめたか知れない。実際これだけ明確に国家改造方針を指示したものは無かった。我等の望んで已まざりしは、紛々たる抽象的改造論ではない。実にかくの如き具体的法案であったのだ。（前掲『三国干渉以後』二二七頁）

彼らをこれほどまでに歓喜せしめた大綱の「緒言」には次のようにある。

全日本国民ハ心ヲ冷カニシテ能ク天ノ賞罰斯クノ如ク異ナル所以ノ根本ヨリ考察シテ如何ニ大日本帝国ヲ改造スベキカノ大本ヲ確立シ、挙国一人ノ非議ナキ国論ヲ定メ、全日本国民ノ大同団結ヲ以テ終ニ天皇大権ノ発動ヲ奏請シ、天皇ヲ奉ジテ速カニ国家改造ノ根基ヲ完ウセザルヘカラズ。

（北一輝『国家改造案原理大綱』）

その内容は、「緒言」「国民ノ天皇」「私有財産限度」「土地処分三則」「大資本ノ国家統一」「労働者ノ権利」「国民ノ生活権利」「朝鮮其他現在及将来ノ領土ノ改造方針」「国家ノ権利」「結言」からなる。このうち、「国家改造」の主眼は「国民ノ天皇」だろう。天皇は、国民と国家改造の基礎を定めるために、憲法停止、両議会解散を行う。戒厳令下で樹立された国家改造内閣は、宮中の一新と天皇を補佐する顧問院の設置、華族制廃止、貴族院に代わる審議院設置、男子普通選挙実施と国家改造議会の設置、治安警察法廃止による国民の自由回復、皇室財産の国家下付といった諸改革を実施する。

満川曰く、この大綱によって、「猶存社の画龍は点睛せられた」（前掲「新愛国運動の諸士」）。彼らは赤穂浪士にちなむ四七部を謄写刷にして朝野の国士に送り、運動に着手した。

老壮会、猶存社では、ただ漫談が開かれていたわけではない。当時最新の社会問題とその対策が話し合われた。そのひとつに朝鮮独立運動がある。

朝鮮独立運動

第二六回（一九一九年一〇月一五日）の老壮会に渋川雲岳という人物が招かれ、「朝鮮独立運動の内情」について話した。老壮会が同日付で発行した一枚刷の「朝鮮独立運動重要人名」（猶存社印あり）は、渋川の講演と対応したものと考えられる。

その内容は、一九一九年四月に樹立された大韓民国臨時政府の幹部構成に関するもので、「上海仮政府ノ二大系」として、李承晩《りしょうばん》を「頭目」とする親米派と、李東凞《りとうき》（輝）を「頭目」とする吉林派の系統図が描かれている。吉林派のメンバーとして呂運亭と金復の名があり、金復には「仮政府黒幕」「支那時文ニ通ジ第一革命当時陳炯明ノ参謀タリ」との説明がある。また「朝鮮仮政府顔振（在上海）」として李東輝、李承晩はじめ各役職と人名が列記された。その内容は、参加者はもちろん、当局も驚くべき情報だったはずである。

素性が知られていない渋川がこうした内部事情に通じていたのは、彼が宇都宮太郎朝鮮軍司令官に雇われた工作員だったからである。じっさい、宇都宮の日記一九一九年九月六日条に渋川が登場する。

午后、上海海甯路五三貿易商渋川雲岳（旧姓小岸、岡山県人）なる人来訪、余（宇都宮）が旧知

にて刑事上の為め上海に亡命中の鮮人金相卨（旧名金鳳錫）、排日巨魁金復を誘致し、余が旧知に報ひ且つ之を以て旧罪を贖ひ度しとて、渋川に連れられ今九州まで帰来潜匿しあり、如何せんとのことに、大野を訪ひ事情を述べ、総督府側赤池警務局長等に協議せしめしに、実行せしめん、兎に角一応渋川に面会し度とのこと故、同人を招き明朝赤池を往訪すべきを告ぐ。（宇都宮太郎関係資料研究会編『日本陸軍とアジア政策　陸軍大将宇都宮太郎日記』三、三〇一頁）

ここには、渋川が排日工作をしていた金相卨、金復を宇都宮に引き合わせたことが記されている。一〇月三日に宇都宮は金らと会い、「上海仮政府の解散、在外排日鮮人の懐柔」の秘密任務を金らに授けた（同前、三一三頁）。同月七日、渋川は紹介の謝礼をふくむ五〇〇円を総督府から支給されて上海に向かった（同前、三一六頁）。それからまもなくして上海から日本に渡った渋川は、一〇月一五日に開かれた老壮会で「朝鮮独立運動の内情」を報告したわけである。

北一輝の使者

じつは、渋川は北一輝とも関係があった可能性が高い。渋川は上海への帰途、一〇月二四日に朝鮮の宇都宮を再訪し、そこで北一輝の『国家改造案原理大綱』を渡した。宇都宮は改造案に目を通したうえで、翌日渋川を呼びよせ、「大に参考と為りし旨を告げ、何れの方面よりするも、同じく国家の為めに努力せんことを求めて『国家改造案原理大綱』を返却」した（同前、三二五頁）。この書きぶりから、宇都宮は日本改造の要は認めながらも、北の主張に両手をあげて賛同とはいかなかったようだ。

渋川が入手した『国家改造案原理大綱』は、おそらくは猶存社で謄写刷されたものであろう。問題は、渋川と宇都宮が会ったその後である。一一月六日付で北一輝から満川に宛てた手紙の一部に次のようにある。

昨日渋川君帰来　吾兄及び諸君の御活動を承り真に至誠果敢一身を以て国家を負荷する日を想望します。同時に三十日出の御書簡も着しました。小生の手紙と行きちかひになりましたのです。岩田〔富美夫〕君のこと色々御世話様でした。六貫目の鉄杖をゴロ〳〵引摺候ことなど渋川君より承ハり小生の前きの心配が一転して抱腹しました。拙著を公刊せずして少数者に御配布下され候御細心と御煩労只々感謝の外ありませぬ。目下の小生は尚霊的苦闘を続けて居ます。（「満川亀太郎宛北一輝書簡」一九一九年一一月六日付）

冒頭の「渋川君」は渋川雲岳だと考えられる。その次の「吾兄及び諸君の御活動を承り」とは渋川が北に報告した老壮会や猶存社の活動を、「拙著を公刊せずして少数者に御配布下され候」とは北の「国家改造案原理大綱」の謄写刷と郵送を指すと思われる。その一部を渋川は入手して、朝鮮の宇都宮に見せた。つまり、北、渋川、岩田はこれ以前から知遇があり、朝鮮独立運動工作をふくむ渋川の言動を北も把握していた可能性は高い。だとすれば、この時期の北の軌跡と思想を朝鮮独立運動との関連からも再考する必要がある。

上海の北と東京の満川はしばしば書簡の往来があったらしく、満川は「上海なる北輝次郎氏が屢々書簡を寄せられて其独創卓抜の見識を吐露せられ小生を啓蒙せられたことは思想上の先師として最も感謝に堪へない所です」と振りかえっている（「大正八年　読書の印象」）。また、満川から北に『大日本』が送られ、その返礼の一節が同誌同年一〇月号に掲載された。

幾年見ざりし「大日本」を通覧して其根本精神が実に小生と符節を合し居るに愕き且つ悦びます。軍国主義を堅持し特に海上の其れを高唱し、天皇の直接政治を提言し、平等と共に差別に立てる人材本位を説き真に国家を打つて一丸としたる見地が凡ての頁に発露せざる処なきを見て名状す可らざる嘉悦です。川島清治郎氏に拝姿する時の来る日を屈指して待ちます。（「北輝次郎氏よりの来翰一節」）

当時、北が上海で行っていたのは「国家改造案原理大綱」の加筆修正であった。大綱を受けとった満川から配布の打診を受けたと思われ、満川・大川宛ての手紙で内容の変更を次のように指示している。

小生ニハ三十部モアラバ十分ニ候、輿論ノ指導的人物ニハ特ニ御配布願上候

拝啓、

国民教育年限ヲ満六才以上十六才ト有之候処アレバ満五才以上満十五才ト訂正シ、従テ国家ノ児

童ノ権利ノ個所モ満十六才マデトアルヲ満十五才マデト訂正御願申上候　現今ノ満六才トセルガタメニ幼稚園ノ如キ無用有害ナル人形教育等モ生ズル儀ニ候。尚御配布ノ時、文部次官ノ南弘氏ニ二三部ヲ呈シ其手ヲ経テ西園寺〔公望〕氏ニ御渡願ヒヒ下度、又宮崎滔天氏ニ数部願上候、御配布ノ御方針ハ俗政党員ノ如キハ無用ニ有之、老青年ノ差無ク又現時ノ職務如何ニ云フテ別ヲ立テザルヲ望ミ候、青年ナリトテ又ハ無職ナリトテ価値ナキ人格ハ従然価値ナク国家ヲ負荷シ得ル者諸将軍間ニ多キカト存候（「満川亀太郎宛北一輝書簡」同年月不明二九日付）

『国家改造案原理大綱』は一九二〇年一月に当局から頒布を禁止されるものの、のちに『日本改造法案大綱』と改められて改造社から出版された。これらが世に広まるなかで、陸軍青年将校の一部に影響を与えていく。

4　「過激派」は敵か

日本労働党

老壮会・猶存社には、もうひとつ取り組むべき重要な課題があった。大戦末期の日本では労働争議件数が激増しており、国家改造を目指す老壮会・猶存社も労働問題に取り組んだ。

老壮会は結成当初から労働問題に積極的で、貧民研究者の草間八十雄（大正通信社）や「労働中尉」

こと庄司俊夫を講師に招いている。また、老壮会世話人の平賀磯治郎や綱島正興《つなしませいこう》（大日本鉱山労働同盟会幹部）が日立鉱山製作所紛擾事件や足尾銅山の視察報告を行った。

こうした関与をさらに推しすすめて、老壮会が発表したのが「老壮会ノ労働問題解決案」（一九一九年一〇月八日）である。以下の九原則と説明が記載されている。

一、資本主ニ対スル利益配当ノ制限
二、労働者ニ対スル立憲的利益分配
三、右分配ハ株券ヲ以テス
四、勤続年限ニ依ル奨励法
五、公傷害ニヨル遺族ノ永久保護
六、労働者ニ可及的住宅供給
七、工場法鉱業法其他関係法規違反ノ監視権ヲ労働者ニ与フルコト
八、工場坑夫其他労働者食料品ノ検査権ヲ同上
九、工場及坑内爆発物等ノ煙害並被害ノ科学的予防法

政府ハ物価調節、労資協調、及労働組合法案ヲ以テ、資本者ハ温情主義三益主義ヲ以テ、労働者ハ賃金値上、時間短縮、待遇改善ノ要求並ニ同盟罷業及怠業ヲ以テ孰レモ労働問題ヲ解決セント

欲シ、又一般国民ハ政府ノ施設、治安警察法撤廃、普通選挙、通貨縮少、国際労働会議等ノ結果ヲ俟テ緩和セラルヘシト期待スルモ吾人ノ所見ハ之ニ反シ今日労働問題ノ紛糾ハ社会組織ノ根本的錯誤ニ胚胎シ、世界大勢ノ険悪、思想問題ノ動揺ニ基クモノナルヲ以テ我国体ニ合適セル吾人ノ九大原則ヲ先ズ適用スルニ非レバ其解決到底不可能ナルコト贅言ス（「老壮会ノ労働問題解決案」）

一般に、日本の右派政治・社会運動が資本主義変革や労働運動に関心をもちはじめるのは一九二〇年代末以降のことであるから、一〇年代末から労働者の待遇改善や福利厚生の充実を訴える老壮会がいかに先進的だったかをあらわしている。

その後も老壮会の労働問題研究はつづき、印刷工や海員の講演も行われた。翌年一〇月頃から、角田清彦ら自由労働者が老壮会に参加しはじめた。すでに自由労働者組合を結成していた彼らは、一〇月に現内閣打破労働者大会を開いて、政治運動に踏み出していた（大原社会問題研究所編『日本労働年鑑』大正九年版、四七六頁）。

翌月、山元亀次郎と岡悌治（老壮会世話人）を中心に日本労働党の結党準備がはじまると、彼ら自由労働者も支援に動く（岡悌治・山元亀次郎・片岡軍二『日本労働党之本領』）。第二回委員会には支援する労働者も大挙して参加し、ここには自由労働者組合の有志もいた。

日本労働党の賛同団体には労組に混じって老壮会の名もあるが、これは世話人の満川、平賀、岡が参加していたからであろう。第四回目の創立準備委員会には満川、下中の名もあり、講演も行ったようだ。下中は文化学会幹部として列席したと思われ、老壮会と並んで、文化学会も日本労働党の支援にあたった。

日本労働党が結党されたのは一二月二四日、芝三縁亭においてである。当日の結党式では文化学会の島中雄三が開会の辞を述べ、岡悌治が挨拶し、山元らが宣言と綱領の発表と説明を行った。その内容は以下のごとくである。

宣　言

方今天下の一大弊害は一部階級の奢侈逸楽の為め陛下の赤子の労力と知識が虐使浪費されつゝある一事にして、そは国家の柱石たる労働階級の多くが選挙権を有せざるを以てなり、凡ての労働階級が一度団結して政権を獲得し、資本階級に対抗して労働階級の経済的権利を主張せんが為め茲に日本労働党を組織す、人類共存の幸福を確立し以て第二維新の完成を期す。

綱　領

一、自由平等の徹底的観念実現
一、普通選挙の実施
一、資本家政党の打破（前掲『日本労働年鑑』大正九年版、四三八頁）

宣言と綱領だけを見るなら無産政党そのものといえ、じっさい、山元も島中ものちに社会民衆党に関わることになる。来賓として、普通選挙運動に熱心な代議士や社会主義者の堺利彦、当時民本主義を主張していた室伏高信、小川未明、山田わかが出席し、満川も「党員」として参加していた。

満川による左派政治・社会運動への接近は、ロシア問題にもあらわれた。一九一七年一一月にロシア革命が起こって労農政府が誕生したが、その混乱に乗じて日本政府は翌年八月からシベリアに出兵していた。

過激なシャイデマン

しかし満川は、レーニンらが日本で「過激派」と称される現状に真っ向から異議を唱えた。これが『何故に「過激派」を敵とする乎』（一九一九年三月三一日付）である。

檄文執筆のきっかけは、満川の日記に認めることができる。一九一九年三月九日、衆議院議員の戸《と》水寛人《みずひろんど》を訪問した満川は、彼の「低調」なロシア攻撃論に同意できず、「過激派ハ何故に吾人の敵とせざる可らざる乎」と日記に書きとめている（「大正八年三月三日初　行余日誌」同年三月九日条）。

こうした彼の姿勢は、大日本社でもやや浮いていたらしく、三月二〇日に主筆の川島清治郎、満川、岡悌治が社内で「過激派及革命」を論じ合った時に、次のような会話が交わされたという。

予〔満川〕曰く、岡氏はどうしてもリーブクネヒト《〔ママ〕》で、川島氏はどうしてもヒンデンブルグなりと、岡氏曰く満川氏は差し当りシヤイデマンか、川島氏曰く、シヤイデマンよりはよほど過激な所があると。（同前、同年三月二〇日条）

シャイデマンとは、前年のドイツ革命においてリープクネヒトに先んじて共和政を宣言した社会民主党員である。ロシアの「過激派」を擁護する満川が、「過激派」嫌いの川島には「よほど過激」に映るのも無理はなかった。

翌日、満川は、一日かけて「何故に『過激派』を敵とする乎」を謄写刷にした。まず上泉徳彌に郵送、その後、床次竹二郎、大川周明、長瀬鳳輔、溝部《みぞべ》洋六《ようろく》（海軍中佐）など約三〇通を送った。この時の気持ちを満川は、「郵便局のポストに投げ込んでしまつたとき、私は矢はすでに弦を離れたと思つた」と振りかえる（前掲『三国干渉以後』二〇八－二〇九頁）。

そもそも満川に危機感を与えたものは「過激派」ではなく、「民主々義の仮面を被れる英米両国の資本的侵略主義」だった。この言葉は、かつて老壮会に勧誘して参加を断られた福田徳三のデモクラシー論との共鳴を感じさせる。満川によれば、「露国『過激派』」こそ英米に恐怖を与えている唯一の存在であり、日独露が手を結んで英米に対抗すべきで、それゆえに、「過激派」討伐などは「帝国の動脈を切て頸血を地に注ぎ自ら国命を絶つもの」ということになる。むろん、満川は共産主義に共感したわけではなく、「我皇室中心主義は何者にも光被す」るからこそ「過激派」を敵としないのである。

檄文の内容に一定の共感を寄せた大川周明から、次の返信があった。

只今は貴下が満腔憂国の情を以て物せられたる玉稿を御送り下され、徹頭徹尾同感を以て拝読致しました。過激派の思想は必ず欧米を征服します。但し其の思想は、資本主義が今日に於て一方の極端に走れるに対し、他の極端に走れるものなるが故に、小生は之に絶対的価値を認めることを致しませぬ。併し過激派は現在の生活組織を、一段高処に到達せしめるために顕はれたるAnti-thesisとして、意義と価値とを有して居ると信じます。而して日本は若し更に高き統一原理に拠りて、此の強く且新きAnti thesisを処理しなければ、換言すれば若し過激派の思想を包容して一段高き国家を実現しなければ、恐らく欧米と同じく此の思想のために征服せられると信じます。今日吾国民が、此の非常なる勢を洞察せず、過激派に対する理解を欠き、貴下が仰せられる如く、之を『敵』として戦ひつゝあることは、実に戦慄すべき誤りであると存じます。これにつけても小生は日本の政治家に『思想』なきことを嘆ぜざるを得ませぬ。一言所感を認めて御礼のしるしとします（「満川亀太郎宛大川周明書簡」一九一九年四月六日付）

日本が「更に高き統一原理に拠りて、此の強く且新きAnti thesisを処理しなければ、換言すれば若し過激派の思想を包容して一段高き国家を実現しなければ」という大川の思いは、老壮会に社会主義者を招いた満川の考えと重なるものであった。大川以外には、鹿子木員信、福田徳三、下中彌三郎からも賛同が寄せられ（満川亀太郎「新軍国露西亜の出現と日本」、前掲『三国干渉以後』二〇九頁）、のちに彼も加わる日露国交回復運動に向けた布石のひとつとなる。

この「過激派」論は、たんに客観的な視点をもてという提言ではなく、ロシア革命後のアジア政策を帝国日本がどう再設定するかという問題と関わるものでもあった。満川は、「亜細亜解放運動」(『亜細亜時論』三巻八号、一九一九年一〇月一日)で、「今や東亜の脅威たりし露西亜侵略主義が絶滅せしからには、我東亜政策の精神にも自ら更新を要する秋が来たことを思ふ。——之は主として対露問題である。更に切実に言へば過激派を敵とする乎といふ問題である」と考えていた。

彼は、アメリカのデモクラシーとロシアの「過激主義」の日本流入を目の当たりにしつつも、「思想の侵入には剣を以て対することが出来ぬ」として、「過激主義を融解せしむる塩は八紘を覆ふて宇をなす所の我皇道」だと言う。彼にとっては「皇道と亜細亜解放運動——此両者は異称同体」であった。

5 「革命的大帝国」の建設

『大日本』を辞す

一九一九年の年の瀬が押しせまるなか、北一輝が帰国の途に就いた。長崎から上京した北は満川と無事に落ち合うことができ、以後猶存社に腰を落ち着けた。

満川の環境は、北の帰国で大きく変化し、それまでつとめてきた大日本社を辞めることになった。また、猶存社も「非常に多事」となり、「物騒なる団体として世人の眼に映じた」(前掲「新愛国運動の諸士」)。

それからまもなく、『大日本』七巻一号(一九二〇年一月一日)は「老壮会に就て」と題する社告を掲載した。

世上大日本社と老壮会と特別の関係あるもの、如く想像せらるゝも老壮会は社員満川氏の斡旋の下に一の純然たる研究会として開催さるゝ筈なりしを以て社同人中個人として之に参加し又其会誌をも便宜上之を本誌に掲載するを承認せし次第なるも今回誤解を避くるが為め特に大日本社としては老壮会に何等の関係なきことを明にし又其会誌をも之に掲げざることゝせり此段社告す

大日本社、特に主筆の川島清治郎が社会主義と関係する老壮会、猶存社の面倒を見切れなくなったのであろう。同誌七巻六号（同年六月一日）の「社告」に満川退社が告知されたが、「是れ亦た思想界混乱の一飛沫なり。多年の労を謝す」と付記され、満川・川島の思想的な対立が退社の背景にあったことがわかる。

満川は論文執筆を生業とする生活に舞いもどり、猶存社を根城にした国家改造運動に専念する。とはいえ、満川曰く、猶存社の「実力」は「頗る貧弱なるもの」（前掲『三国干渉以後』一四六頁）で、北一輝とよく連れだって散歩をした。一方で、猶存社で老壮会を開いたために多くの人が出入りし、猶存社への北一輝詣出も行われるようになる。

『雄叫び』創刊

一九二〇年四月になり、老壮会と猶存社は新たな機関誌『雄叫び』（のち『雄叫』と改題）をもつことになった。主幹は満川である。発行資金は、満川の日銀時代の上

司で、以後も何かと世話になってきた井上準之助（当時日銀総裁）が工面してくれた。

雑誌の表題を満川は「叫」にするつもりだったが、これについて北からの異論が届いた。

「叫」とは如何にも腑に満たざりしが只今岡崎君に與へらる丶感じを問ひしに答は誠に尤に候。則ち如何にも救世軍のやうな感じがすること、且つ語の強きに係らず感の受方が弱しとのことに候。就ては同一なる叫びも百獣を慴伏せしむる獣王の「獅子吼」とでもされてハ如何。出所は仏典にて多少腥きも今日は壇上の獅子吼など申し犬養君の演説でも狼吼とは申さず獅子吼と呼び御習に候。「ライオン、ヴオー」とやるを得ば腥味なきも外国語なるが可ならず。但し語呂はシシクと云ふよりも優れり。此等につき尚時間あること故御熟考可然か。（「満川亀太郎宛北一輝書簡」一九二〇年四月三日付）

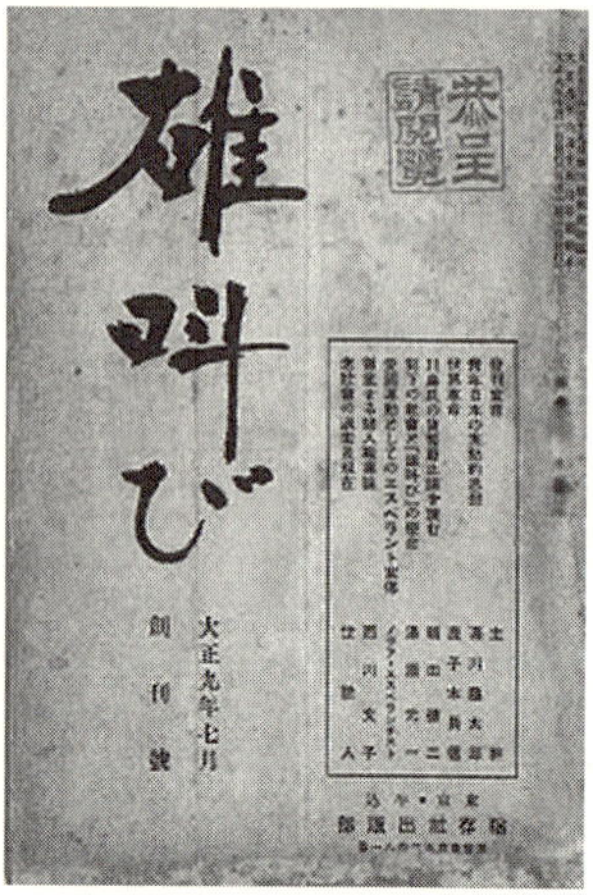

『雄叫び』創刊号表紙
（1920年７月）

そこで再考した結果が『雄叫び』である。満川は言う。「最初我輩は『叫』と付ける積でゐたが『叫』丈けでは滑川の女房一揆のやうだからとの非難が出て、その上に雄の字を付けたら、理想に近い題名となつた」（南溟庵主人「矢来夜筆」）。創刊号の題字は、老壮会に参加したこともある書家の宮島大八によるものだった。

発刊にあわせて、六月二四日に神田青年会館で『雄叫び』発刊記念大講演会を開いた。演題と講演者は「開会の辞並に対外問題を中心としたる日本の改造」（満川）、「実見せる露西亜革命の徹底的考察」（島野三郎）、「国際的幕府アングロサクソン」（大川周明）、「日本の大行」（鹿子木《かのこぎ》員信《かずのぶ》）、「演題未定」（福田徳三）を予定していたが、福田は参加しなかった（前掲『三国干渉以後』二四九頁）。

『雄叫び』の特徴は、以下の「六大綱要」と「三大特色」にくわしい。

一、世界的新日本精神の提唱
二、改造策の具体的論究
三、対外策の指導
四、国家的自主的理想への統一
五、各国改造状態の報導〔ママ〕及批評
六、エスペラントの普及宣伝

一、直訳思想を羅列して徒らに尨大なる紙面を費すが如きを排し日本思想の下に民衆の導師たらんことを期す
二、一切の空理空論を排して真一文字改造の目的に驀進す

三、今日の国難を予期して有ゆる年齢職業階級の選士を網羅し創立三年の歴史を有する老壮会の発表機関たること

とかく「改造」が強調され、同誌の「宣言」にも「吾人は実に世界解放戦の主導者たらんが為めに日本の改造を要求する者なり」と記されている。日本の改造こそが世界の改造に直結するのだという彼らなりの自負をここに認めることができよう。

満川が寄稿を依頼したのは福田、鹿子木、大川、何盛三、北原龍雄らで、じっさいに寄稿したのは満川、鹿子木、湯原元一（東京女子高等師範学校校長）、山田丑太郎、福田、西川文子、「ノヴァ・エスペランチスト」（何盛三か）である。それ以外にも改造同盟や知友の消息などが掲載され、満川の交友の広さがうかがわれる。

三号（一九二〇年一〇月）になると、表紙が創刊号のシンプルなものからより凝ったデザインに変わった。「NOSE」というサインは、満川の高等小学校以来の友人能勢丑三《うしぞう》を指す。能勢は京都市美術工芸学校、京都高等工芸学校を卒業し、美術、建築の途を歩んでいた。能勢から満川に宛てられた書簡（一九二〇年七月八日付）には、「雄叫購読者追加・購読中止者・購読者料金受取控・新購読者住所」などがひかえられ、京都での頒布にもひと役かっていた節がある。

また、これ以外に変化している点に猶存社同人「本誌の八大綱領」がある。

一、革命的大帝国の建設運動
二、国民精神の創造的革命
三、道義的対外策の提唱
四、亜細亜解放の為めの大軍国的組織
五、各国改造状態の報道批評
六、エスペラントの普及宣伝
七、改造運動の連絡機関
八、国柱的同志の魂の鍛錬

五と六は以前と同じだが、それ以外は政治、軍事、外交面での「建設」や「創造」のために、より横の連絡の緊密化を目指したものとなっている。

第三号には、満川、大川周明、笠木良明、島野三郎、草間八十雄、大竹博吉、権藤誠子が文章を投じた。満川の論稿「革命的大帝国」は、猶存社の綱領にある「革命的大帝国の建設運動」を詳述したものになる。彼によれば、「革命的大帝国」とは「我大日本帝国をして世界革命の急先鋒たらしむべき結構《〔ママ〕》と理想とを具有せしむること」、「道義的世界統一を促進せしむべき選ばれたる国家としての完全を実現せしむること」であった。満川は「世界革命」の参照項としてレーニンやマルクス、エンゲルスの革命論をもちだした。満川の言いたいことは明確である。彼らの「非国家思想」はいずれ「国家主義」に復帰するのではないか、だとすればどこが「世界革命」なのかということである。老壮会に出入りした高畠素之ら国家社会主義者の主張と相通ずるものがあった。

ただ、満川は革命運動を推しすすめるなかで、民族や人種という範疇に注目していく。大戦後におけるアジアの民族独立運動、「黒人」の権利回復運動を受けて、満川は「奪はれたる亜細亜が亜細亜人の為めに回復せらるべく黄人亜細亜主義が高唱せらるゝならば、奪はれたる阿弗利加の為めに阿弗利加人の阿弗利加を実現すべく、黒人阿弗利加主義の今正に萌芽せんとしつゝある、是れ実に人種的世界革命の暁鐘を撞くものに非ずや」と述べた。満川にしてみれば、民族と人種に依拠した革命によって、列強が支配する世界を塗り替えていくこと、その先鞭をつける「革命的大帝国」こそが日本になる。

「純正国家主義」

この「世界革命」を目指すうえで、満川らが注目したのが対中外交だった。一九二〇年六月、大川と満川は『支那乱局ノ基本的説明』と題する意見書を配布した。両者記名の後に「東京牛込南町一、猶存社」との表記がある。

同書は、中国革命派の状況を詳細に記したうえで、日本の対中外交政策を提案するものであった。革命派内の親米派をけん制し、かわって「親日本国粋系」（于右任《うゆうじん》、陳炯明《ちんけいめい》、章炳麟《しょうへいりん》）を台頭させることが、対中政策の打開に繋がるとして次のように結論する。

是ニ於テカ親日国粋系ノ武断的革命家ヲシテ日本後援ノ下ニ統一セシムルコト、支那ヲシテ再ビ革命乱無カラシメ、親日的勢力ヲ根本ヨリ扶植スルノ唯一途ナリトス。単ナル親日ノ名ヲ以テ従来ノ官僚ヲ援助スルノ非ナルハ彼等ガ親日派ニ非ズシテ寧ロ事大主義者ナルガ故ナリ……以上ノ如クニシテ親米的革命派ノ勢力ヲ支那ヨリ一掃スルコトハ、巴里ニ於ケル排日ノ根本原因ヲ抜除シ、同時ニ朝鮮独立党ノ根拠ヲ覆ス所以ナリ、朝鮮ノ騒擾ハ英国ノ愛蘭問題以上ニ国家ノ信用ヲ失墜シ醜体ヲ暴露スルモノ、速カニ其上海ニ拠レル独立党ノ勢力ヲ除クベキナリ。然カモ彼等ハ支那ノ親米的革命家ニ寄生シテ米国ニ通ゼル者、孫文、唐紹儀、伍廷芳、孫洪伊ノ徒ヲ孤立セシムルハ刻下最大最重ノ国家問題ナリ。（大正九年　公文備考　巻八　官職八止　帝国議会　軍港要港及港湾）

孫文ら「親米的革命家」と「朝鮮独立党」の疎通を危機感をもってとらえ、これに代わる「親日本国粋系」の支援を呼びかけている。署名は大川、満川だけだが、渋川の情報を得た北の知識と意見も反映していると思われる。この三ヶ月後に同趣旨の『支那ノ乱局ニ対スル当面ノ施策』（同年九月二六日付、「北一輝談話要領　猶存社同人」と末尾に記載）が謄写版で撒かれているからである。

北一輝は、一般に老壮会、猶存社の活動に積極的ではなかったとされる。しかし、一九二〇年末に満川に宛てた書には「社は角田君の大砲発射の為め多用に入り候然かし少しも大兄を煩ハすことに非らす」とある（「満川亀太郎宛北一輝書簡」同年一二月一日付）。「社」とは猶存社、「角田君」とは老壮会に参加する自由労働者角田清彦のことだろう。

問題は「大砲」の特定だが、角田がこの頃発行した『大眼目』(同年一二月五日)が関係していると思われる。この著作の筆者は北一輝とされる。

『大眼目』は北〔一輝〕君の書いたもので、署名は何故か角田清彦君としてある。そして、その角田君は、元自由労働〔者〕組合の幹事で今は大元〔本〕教の信者だとか。(還〔中村還一〕「抹殺社一味」)

個人蔵の『大眼目』(一二月三日発行)にも、「北一輝師の、国家改造法案の基本たる要綱なり」と筆記され、確かに『国家改造案原理大綱』と重なる部分がある。

現在、北一輝研究で最も引用される『国家改造案原理大綱』は、『北一輝著作集』Ⅱに収録された版で、「本版は北より渡された原稿を大川周明、満川亀太郎が謄写して配布したものの一部と推定される」(四一〇頁)との解説がある。

著作集に収録されたものは、一九二〇年一月一日に「老壮会本部」の大川・満川が頒布の辞と『北一輝氏ノ国際政局観』とともに頒布した版(老壮会頒布版)の写しであろう。それとは異なる、「極秘」と「猶存社」の印がある版も確認されている。註を中心に、両版の異なる箇所は多いが、老壮会頒布版の「結言」では次の箇所が加筆されている。

特ニマルクスノ如キハ独乙ニ生レタリト雖モ国家ナク社会ヲノミ有スル猶太人ナルガ故ニ其ノ主義ヲ先ツ国家ナキ社会ノ上ニ築キシト雖モ、我ガ日本ニ於テ社会的組織トシテ求ムル時一ニ唯国家ノミナルヲ見ルベシ。社会主義ハ日本ニ於テ国家主義其ノ者トナル。是レ苟モ日本ニ於テ言説セントスル者ノ理解スベキ第一義。（同前、二七九頁）

この部分こそ、『大眼目』の主張と関連する部分であった。その『大眼目』では、「一介の労働者」である「俺」が自らの思想を見出す過程が描かれる。その途次にあるのが世上の社会主義と国家主義だった。しかし、「俺」はマルクスやクロポトキンの社会主義とも、権力者の国家主義とも異なる「純正国家主義」を発見していく。「お互の日本国が大切、お互に七千万同胞が悉く幸福で、心配のないやうな国家組織に、造り替へたいと云ふのが、即ち日本の純正国家主義なのだ。」その方法として「大資本の国有」「都会地の土地処分」「耕作地の土地処分」などがあげられる。

6　「国家改造」の序曲

宮中某重大事件

この国家改造の具体的なあらわれが、宮中某重大事件と東宮渡欧阻止問題であった。いずれにも猶存社、抹殺社、角田清彦が登場してくる。

さきの引用にあったように、角田は京都の新興宗教大本教の「信者」であった。角田は、小森雄介を通じて大本教に接触し、大本教から「宮内省問題ニ付運動スヘキ条件ヲ以テ金五百円ヲ収受帰京シ当時―東宮殿下御渡欧延期運動各所ニ起リ猶存社、抹殺社の輩浪人会一派ト策応シ運動中ナリシヲ以テ右金額ヲ之等ノ方面ニ散布シタ」（池田昭編『大本史料集成』Ⅱ 運動篇、二五一頁）。この記述に基づくならば、北の言うように、確かに「多用に入」った感はある。

宮中某重大事件は、一九一九年に裕仁親王（のちの昭和天皇）妃に内定した久爾宮良子女王に色盲の血統があることが判明し、時の元老山縣有朋が久爾宮家に婚姻辞退をせまったことが発端だった（倉富勇三郎日記研究会編『倉富勇三郎日記』第二巻永井和解説）。

この問題は宮中にとどまらず、政府や社会を巻きこんだ一大事件となる。また藩閥抗争の様相も呈し、政治家では古島一雄や床次竹二郎ら、浪人では頭山満、佃信夫ら城南荘メンバーが、そして猶存社社員も山縣に対する批判運動を展開した。渦中の久爾宮に向けて大仰な書簡の草案をしたためた北もそのひとりである。

神代ノ二柱
天神天女ヲ現世ニ見ントス□御成婚ヲ破リ得ル者ナラバ大日本国ハ太平洋ノ海底ニ没スベク候。
東宮殿下御外遊中ニ決行スベキ姦賊ノ姦謀既ニ手ニ取ル如シ
今上天皇陛下ヲ幽閉シ奉リ更ニ陰謀ノ隻手ヲ
良子女王殿下ニ加フルト同時ニ迅雷ノ如ク他手ヲ

東宮殿下ニ加ヘテ海外ニ放ツノ姦謀ヲ知ル者ハ神ノミ
只御安意アリテ然ルベシ　国民何ヲ為スカ之ヲ旬日以後ニ於テ御覧可被成候
万軍ノ部署一糸紊レズ　関東令如山
今ノ時
殿下ニ一点薄志弱行ノ影ダニ動カバ是則皇家ヲ危フスル大罪ヲ頒ツ者ニ候　泉下
明治大帝ニ謁セラルルノ時爾克ク柱石ノ責ヲ完フセシゾノ御一言ヲ賜ラバ御満足ト可被思召候
火中言フノ感アリ尊厳ヲ冒瀆シ恐懼措ク所ヲ知ラズ死罪々々（「久爾宮殿下宛北一輝書簡」一九二一年二月四日付）

一方の満川は、東宮学問所御用掛の杉浦重剛と親交のあった一瀬勇三郎からこの問題を直聞きしたらしく、むろん反山縣派に立った。そこで、満川はかねてから親交のある床次竹二郎内務大臣に奮起をうながす書簡を送った。その写しが残されている。

事態ハ真ニ極メテ重大悔テ及バヌ事ナガラ記事差止ハ石油上水ヲ注ギタルモノニ候　先生ノ今日ニ於テ為スベキハ如何ニシテ其炎焼ヲ防止スベキカヲ考慮速断スルノミ先日先生ニ大竹〔博吉〕君ノ西伯利通信ヲ見セシ所先生曰ク僕ノ方ニハ却テ少シモ報告ガ来ナイガネト、先生ニシテ心眼心耳ヲ開カバ無数ノ報告ニ接セラルルベシ議会ハ勿論先生ニ於テ第一ノ急務ニ非ス　況ヤ党務ヲヤ、先生ニシテ真ニ国家ノ前途ヲ思ヒ　皇家ノ万歳ヲ祈ラル、ナラハ先生ノ行クベキ道ハ唯一ノミ

南洲先生〔西郷隆盛〕曰ク人ヲ相手トセズ天ヲ相手トセヨ

山縣〔有朋〕ヤ原〔敬〕ヤ平田〔東助〕ヤ薩派ヤ長閥ヤ此等紛々タル群醜果シテ何ゾ

先生我国家ヲ愛スルナラバワシントンノ墓標ニ潸然タル熱涙ヲ濺ギタル至純ノ昔ニ還レ

小生ハ十年前先生ノ贈リシ欧米小観ノ巻頭此人必ズヤ他日ノ内相タラント書セリ、然カモ小生ノ内相タルベキ理想ハ今日ノ如キ存亡ノ転機ニ立テ能ク国家ヲ過タザル補弼《ママ》ノ大臣タルナリ　政友会総務ヲ兼ネヨト冀フ者ニ非ズ、小生モ後世史家ニ対シテ責任アリ、先生ニシテ清末ロマノフノ閣員ノ何等選ブ所無クバ予言ノ的中ハ寧ロ小生ノ汗顔スベキニ非ズヤ

嗚呼此ノ如キヲ極言スル恐ラクハ小生一人ナラン、小生ハ先生ト過去十有二年ノ交誼ニ於テ天ノ囁ヲ先生ニ報告スルナリ、然カモ先生ニシテ猶且心眼心耳ヲ開カズバ小生ハ最早先生ニ対スル自ラノ言路ヲ絶ツベシ

私情ハ私情、先輩ハ先輩サレド今日ハ私情モ先輩モ言フベキニ非ズ、愛国者トシテ一歩モ先生ニ譲ラザルヲ自任スル者　先生若シ小生ヲ外ニスルナラバ先生ノ友ハ唯一ノ宮島大八先生ヲ残スノミ

繰返シテ言フ事態ハ極メテ重大、先生一身ヲ賭シテ国家ノ為ニ図ラズバ小生亦ハ天ヲ先生ト共ニ後世ニ貽サン（「床次竹二郎宛満川亀太郎書簡」一九二一年二月二日付）

満川は、床次が党よりも国家や皇室に尽くすことを考えてこの問題に取り組むようにうながしている。その床次は、事態が政治問題化することを危惧し、すでに杉浦重剛《じゅうごう》のグループと接触していたほか、杉浦らは山縣の腹心で宮内省御用掛の平田東助の説得につとめていた。

のちに満川は、「予も亦全滅を覚悟せる猶存社同人の一員として犬馬の労に服した」（満川「三通の黒枠」）と回想しているところに、彼らの覚悟が伝わってこよう。

猶存社以外にも、有象無象の運動家によって運動が行われた。そのなかで撒かれた怪文書『宮内省の横暴不逞』は、久爾宮付属官である武田健三が一万五〇〇〇円の報酬で来原慶助《くるはらけいすけ》に書かせたものであった。また、抹殺社メンバーである石黒鋭一郎（後年、北一輝側に朴烈、金子文子の写真を渡す人物）や平岩巌が西園寺八郎邸に押しかけ、西園寺と東宮渡欧中止をめぐって「激論」を交わしたという（江口喚『奇怪な七つの物語』二八－二九頁）。

紀元節をひかえた一九二一年二月一〇日、川村竹治内務省警保局長から中村雄次郎宮相に鎮静化の手段を講ずるよう申し入れがなされ、中村宮相の引責辞任と婚姻解消せずとの声明が同日付で発表された。

皇太子渡欧問題

満川たちの運動はそれでも終わらなかった。引きつづき、皇太子（東宮、のちの昭和天皇）渡欧延期運動に取り組んだからである。一九二一年二月八日、東宮の渡欧が発表された。日本の皇太子によるヨーロッパ歴訪ははじめてのことで、この賛否をめぐって社会問題に発展する。

東京駅到着時の皇太子一行

さきに宮中某重大事件で反山縣派として活躍した人々の多くが、洋行反対・延期の運動を繰り広げ、そのなかには満川の姿もあった。彼は同月、「東宮殿下御渡欧之御延期を仰望祈願する七大理由」と題する長文を作成して、知友に配布した。

第一、父陛下御病気の今日、半歳の御不在ハ大孝を申べらる丶点より果して如何の儀に候や、仮令殿下の御希望に出づるとするも補弼の臣は御諫言申上て可然歟と相心得候況んや皇后陛下も最初より御賛成には無之御様子の由承候

第二、動もすれば暴力に訴へんとする独立派の鮮人は最も危険に候　現に親日を標榜する閔元植が警察政治の完備せる輦轂の下白昼他の朝人に斬殺せられて未だ犯人を挙ぐる能はざる事実は何を教示するか、安重根は朝鮮併合に先つ二年前伊藤公を哈爾賓に倒せり。先年の暴動以来鮮人の対日感情殊に激変し、海外に於ける其険悪なる秘密運動を考慮するとき誰人か殿下の玉体が絶対に安全なるを保証し得るものぞ、万一殿下急遽御帰国といふが如き電報を以て国民の耳目を糊塗せんとするが如きあらんか、内閣の三ツ四ツを以てするも国民の激怒は已む可らざるを痛憂せられ候

第三、全世界に漲る非君主的思想と運動とは我皇室をも動もすれば他の帝室王室と同一視せらる丶の危険有之候　恐くは来るべき雪解の候を以て欧洲を席捲すべきレニンの奈破翁的突進は、遂に欧洲に一の君主国無きに至らしむるや必せり、最も安全なりと言はる丶英国王室すら先年労働党は大多数を以て其廃止を可決し、又王室の歴史に溯ればクロムエルの為に斬罪せられしチヤールス一世あり、而してクロムエルの銅像は今日英国議会の前に雲表を磨し居るものに候、無数の無政府的非君主的津田三蔵の輩出を何人の力か警備を完ふし得るものぞ

第四、這回御外遊御微行の際は伯爵の資格を以てせらると聞及候乍恐我国民が現神とこそ仰ぎ奉るべき我殿下を欧洲に於て放蕩児の代名詞ともいふべき伯爵の名を以てするとは何事に候ぞ　生等は東久邇宮殿下が伯爵の仮称を以て巴里に在らる丶すら大なる不平に御座候況して一国の皇太子殿下に於かせられてをや、平生国民に対して忠君愛国とか思想善導とかを口にする宮中高官の諸氏が果して何の心を以て斯くの如き措置をなすぞ、解し難きの極に候

第五、今回の事件内容は既に外国諸新聞に於て報導〔ママ〕論議せられつ丶ある如く、将来層一層虚実混淆して排日の具に供せられ我皇室を傷くること尠からず候はん、然かも殿下御外遊は此形勢をして更に煽起せしむるものに候

第六、殿下御外遊は外交上利益ありと言はんか、宮廷外交は今日時勢遅れの誚あるのみならず、支那を除き、米国を除き単に欧州英白仏伊の諸国に止めさせらる丶は国際上却て不利益ならざるかと痛憂せられ候、日本が東亜の大局を定め、世界平和に貢献するためには、今後英国に対して

親善するよりも、英米の割裂まで米国と親善するを可と致候、然かも米国への御渡航は彼国の無遠慮なる国民性と排日的新聞の悪感的記事現出の恐ありて不可とすると共に、米国を除外せらるゝこと、も亦排日支那人等の乗ずる所となり、多年に亘り国際上の不利を見るべく想像せられ候

第七、殿下御外遊の時期は後日自ら適当の時あるべし、今日は最も時期を得させられざるものに候。

今や国民一部の間には這回の重大事件と御外遊とを結付け、実に口にするだに畏多き流言蜚語をなして皇威皇徳を傷くるもの二三に止まらず候、就中市井無学の徒が色盲と色弱とを悪解して良子女王殿下を傷け奉りつゝあるが如き、又昨年十二月宮中に起りし一事件と皇后陛下とを結付けて実に畏多き流言を放ちつゝあるが如き是れに候、かゝる時期に於ける殿下の御外遊は此等の流説を裏書するが如き結果とならざるや。責任当局は懼然恐を成すと共に速かに事実の真相を国民に知悉せしむること焦眉の急に御座候

以上、

大正十年二月

猶存社

満川亀太郎

満川の反対理由をまとめれば、大正天皇の病状、「独立派鮮人」の暴力、「無政府的非君主的」の影響、外遊上の資格、時代遅れの「宮廷外交」などだが、最後の「第二維新の指導的皇帝」となってから渡欧をというのが満川にとっては重要だったと思われる。

満川以外では、引きつづき頭山満、内田良平、佃信夫、五百木良三《いおきりょうぞう》ら黒龍会および城南荘グループが強硬な運動を展開する。佃と五百木は小泉策太郎の同伴で原敬首相に洋行中止を申し入れたが、かえって原に諭された（原奎一郎編『原敬日記』第五巻、三五二－三五三頁）。結局、彼らの運動は実を結ばず、皇太子は三月三日に横浜港を発った。ヨーロッパを外遊したのち帰国するのは九月初旬になる。ただし、満川は、四月のイギリス坑夫罷工問題をうけて、「我々の反対を無視して無理に東宮殿下の御渡欧を図つた連中顔色果して如何」と考えており、依然として東宮渡欧問題を引きずっていた（南溟庵主人「流水日記」同年四月四日条）。

東宮渡欧後、猶存社の運動はひとまず鎮静化した。四月には北夫妻と花見に行くなど満川にも穏やかな日常が戻りつつあった。

猶存社の周辺

猶存社の運動がより横へと広がりはじめるのはこの頃からだろう。四月、北、大川、満川は、鎌倉の黒木親慶《ちかよし》少佐や藤田勇を訪ねた（「流水日記」同年四月六、一一日条）。

黒木はロシア通の参謀将校で、シベリア出兵に際してセミョーノフの軍事顧問をつとめた人物だった。満川の回想によれば、島野三郎の紹介で会見が実現し、クルバンガリーとビクミーエフ将軍も同席していた（満川亀太郎「黒木少佐の想出」）。

東京毎日新聞社社長の藤田とは老壮会以来の付き合いで、この場で「藤田氏大に革命を談じ、北氏その誤れる点を修正などす」という光景が展開された（「流水日記」同年四月一一日条）。後年、クーデター計画に関与する藤田の性格が垣間見えるようである。

これ以外に、満川と北で、平沼騏一郎検事総長や床次竹二郎、那須太三郎大佐、福田徳三を訪ねたのは政軍官界への顔つなぎだろう。四月九日にも二人で原首相訪問を試みたが、これはかなわなかった。

猶存社には、改造運動のメッカとして数多くの人々が訪れた。そのなかには老壮会以来の堀保子、権藤誠子、宮崎民蔵らがいた。民蔵は宮崎滔天の兄で、滔天も息子の龍介と老壮会に参加した。

> 猶存社には多くの同志が出入しだした。大川君が沼波瓊音氏や、鹿子木員信氏、島野三郎君等を伴ふて来た。満洲建国に重要な役割を演じた笠木良明君や、今満洲国の要職に就いてゐる皆川豊治、中野琥逸、綾川武治諸君とも知り合つた〔。〕
> 北君の旧友たる清藤幸七郎氏や、西川光次〔二〕郎氏も来訪された。中にも異彩を放つてゐたのは宮崎民蔵翁であつた。滔天の兄に当るところから、猶存社の若者は皆「あんぢやもんさん」と呼んだ。悪戯盛りなのが、「妙法蓮華経アンヂヤボン第二十」など、襖の陰から独り言を云つてゐた。
> （前掲『三国干渉以後』二四七－二四八頁）

満川が参加者のなかで印象深く振りかえっているのが渥美勝である。渥美は京都帝大を中退後、職を転々としながら、須田町の広瀬中佐銅像前で立って、ひとり「神政維新」を訴えていた。渥美が老壮会、猶存社に参加するのは大川周明に誘われたことがきっかけで、満川との初対面の挨拶は「僕は須田町に立ン坊をしてゐる者です」というものだった（同前、二一一頁）。そんな彼の姿を満川は次のように述べている。

大正九年猶存社が牛込南町にあつたとき、渥美さんはよく遊びに来た、北一輝君が猶存社に在つて毎朝法華経を誦してゐると、渥美さんが遠慮なく階段を上つて来る。「ソラ神さんが来た！」と皆が騒いだものであつた。「俺が余り汚たないので、誰も嫁の来手がないのぢや」冗談交りに渥美さんが言ふので、北君が茶目気分で「堀保子さんはどうだ、満川君一つ骨を折つて見ないか、神様と無政府主義との結婚は面白いぜ」と半畳を入れる。（満川亀太郎「渥美さんの懐出」）

若き学生たちも猶存社に出入りした。一九一〇年代末以降、東大新人会、建設者同盟、興国同志会（上杉慎吉を師と仰ぐ）などの学生団体が結成されたが、ここに猶存社の影響がおよんでいる。ひとつ目は日の会である。この会は一九二一年に鹿子木員信、大川周明を迎えて東京帝大生たちが結成したものである。同年六月頃の会員は約五〇名であった（各国内政関係雑纂／英領印度ノ部　第五巻）。日の会はインド独立運動に尽力したことで知られ、六月二三日にはイギリスによる植民地支配を憂えて自殺したアタルの追悼講演会を主催した。七月に大阪中之島公会堂で開いた世界革命の講演会には、鹿子木、大川、満川、島野三郎、綾川武治が講師として招かれている（前掲『三国干渉以後』二五七頁）。

翌年三月には拓殖大学で魂の会が結成された（大塚健洋「拓殖大学『魂の会』について」）。発起人である一九二一年度卒業生たちが指導を仰いだのが大川周明だった。大川は一九二〇年四月から同大で教鞭をとっていた。

一九二二年の秋頃には早稲田大学で松永材《もとき》を会長、満川亀太郎を指導役として潮の会が生まれた。毎週、北一輝の『国家改造案原理大綱』をテキストとして読んでいた（「東西南北」）。

これら三つの会と慶應義塾大学の光の会は、一九二二年一一月三〇日に復興亜細亜大講演会を神田青年会館で開催した。日の会幹事の中谷武世《なかたにたけよ》が開会の辞を述べたあと、満川、ボース、綾川、プラタプ（通訳金内良輔）がそれぞれ講演した。講演会に先立って、大川は日の会の鹿子木、潮の会の武田豊四郎と会見し、各会の連合を話し合ったとされ、猶存社関係者のもとで学生運動がまとまりつつあった（在内外協会関係雑件／在内ノ部　第四巻）。

猶存社の影響を受けたのは学生にとどまらない。一九二一年九月、安田財閥の創設者安田善次郎が大磯別邸で刺殺される事件が起きた。凶行におよんだ朝日平吾はその場で自害したが、犯行前に遺書を北一輝らに送っていた。この凶行に猶存社が関与していたわけではないものの、世上の目をして猶存社を危険視たらしめるには十分だった。

7　ロシア承認運動

『奪はれたる亜細亜』

これらの運動と並行して、満川は『奪はれたる亜細亜』（一九二一年三月、広文堂書店）を上梓した。家兄川島元次郎や井上準之助への献辞、同志の北と大川への謝辞がある。

同著は数年来発表してきたアジア論をまとめたもので、アジア主義者満川の主張が前面に打ち出されたものであった。「威に傲り勢に乗ぜる欧州諸国は、有らゆる暴力を亜細亜に振つて奴隷の如く之を脚下に蹂躙した」（二頁）という一言に、彼のアジア観が尽くされている。イギリスの世界政策とその脅威にさらされるアジア（南アジア、タイ、インド、中近東）、アフリカの諸相がここでの記述の対象となる。

いかにしてアジアを解放するかという問いのもとで、満川が着目したのは世界大戦後の二つの解放運動だった。富の圧迫から逃れる社会運動と、力の強迫から逃れる民族運動である。この両者の運動によって、ヨーロッパによる「富」（資本主義）と「力」（帝国主義）からの解放を勝ち取らなければならないとする。

満川にしてみれば、この解放の先陣を切るのは日本のはずであった。しかし、その日本の対中姿勢は「列強の鼻息を窺ふて切取政策高利貸政策に堕落し」（四六頁）ていた。この点を日本が反省し、日中がいかにして提携すべきかを満川は語りかける。

故に日支両国が真に打ちて一丸となり、共存の大義に基く同盟を締結せんが為めに支那の革命——徹底的革命が必要である。而かも其革命は米国のデモクラシーを翻訳せるが如き口舌上の革命ではない。真に流血を辞せざる武断的統一の革命であり、東洋的共和制の革命でなければならぬ。斯くの如き革命の結果、支那が真に瀕死の窮境より脱して東亜の強国に改造せらるゝ時、日本は初めて支那と共に手を携へて亜細亜解放運動の陣頭に立つことが出来る。（六頁）

満川によれば、中国の問題は日本の問題であり、日本の問題は中国の問題であった。だからこそ、新しい中国に期待するだけではなく、日本自身も新たな姿に改造されなければならないとする。このための団体こそ老壮会や猶存社だった。

シベリア移民

大戦後の帝国再編で、黄昏を迎える大英帝国に代わる新興国として満川が注目したのがアメリカとロシアである。一九二一年一一月から翌年二月までアメリカ主催でワシントン会議が開催され、太平洋と東アジアに権益をもつ英米仏伊中日など九ヶ国が参加し、軍縮と同地域の戦後秩序が話し合われた。

満川は、はやくからこの会議に着目し、「米国を導師として情死せる国際連盟と日英同盟との葬式を行はんとするもの」と形容する。満川は以前から日英同盟が日本とアジアの連帯を妨げる元凶と見ていたため、日英同盟破棄を好意的に受けとめ、代わって日米提携の方を提唱する。

日米両国が新しき支那保全の根柢に立ち経済的協調を保たんとすることは決して従来の高利貸政策ではない。実に支那を復活せしむる道はたゞ此の一途を存するのみである。（満川亀太郎「青年日本の国際的新舞台」）

満川が日米提携や軍縮に一定の共感を寄せたのは、中国問題の解決という課題があったからである。彼は、これを皮切りに、有色人種やアジアの復興を考え、「亜細亜精神の統一」に向けた「亜細亜国際連盟」の結成も提唱する（満川亀太郎「亜細亜復興運動の基調」）。

満川があげるもうひとつの課題が人口問題であった。彼は「国際的プロレタリア」たる日本がかかえる人口の過剰こそ、大戦後の諸問題を生み出す根源だと考えていた（満川亀太郎「世界激動渦中の日本」、同「我人口問題と国際的分配の正義」）。そのため移民送出が必要であり、移民先の候補は「満洲」やシベリアで、それゆえにロシアとの関係が問題となる。はやくから「過激派」レーニンを高く評価していた満川だったが、この時期改めて、ロシア革命こそ自身が目指す世界革命のはじまりとする。

世界革命とは何ぞや。所詮一切の私利私欲を撲滅して、正義と共存とに充実せる黄金国家を地上に建設せんとすることである。最も近くは人種間の差別を撤廃し、領域均等の問題を解決して人類生存の公正を実現せしむることである。此の如き世界革命的精神は、今次の大戦に依て刺衝せられ、醞醸せられ、育成せられ、之が実行に向つての運動を開始した。譬へば一脈の春風池塘に亙つて張り詰めし厚氷の漸次に解け行かんとするが如きものである。旧き勢力は新しきものと代謝せねばならぬ。而して此の運動の先駆者たりしものはそは疑も無く一九一七年三月、大革命の端を発せし露西亜である。世界革命史の第一頁は極北白雪の露西亜に始まる。（前掲「新軍国露西亜の出現と日本」）

アントーノフ来日

一九二二年から満川がロシア承認運動に取り組むのはこうした背景があった。彼がその同志として選んだのが中野正剛（代議士、革新倶楽部所属）である。中野はかつて老壮会に参加し、満川も中野の改造同盟に参加した仲だった。中野はシベリア出兵批判、レーニン政府承認などを唱え、満川と問題意識を共有していた（前掲「世界激動渦中の日本」）。一九二二年七月、中野正剛、風見章、桝本《ますもと》卯《う》平《へい》が又新社《ゆうしんしゃ》を結成すると、ここに満川も参加した。常任幹事は中野、風見、桝本、三木喜延、満川で、桝本以外は早稲田出身である（望月雅士「風見章の原点」）。

会の名称は『大学』にある「日日新又日新」に因み、宣言には「革新の原動力」である国民と背馳する「職業政治の羈絆を解脱」することが訴えられている（岡野龍一編『中野正剛対露支論策集』五九頁）。

議会外で国民運動を起こすことが又新社の方針であったが、そのなかでも特に力を入れた活動にロシア承認運動があった。

この頃、政界ではシベリア撤兵とロシア承認問題が焦点となっていた。中野は、日本のロシア承認が結果的に東北アジアへのアメリカ進出を牽制し、「日本民族の利益開拓の為に宜い事」だと確信していた（前掲『中野正剛対露支論策集』一〇八頁）。また、「過激派」を敵としない満川もこの運動に共鳴しており、ここにも満川が又新社の運動に積極的に関わる理由があった。

仙台にて（1922年）
前列左から桝本卯平，中野正剛，満川

　又新社が力を入れた個別の事業に、極東共和国の国営通信社ダリタ通信員アントーノフとの交流がある。アントーノフは、表向きはダリタ通信東京支局を設置する目的で三月三日に来日していたが、本当の目的は大連会議以降とだえていた日ソ国交協議を再開させることにあった。六月二二日にアントーノフから松平恒雄欧米局長に対して「斎多《チタ》政府ヨリ日本政府ト会議再会ニ関スル予備交渉ヲ為スヘキ権限ヲ付与セラレタル趣ヲ以テ会議再会ノ希望申出ノ次第アリ」との連絡があった（日露国交回復交渉一件／長春会議　松本記録）。これを受け、九月からヤンソン（極東共和国外相）、ヨッフェ（ロシア在支全権代表）、松平局長、松島肇ウラジオストク総領事で長春会議の予備交渉がはじまった。しかし、その後の本会議で決裂し、一一月に極東共和国はロシア・ソビエト社会主義連邦共和国に統合された。

予備交渉にヨッフェが参加したように、ダリタ通信に対してロシアの影響がおよんでいたことは明らかである。そもそも極東共和国がアントーノフを派遣する時もモスクワが介入し、ロシア外務人民委員部が把握していない人物は認められず、モスクワとの事前合意を求めるよう念を押した。

それゆえ、アントーノフは日本政府に警戒され、来日後の動静は家族宛の手紙に至るまで逐一記録された。この記録によれば、同年秋頃からアントーノフと日本人の往来が盛んになり、又新社の人々も八月から九月にかけてアントーノフと会見した。この場に満川も同席し、アントーノフに「露西亜は復び世界革命を遣る積りであるか」と問うた。彼の返答は「露西亜としてはもう遣らない、然かし各国が自発的に遣ることを妨げはしない」というものだった。満川はこの返答に「露西亜の対外政策が民族的革命運動に向ひつゝある」ことを読み取った（満川亀太郎「労農露西亜の近東政策」）。

かさねて、中野らがアントーノフを訪ねて、講演の打合せなどを行ったが、これは当局から出席を止められた。このため九月一八日の対露外交の講演会はアントーノフを欠いたまま、風見の司会で三宅雪嶺（中野の岳父）、中野、桝本、満川が登壇することになった。それでも『東方時論』七巻一一号（一九二二年一一月一日）には、アントーノフの論文「露国革命の性質」を掲載した。

満川にしてみれば、アントーノフとの会見は、階級闘争一辺倒の限界と民族闘争の重要性を再確認する機会となった。特に後者は、「民族主義の両雄」であるケマル・パシャやムッソリーニへの期待と連動するものであった（満川亀太郎「欧亜の形勢を顧望して」）。

アントーノフの来日につづいて、一九二三年二月にヨッフェが後藤新平の個人的な招きで来日した。ヨッフェは熱海で「静養」しつつも、同月二六日に加藤高明首相と面会するなど精力的に活動した。この背後にはロシア承認運動に取り組んできた後藤の姿があった。

「三位一体」解体

この一方で、ヨッフェ・日本政府間の交渉がはじまる頃から、ヨッフェを批判する運動が盛んになった。そのひとりに北一輝がいた。北のロシア嫌いは以前からで、上海から帰国した翌月、アナキストの山鹿泰治に宛てた書簡（一九二〇年二月六日付）で「希臘の勇士の如くすべき日本の革命に於て支那人以下のロスキー張りで行かうとするなど、殆ど其の阿呆さベラボウさを例へるとホレタ女を口説くにジゴマの面を借りて出掛ける如し」などと散々である。

それゆえ、北は、ヨッフェ来日を批判する『ヨツフエ君に訓ふる公開状（露西亜自らの承認権放棄）』（一九二三年五月九日）を発行・頒布した。ここで、北はロシア承認論の矛盾を突くという論法を採る。すなわち、ヨッフェらが承認論（実質は領土継承権の承認要求）によって、「マルクスの祖述者からピーター〔ピョートル〕の相続人」へ、「社会主義から大帝国主義大侵略主義」へ戻ろうとしているのではないかと指摘した。

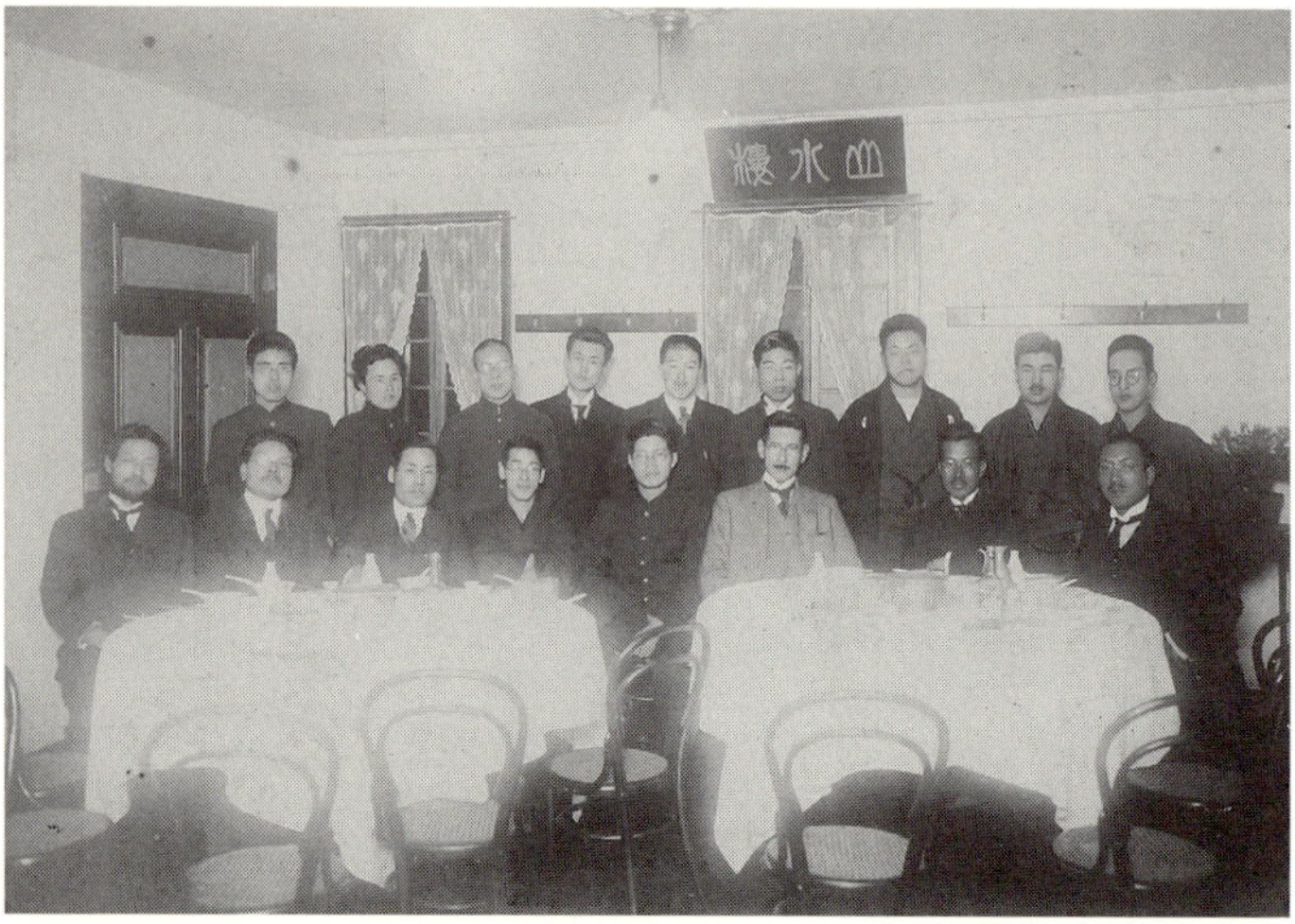

帝大日の会主催鹿子木員信送別会（1923年３月，有楽町山水楼）
前列右から１人目が満川，２人目が鹿子木員信，３人目が大川周明，５人目が笠木良明，６人目が矢次一夫，７人目が綾川武治，８人目が島野三郎，後列右から２人目が清水行之助，３人目が中谷武世

これとはべつに、北には個人的に交渉を批判する理由もあった。この時、極東共和国の首都チタには北の弟子岩田富美夫が拘束されていたためである。チタはシベリア出兵で一時日本が占領していたが、一九二〇年一〇月に赤軍が占領し極東共和国に組みこまれた。岩田は一九二二年後半に奉天を発ってから約半年以上音信がとだえていた。北にすれば、弟子を人質に取られて何の国交回復ぞ、という気持ちだったろう。

さてここに、ロシアに批判的な北、ロシア承認運動にたずさわる満川、満川と同じくレーニンを評価し、ロシア承認を考える大川と猶存社内で意見が割れてくる。満川によれば、中野正剛や鹿子木員信もロシア承認論者であった（満川亀太郎「労農露西亜と日本　無名の出兵より汚辱の撤兵」）。

この意見の相違によって満川と北ははなれたわけではないが、北と大川の距離は以前より広がったようだ。満川自身は、「本年二月に至つて、猶存社は愈々重大なる時機に入つたことを感得し、茲に猶存社の目標を撤回するする《〔ママ〕》こと、した」（前掲「新愛国運動の諸士」）と述べ、ヨッフェ来日の月をひとつの転機とした。

猶存社の解散は現在一九二三年三月と言われるが、満川自筆の略歴には「猶存社主幹　大正八年八月‐大正十二年五月」とあるので、五月までつづいていた可能性もある（「NOTE BOOK」）。猶存社の運営はひとまず終止符が打たれたものの、彼らは新たな形で国家改造運動に取り組んでいく。

第四章　「第二維新」への階梯

1　破壊と再建

辻嘉六の支援

大日本社を辞して以来久しく浪人をしていた満川だったが、猶存社解散後ほどなくして新たな職に就いた。一九二三年五月、彼は実業家の辻嘉六《かろく》が立ち上げる東亜電報通信社の編集部と出版部を主宰することになった（「日記」同年五月一六日条）。辻は政界の黒幕と評され、北一輝の弟子清水行之助らが設立した大化会の後援者でもあった（清水行之助著、清水行之助回想録刊行会編『大行　清水行之助回想録』七二頁）。

同年一月の孫文・ヨッフェ宣言にはじまり、旅順・大連回収運動、北京政府による対華二十一カ条要求廃棄通告など、日中関係の変化が辻の新事業立ち上げの背景にあったと思われる。ただし、この設立事情は不明な点が多く、同名の出版社から同年三月に『対支外交の最大禍根者』という冊子が出ているので、設立自体はもう少し前かもしれない。

七月の通信発行に先立ち、満川は辻から五〇〇円を得て、朝鮮と「満洲」を五月一七日から七月下旬まで約ひと月強もの間旅行した。出発の前日、辻、北一輝、原祐道、「後藤氏」が送別の宴を開いてくれた（「日記」同年五月一六日条）。

下関からの船便で朝鮮の釜山に着いた満川は、鉄道で各地をめぐりながら、知人から渡された紹介状で、斎藤実朝鮮総督、丸山鶴吉朝鮮総督府警務局長ら多くの名士や知友を訪ねた。また、国家改造運動の同志とも交流を深め、京城の中谷武世、羅南の那須太三郎大佐や西田税《みつぎ》、平壌の福永憲にそれぞれ現地で迎えられた。

西田は、一九一八年九月に陸軍幼年学校入校（福永は同期）、一九二〇年三月に同校を卒業して朝鮮での士官候補生勤務を志願、翌月羅南に赴任した（堀真清『西田税と日本ファシズム運動』）。国家改造の志をいだく西田は、これ以前から満川や北と交流しており、満川に来羅の礼と改造の決意を記した書簡を送っている。

先般盟兄当地方御視察の節は態々御枉駕下され北韓の旅舎の快談も月光を浴びての逍遥も限りなき思ひ出に有之候

御南航の際には拝顔高教をうくる能はず千万の遺憾を抱き居候さりながら御収穫の大なりしことを思ひ独り盟兄のみならず満天下のために慶賀仕候　尚又御出発に際して態々御親簡賜はりしを

奉謝候　詳細は何れ近く申上ぐべく候も思ふに時局は蓋し重大いよ〳〵幕末維新を再現し来りしかを慨嘆せしめられ候而も来るべき改造新政の日も遠からず、異常の興奮を覚え候
不肖は再び期する所あり隊務の寸閑を盗みつゝ三度上書の草稿に筆を把り申候
内憂外患――今更之れを例示喋々いたさず候
而も此時上　皇族のなさるゝ所は――特に摂政宮及秩父宮のあまりに凡てを抛擲しての優遊は不肖等の腑に落ちざるものに有之候
猶存社は四たび受難の日を迎へ候――あゝこれ単り社同人の受難のみならむや、実に大日本帝国六千万民の、十億アジア民族の、否な不正欧州の、――全人類正義の受難に御座候
安価なる飜訳蚊士共のそれには御座なく候――所謂主義者の所謂第二の大逆事件もあまりに滑稽の感有之候
不肖はこゝに三度死を決して　吾宮を通じて至尊の前に――不肖はこれを信じ候――抱懐を披瀝いたしたく候　固より天道に殉ずべき魂に今さら生命を惜しむ一点だに無之候、自重は十分いたすべく御安意下され度候
内容は秘封郵送の上、宮に達せられたる後申上ぐべく候　北先生にも何卒よろしく御伝言下され度候（「満川亀太郎宛西田税書簡」一九二三年六月一〇日付）

この「上書の草稿」とは西田が同期の秩父宮に送った文書を指し、一度目は一九二二年一〇月、二

度目は二三年六月、今回は三度目となる。その最中の満川来訪であった。

満川は、その後、羅南、会寧、間島、平壌、奉天、旅順、大連、ハルビン、長春などを訪れ、それぞれの土地で斎藤実、中谷、李範昇、秦学文、福永憲、大川周三（大川周明弟）らと会った（南溟庵主人「間島行」、「旅行日程」同年六月九―二三日条）。

七月三日、満川はハルビンから駆けつけた岩田富美夫と久し振りに会った。岩田は、前年秋から囚われていたチタの監獄から解放されたばかりであった。そこへ老壮会参加者の大宮欽治、里見良作も加わって四人で晩餐をともにし、岩田の獄中話などを語り合った（「旅行日程」同年七月三日条、南溟庵主人「哈爾賓行」）。七月五日に満川と岩田は奉天から義州に向かい、やはり老壮会に参加したことのある伊達順之助と久闊を叙した（「旅行日程」同年七月五日条）。伊達はこの頃国境警隊長として義州にいた。七日に奉天に戻ってきた満川は、再び里見たちに迎えられている。

このあと、満川は奉天から南下し、平壌で福永、京城で斎藤総督と再会して、中谷武世らと合流のうえ、一六日に龍山で沼波武夫《ぬなみたけお》（瓊音《けいおん》、当時一高教授）を出迎えた（満川亀太郎「沼波先生のことゞも」）。満川が釜山に向けて発ったのは一八日である。同日下関に到着、長旅で疲れた体を京都で休めたあと、東京にたどり着いた（同前、同年七月一三―一九日条）。

「大破壊」

『東亜電報通信』は、発行予定日の七月を過ぎても、刊行されぬままだった。福永憲から満川に送られた書簡（同年八月一五日付）には「今回御通知に与りし東方《〔ママ〕》電報通信社の機関誌ともいふへきもの如何なる手続にて講《〔ママ〕》読し得べく候や御伺申上候」（「満川亀太郎宛福永憲書簡」

同年八月一五日付）とあり、八月後半になってようやく準備が進んだものと思われる。

しかし、その矢先の九月一日、関東大震災が起きた。牛込区南榎町にあった満川宅はさほど被害を受けなかったが、震災で多くの人々が甚大な被害を受けた。震災に乗じて、アナキスト大杉栄、伊藤野枝と大杉の甥橘宗一、亀戸の労働者平沢計七らが憲兵隊に拘束され、虐殺された。

この天災は、政治・社会運動に対しても大きな意味をもった。それは、自警団の結成や朝鮮人の虐殺、また「第一次」共産党の自発的「解党」など、民衆の「右傾化」による左派政治・社会運動の凋落である。

東亜電報通信社編集局で（1923年10月，丸の内ビルディング）
右端が満川

では、満川の周辺ではこの震災はどのようにとらえられていたのだろうか。九月一〇日、北一輝は西田税に宛てて「大地震裂シテ涌出セントスル地涌菩薩等ノ群ニ難ナキハ論ナシ。同志一人ト雖モ其ノ一々ノ同志ノ所縁公私ヲ問ハス悉クヲ挙ゲテ万死ニ落チシ者ト雖モ生ヲ全フ致シ候。／旧日本ノ死、而シテ新日本誕生ノ屋床ヲ浄ムルニ、此ノ血、此ノ火ヲ以テセシカ」（前掲『北一輝著作集』Ⅲ、六八一頁）とつづっている。

これを受けて、西田は満川宛の書簡で次の感想を送っている。

皇天の冥護変じて大斧鉞を用ひしもの這次の大震災なりしと思考する不肖は恩寵の深厚なるに謝すべき辞を知らず
先生及御春〔ママ〕族に些の変なかりしを、正義に伍する天の真意に仰ぎて不肖懸念する所なし
――北先生より九月十日付にて在京の同志及其一々の所縁悉く万死の中に生を全うせりと報じ来れり、
嗟乎、腐敗其極なりし旧日本は茲に滅びたり而して純正日本建設の日は之を天に賜はれり
天は同胞のなすなきを憫みて自ら手を下して此の大破壊を敢行せられたり――来るへき建設をあげて同胞に委托しつつ、
幾世紀に至りて欧州が進める跡を僅かに半世紀にして追ひたる日本が、五年に連なれる彼の「ノア」の洪水を一夜にして体験することは天の深意――天は公平なり
驕恣増上慢、正義をすてゝ謗法を頼める曽つての国家に自界叛逆と他国侵逼の二難を憤叫教示せし日蓮の時代、――天災凶疫其他が相踵いだる当時と今日と果して何程の差ぞ
来るべき第二の国難は恐らく天が直接に下し給ふものに非ずして蒙古の襲来にも過ぐべき外患なるべく、隋つて自界叛逆の難亦伴ひ起るべし、あゝ速にさめよ。（「満川亀太郎宛西田税書簡」同年一〇月二六日付）

天による大破壊と新日本への階梯というのが、国家改造を目指す北や西田の眼に映った震災だった。

満川も、「我等は何を為すべき乎」（『国本』三巻一一号、一九二三年一一月一日）で、震災後の日本に提言を試みている。大戦後の国民の「腐敗堕落」こそ、震災の被害が拡大した原因だと考える彼は、「大科学者と大宗教家が信念に満ちた国民の中から涌出せんこと」が「帝都」復興に必要だとする。

さらに満川は、この大震災を人生の転機ともとらえていた。

……此の南榎町に引越したのは大正二年十一月で、満十年とは今年をいふのである。十年前神田の大火に焼出された私は、今年曠古の大震災に出会したが、牛込が東京に於ける第一の安全地帯であつた御陰で潰されもせず焼かれもせずに済んだ。碌々として送つて来た十年間にも感心に子供丈けは三人を造つた、十年前の如くに災後の新婚は無いが、何だか私の生涯に一転機を来たしそうな予覚がする。私はついぞ書きたいと思はなかつた此の思出の記風のものに執筆したくなつたのである。人間の一生涯には必ず三つや四つ記憶に留まるやうな重大事件が起るものであるそうな。固より個人に取つて重大事件であつても国家社会に取て屁の様なことが多い。国家社会の重大事件と個人の重大事件とがピッタリ合ふなどいふことは公人の外に滅多にない。私は今日碌々として居るとも少くとも自分で私人であるとは思つて居らぬ。然かし乍ら過去の半生は事実に於て私人の生活を送つて来たのに相違ない。（「碌々の記序文」）

確かに、この頃から満川の活躍の場が広がり、東亜電報通信社にくわえて、『国本』（国本社機関誌）

の編集にも関わりはじめた。

東洋協会入会を誘われたのも同じ時期である（「POCKET DIARY 1924」一九二四年一月七、九日条）。東洋協会は、桂太郎を会頭とする台湾協会が一九〇七年に改称してできた団体だった。台湾協会が一九〇〇年に設立した台湾協会大学は、その後幾度かの改称をへて、拓殖大学になる。

一九二四年一月からは、海外殖民学校で講義を受けもつことも決まり（「POCKET DIARY 1924」同年一月一〇日条）、これまで満川が執筆してきた海外発展やアジア問題に関する論文や著作が、様々な形で実を結びつつあった。

拓殖大学奉職

満川は、東洋協会との関わりを深めるなかで、一九二四年一〇月から東洋協会大学（のちの拓殖大学）に講師としてつとめることになった。この時の校長は後藤新平で、一九二九年に亡くなるまでその職にあった。

採用のきっかけは、中谷武世によれば、大川周明の推薦だったというが（下中彌三郎伝刊行会編『下中彌三郎事典』三九六頁）、以前からの東洋協会との関わりも大きかったと思われる。

後年、同僚の澤田五郎が、満川が早大中退であることを知り、「その天分と努力とに一段の敬意を増すと同時に、その学歴の如何に問はず、広く人材を天下に求めて教授たらしめた本学当局者の開放的な態度にも非常によいものを感ぜざるを得ない」（澤田五郎「亜細亜復興の首唱者　故満川教授を追憶す」）と回想しているので、大学中退だった彼の採用人事は異例だったといえよう。

満川が当初担当した講義は「東洋事情」で、のち「植民政策」「西伯利亜事情」「ロシヤ事情」なども担当した。講義草案の一部は、拓殖大学創立百年史編纂室に所蔵され、「東洋事情」（一九二四年一一月）、「露西亜及西比利亜事情」（一九二七年度）、「植民政策」（一九二七年度）「世界政策並ニ東洋事情」（一九二八年度）、「Welt Politic」[k]、「露西亜事情」（一九三四年度）が確認できる。

拓殖大で講義をする満川（1933年12月）

各草案には、担当地域の情報、地図などが自筆で詳細に書きこまれ、満川の実直な性格が垣間見える。このうち、「世界政策並ニ東洋事情」は、以前満川が刊行した『東西人種闘争史観』と構成が類似しており、これまで発表してきたものを元に講義を行ったものと思われる。

また、一九二五年四月から、満川は大川の推挙で宇都宮高等農林学校の非常勤講師（「植民政策」担当）をつとめ、こちらも晩年まで通った。一九二五年一二月に同校校友会の鵬翼会が機関誌『鵬翼』を創刊すると、満川も植民政策、アジア問題に関する論文を投じたほか、「鵬翼会の歌」を提供した。

一

大空翔くる大鵬の
きほひを見せて日の本の

丈夫のこゝろ奮ひ起つ
　秋は来れり新生紀

二

極光映ゆるシベリアも
　香料薫る南洋も
万里の風に吹かせつゝ
　雄図行るべき活舞台

三

君見よアジア復興の
　使命は我等の肩にあり
又見よ世界改造の
　枢機は我等の胸に在り

四

六合兼ぬる大都
　宇内の中に打ち立てむ
八紘知ろす大詔
　地球の上に扶植せむ

五
道義の理想燃しつゝ、
双刃の剣かざしつゝ、
生命の清水垂る筆に
書き貽さばや新世紀（満川亀太郎作歌「鵬翼会の歌」）

2　行地社時代

五の日会

猶存社の解散後、「三尊」（北一輝・大川周明・満川亀太郎）の交流がとだえたわけではない。満川は、北詣出や大川との変わらぬ付き合いをつづけていたからである。

そこへ新たに安岡正篤《まさひろ》との交流もはじまった。きっかけは、一九二二年七月に安岡が沼波瓊音の同伴で猶存社を訪ねたことだった（安岡正篤先生年譜編纂委員会・安岡正篤先生生誕百年記念事業委員会編『安岡正篤先生年譜』）。国家改造運動の同志に見込まれた安岡は、猶存社出版部から『復興亜細亜の思想的根拠』（一九二二年）を公刊する。

安岡は、一九二三年四月から社会教育研究所の事業に関わりはじめた。この研究所は一九二一年三月に小尾晴敏が皇居内旧本丸の一角に設立した社会教育機関である。一九二三年には安岡につづいて大川も研究部長として参加し、大川は日本精神研究、安岡は東洋思想研究のリーフレットを刊行して

社会教育研究所（1925年3月）

いく。満川も一九二四年一月頃から社会教育研究所に関わり、自身の講義を担当しながら、『大邦建設の理想』（一九二五年四月、社会教育研究所）を発行した。

この社会教育研究所とはべつに、新たな動きも模索された。満川日記によれば、一九二四年一月に「夕刻行地会例会」とあるのがそれである（「POCKET DIARY 1924」同年一月二八日条）。ただし、日記にはこの一度のみの登場で、継続的な会合だったか否かは判然としない。

官憲資料では行地会は行地社の前身とされるものの、各団体の結成時期は資料によって様々である（一九二四年四月に行地会、翌年二月に行地社結成説、一九二四年四月に行地社結成説、一九二五年二月に行地社結成説、同年四月に行地社結成説など）。

結成の中心にあった大川によれば、一九二五年に行地社結成に同意したとされる（「訊問調書（大川周明）」）。また、別の回想では、当初団体結成や機関誌発行に気が進まなかったものの、「諸君の熱心は遂に予を動かし、結社のこと初めて唱へられてより約十個月の後、漸く行地社の組織を見、次で月刊日本の発行を見るに至つた」とある（大川周明「吾等の志業」）。

一九三〇年代半ばにまとめられた満川自筆の略歴には、「行地社主事　大正十三（一九二四）年四月

―大正十五年五月」とのみあり、前身とされる行地会の記載はなく、一九二四年四月を行地社の起点とする（「NOTE BOOK」）。ただし満川に近い人々による記述（一九二六年時点）では、「大正十四〔一九二五〕年四月、皇祖祭日を期して我々多年の同志は結盟して行地社を起し」との記述がある（東京行地社脱退同人「我々は何故に行地社を脱退したか」）。

行地社にくわわる西田税ものちの裁判調書で「大正十四年……同年四月新たに行地社が創立せられ、満川亀太郎、大川周明、安岡正篤の三氏から私に上京せよと申して来て居りました」（林茂他編『二・二六事件秘録』一、三六八頁）と述べて、一九二五年四月結成説である。

一方、清水行之助《こうのすけ》（満川が命名した大行社を組織）の回想では、本文に「大正十三年四月に大川周明先生が満川亀太郎先生とおこされた行地社（創立時は行地会と呼んだ）」、年表に「〔大正一四年〕二月、大川周明、安岡正篤、満川亀太郎等、維新日本の建設などを綱領にして先に行地会を結成したが、行地社と改称。清水も会員となる」とある（前掲『大行　清水行之助回想録』一五六、四五五頁）。一九二四年四月には行地会と呼称し、一九二五年二月に行地社と改称したことになる。

もうひとり、行地社社員だった山本重太郎の回想も引用しておこう。

大正十四年早々、わたしは請負師の堀江君にたのまれて、牛込区余丁町のアパートの管理をたのまれて、大化会から、そのアパートに移つた。元の陸軍砲工学校の隣にあつた。わたしはそのアパートの二階の一番奥の部屋を、わたしの部屋とした。或日、北〔一輝〕さんの家から使が来たので、千駄ヶ谷の北さんの家に行くと、大川さん、満川さんの他、笠木君などの顔見知りの連中が集つて居たが、わたしに使を出した要件は　行地社運動に参加しないかと云うことであつた。この行地社運動は、大正十三年四月頃□旧「猶存社」仝人の間で「行地社」結成の話が出た、それまで□「猶存社」解散后も「日本改造法案」の志と「猶存社」の綱領を体して、東京青山南町三の五五に本部をもうけ、第二維新の達成と有色民族の解放を二大悲願としつづいてたもので、云わば「猶存社」の脱皮とでも云うことが出来るのではあるまいか。行地と云う言葉は、天に則り地に行うと云う意味である。

そして北さんは黒幕的存在として表面には出ず　大川さんを統務委員長に、満川さんを主事に、笠木良明　綾川武治、高村光次、松延繁次、金内良輔、島野三郎、中谷武世、西田税、安岡正篤、狩野敏などの諸君がスタツフを構成してゐた。そして笠木君が事務局長格で万事を処理してゐた。

（山本重太郎述『山本重太郎伝』四一丁、石川龍星が編纂）

北一輝の「黒幕的」関与が記されている。猶存社解散後、大川・北の関係は疎遠になったはずだが、満川日記一九二四年二月七日条に「北大川君両君八代大将邸ニテ会談」（「POCKET DIARY 1924」同年二月七日条）とあり、八代六郎や満川のとりなしが北の関与に結びついた可能性がある。

行地社結成の話に戻れば、以上の諸資料から、組織としての節目の時期は一九二四年四月、一九二五年四月が有力である。ただし、一九二四年四月に結成されたのが行地会、行地社のいずれであったかまでは不明である。

その一方で、これまで知られていない組織に五の日会がある。満川日記によれば、参加者は不明ながら、一九二四年一月から一〇月までほぼ毎月、翌年一月にも一度開かれている（開催場所は東洋協会大学、社会教育研究所）。五の日会は一月以降休会状態となったようだが、一九二五年五月から「行地会」と名を変えて復活した。『月刊日本』四号（一九二五年七月一日）の「東西南北」には、「一時中絶して居た『五の日』会は時の流れに応じて再興の機運に達した。五月下旬の同人会議は毎月第一水曜開会を決定し、之れに冠するに行地会の名を以てした」とある。これより、五の日会はもともと「同人会議」の機能を果たしていたことがうかがわれ、行地社結成にいたる結節点のひとつであったと考えられる。

行地運動

行地社の運動は、以下の「綱領」からわかるように非常に精神的なものだったと言われ、猶存社の「綱領」と比べて迫力に欠けている。

一、維新日本の建設
二、国民的理想の確立
三、精神生活に於ける自由の実現
四、政治生活に於ける平等の実現
五、経済生活に於ける友愛の実現

六、有色民族の解放
七、世界の道義的統一（行地社同人「綱領」）

一九二四年四月より彼らは『消息』を発刊する一方（「編輯机上」）、大川、安岡、満川らは『東洋』にも盛んに投稿した。同誌は東洋協会に設けられた東洋研究会の機関誌で、大川、安岡は東洋協会大学につとめていた。満川も東洋研究会出版部から『東西人種闘争史観』（一九二四年一二月）を刊行する。

一九二四年六月二日には、東洋協会と亜細亜学生会の共催で第一回亜細亜事情講演会を東京で開き、満川、大川、ボース、殷汝耕、中野正剛、武田豊四郎が演壇に立った。二一日にも大阪で第二回講演会を開き、綾川武治につづいてボース、満川、武田が講演を行った（「東洋協会々務近況」）。

満川、安岡、武田、綾川は、大東文化協会機関誌『大東文化』の常連寄稿家でもあった。一九二五年四月から綾川、中谷武世、柳瀬薫という行地社同人が大東文化協会東洋研究部に所属しているので、行地社の影響が同協会には陰に陽におよんでいたと考えられる（「東西南北」一九二五年五月一日）。

行地社が猶存社と異なる点は、大川、安岡といった幹部が牧野伸顕宮相らに接触し、その信頼を取りつけることに成功していたことである。牧野の日記（一九二四年七月一〇日条）には、「大川、安岡両氏入来。二時間に渉り時事に付談話を交ゆ。今日の場合此等諸氏程真面目なる有志家を視ず。慥に信頼すべき人々と信ず」とある（伊藤隆・広瀬順晧編『牧野伸顕日記』一四六頁）。社会教育研究所第三回卒業式で牧野伸顕の祝辞が披露されたのも、この信頼関係があればこそであろう。

満川も安岡にともなわれて、宮内省に牧野大臣、関屋貞三郎次官を訪ねた形跡はあるが、大川、安岡ほど宮中勢力と蜜月だったわけではない（「POCKET DIARY 1924」同年九月一八日条）。

行地社幹部は、宮中以外に官僚や軍人とも付き合いがあった。満川の日記を見れば、内務省の池田清（吉田茂の後任として二九年七月に内務省神社局長）との交流が記され、一九二四年五月に開かれた五の日会で邂逅して以来、しばしば席を同じくした。ここには大川、安岡はもちろん、荒木貞夫や秦真次らの軍人、小森雄介らも同席した（同前、同年五月五日、六月七日、八月一〇日、一〇月三〇日条）。


　荒木、秦ら軍人と満川の交流が日記に認められるのは一九二四年二月頃からである。不在ではあったものの、大川周明と荒木を訪ねたり、大川、松延繁次と秦を訪ねたりした（同前、同年二月七、八日条）。同じ月に社会教育研究所で軍人との「思想交換会」が開催され、満川は主催者代表として挨拶している（同前、同年二月一六日条）。

社会教育研究所第３回卒業式で祝辞を述べる牧野伸顕（1925年３月）
左から順に大川周明，安岡正篤，満川，小尾晴敏

『月刊日本』創刊

　一九二五年に入ると、満川の直近でも新たな展開があった。四月には社

会教育研究所教育部が大学寮に改称し、国士養成機関として再出発した（「協定書」）。

大学寮は社会教育研究所と別組織になったものの、運営は大川、安岡、満川がそのままあたり、大川は理事兼研究部長、安岡は理事兼教育部長、満川は理事兼総務部長に就任した。顧問は八代六郎、牧野伸顕、評議員は小尾晴敏、亀岡豊二（実業家で満川が副会長、大川、安岡が顧問をつとめる青年日本会顧問）、結城豊太郎（安田保善社専務）、江口定條《さだえ》である。講師は大川、満川、安岡にくわえ、沼波瓊音、村上徳太郎、松延繁次、柳瀬薫、島野三郎、西田税、中谷武世、柳生厳長《やぎゅうとしなが》である（『大学寮要覧　大正十四年度』）。西田は鳥取から上京し寮監として寮生たちの面倒を見た。

入寮式が開かれたのは同年四月一三日である。荒木貞夫少将、秦真次大佐、石丸祐正らが来賓として臨席し、安岡、大川、満川の各理事、講師代表の沼波、小尾晴敏、来賓代表の秦がそれぞれ訓示を述べた（「東西南北」同年五月一日）。

寮では一〇数名の学生が起居をともにし、そこへ海軍兵学校を出たばかりの藤井斉《ひとし》も訪ねてくるなど国家改造運動を担う人物の集い場となった（南溟庵主人「こゝろの日記」）。

行地社の方でも新たな動きがあった。まず、同年四月三日に『消息』の後身となる機関誌『月刊日本』を創刊した。沼波瓊音の「巻頭之辞」には「『日本』は吾人の精進たり、祈祷たり。又実に日本国そのもの、精進祈祷たらずんばあるべからず」とある（沼波瓊音「巻頭之辞」）。創刊号の編集発行兼印刷人は村上徳太郎、発行住所は牛込区南榎町二二番地の満川自宅となり、五号より西田税、東京市外西巣鴨向原三四五八番地（大川の自宅）に変更となった。

六月にはプラタプ来日にあわせて、行地社は催しを開いた。一〇日の亜細亜講演会は、中谷武世の開会の辞にはじまり、綾川、ボース、満川、大川、プラタプ（金内良輔が通訳）が登壇し、島野の閉会の辞で終わった。その翌日に大学寮にプラタプを迎えて茶話会を開いている（「東西南北」同年七月一日）。秋になると、満川、綾川、松延らが「行地運動」として各地で講演や懇談を行い、一〇月四日から一四日まで青森、札幌、函館、弘前、秋田、宇都宮をまわり、自分たちの主張を世に広めた（「東西南北」同年一一月一日）。こうした活動をきっかけに、一九二五年以降、行地社は各地に支部（同年一〇月大阪、一二月東京、二六年二月頃足尾、三月京都）を設置し、改造運動連絡機関として支部や学生運動団体の動向を全国の同志に伝え、結束をさらに強める役割を果たす。

3 「第二維新」の希求

世界革命

満川は、猶存社解散前後から自身の「革命」観を見直していた。彼は「人類の再生は制度の更改を以て足れりとせず、宗教革命にまで到達せねばならぬ」として、人間の内面の変革を模索する（満川亀太郎「次の世界史への開展」）。

この背景には、「維新革命」から五〇年をへて「第二維新」の時機を迎えていること、「日本の社会的不安、日本国民の道徳的頽廃は国土狭小にして人口過多といふ点から発足添加し、この根源に溯つて／抜本的政策を行ふ／に非ざれば、如何なる改造も乃至協調も砂上に築く楼閣と何の撰ぶ所はない」という危機感が彼のなかにあった（満川亀太郎「第二維新に面せる日本」）。

そして、この「頽廃」なき世界こそ、満川の言う「道徳的帝国」だった（満川亀太郎「道徳的帝国を標目として」）。この帝国建設のためには「戦闘的組織」が必要であり、そのための「唯一の経典」が北の『日本改造法案大綱』である（満川亀太郎「戦闘的組織と思想的充実」）。

当時の満川は、アジア問題を論じつつも、国内改造の方に関心が傾き、「我々は黄人の同盟を言ふ前に、大亜細亜主義を唱ふ前に、真実日本の改造を企図すべき」と言う（満川亀太郎「黄白人種闘争の史的観察」）。これを彼は「大邦」の建設とも表現するが、それは人口増による国土狭小を見越して、南米および東北アジアへの「民族大移動」を行い、太平洋で日本の覇権を握るという構想である（満川亀太郎「大邦の理想」）。

『月刊日本』における満川の論調も基本的に同様であるが、改造や革命論に紙幅が割かれている。これは、明治維新の「還暦」が近づくなかで、内外情勢が「驚くべく幕末そつくり」と感じていたからだった（満川亀太郎「行詰りと開展」）。

彼の改造観が如実に披瀝されたのが「亜細亜復興と東洋精神」（『月刊日本』三号、一九二五年六月一日）、「世界革命と日本改造」（同誌五号、一九二五年八月一日）、「何故に改造を急とするか」（同誌七号、同年一〇月一日）の三篇である。各稿は同じ改造をあつかっていても、それぞれ内容が異なる。最初の「亜細亜復興と東洋精神」では、先述の宗教革命に力点が置かれる。

来るべき世界革命――人類の魂の甦りとは畢竟何を意味するか。各人をして「天命」を自覚せしむ。これ即ち宗教革命である。科学を生んだ欧州は遂に宗教を生まなかつた。欧州の基督教――その実はボーロ教であると言はる丶ところの――は亜細亜からの借物に外ならぬ。……曾て世界の三聖〔釈迦、孔子、キリスト〕を産したる亜細亜の大地は新しき宗教革命の揺籃として見えざる霊の王国を建設しつ丶あるものでは無からうか。今や科学と宗教とが窮境に於て一致するものなることは、欧米の科学者によつても唱へらる丶ところである。科学を生んだ欧州と宗教を生んだ亜細亜とは遂に一体とならねばならぬ。繰返へして言ふが、一体となるといふことは一が他を滅ぼすといふことでは無い。相互に其中正を得るといふことである。亜細亜に取つては復興の一路を辿りて東洋精神を発揮すといふ一語に尽くるのである。

アジアとヨーロッパ、科学と宗教の綜合を語りながらも、満川にとって、「世界革命」とは魂を救済する宗教革命でもあったために、宗教とそれを生んだアジアが重視された。つまり、「西洋の没落」に代わる東洋の復興こそ、満川が望むものであった。

二つ目の「世界革命と日本改造」では、行地社の目的である世界革命、アジア復興、日本改造のうち前二者が説明される。満川にとっての「革命」とは「人類解放戦」であり、「圧虐せられ奪略せられたる有色諸民族の抬頭」であった。「欧羅巴人」の圧力を「亜細亜及び阿弗利加人」がいかにして跳ね返すかが問題となる。そして、アジア復興を実現するためには「道義」に基づいて日本の対中外交を革命したうえで、「日本の魂そのものを建国精神に基く道義の結晶に革命せざるべからざる」と満川は考えた。

最後の「何故に改造を急とするか」は「日本改造」の必要性をより具体的に描いたもので、満川は改造を急ぐ理由を以下のようにあげた。

一、世界の大変に伴ふ国際関係の緊迫は日本の改造を急とする。
二、日本の人口問題は一日を緩うする能はざると共に、当然其改造を急とする。
三、社会組織経済組織の絶対行詰りは、当然之が改造を急とする。
四、現行教育の続行は国民をして益々堕落せしむるあるのみ。改造の急を要とする所以。

なぜこれほど「改造」を求めたかといえば日本の「行詰り」を感じていたからである。満川によれば、日露戦後の日本国民は「臥薪嘗胆」という国民的理想を喪失し、国民精神の緊張を惰力で維持してきたにすぎない。この堕落こそがいまの政治、経済、思想、生活上の諸問題を胚胎させており、これを解決する手段こそ日本の「改造」であった。

民族闘争の時代

「世界革命」に向けて満川が注目したのが、欧米で差別される「黒人」とユダヤ人だった。まずは前者から見ていこう。

彼が「黒人」問題を知ったのは中学時代だが、大戦後のマーカス・ガーヴィーの運動に触発されたことが本格的に取り組むきっかけとなった。満川は、一九二〇年からこの問題に関する論稿を立てつづけに発表し、これらをまとめて一九二二年一一月に『黒ン坊』を脱稿した。一度は、関東大震災で原稿が行方不明となったものの、一九二五年に発見され無事に『黒人問題』（一九二五年一一月、二酉名著刊行会）として日の目を見た（満川亀太郎「『黒人問題』に就て」）。

同書の内容は、当時の日本国民にとってなじみのない「黒人」の立場について基礎的な知識を伝えながら、「黒人」奴隷貿易やアフリカ分割など「白人」支配と人種差別に苦しんできた歴史、しかし大戦後における「黒人」権利回復運動という新たな潮流を明らかにする。その結論は、パリ講和会議での人種的差別撤廃案提出と絡めて、次のようにまとめられた。

実に其の事の成否如何に拘らず、日本の提案たりし人種案は確かに世界革命に向つて投ぜし一個の爆裂弾であつた。日本人は自ら為せし行蹟の意義を覚らなければならぬ。而してこの一爆弾に依て世界の舞台が如何に旋転し来らんとするかを注視せねばならぬ。……世界の新紀元を開かんとする人種革命の苗床、それは疑もなく黒人阿弗利加である。太陽を理想とし、太陽の如く万物を照さんとする日本民族は、この苗床の伸び行くことを人類の幸福の為に期待すべきである。

（三二一頁）

同書はガーヴィーが設立したニューヨークの万国黒人改善協会に送られ、ガーヴィー夫人から礼状が届いたという（南冥《ママ》庵主人「矢来夜話」）。

他方、ユダヤ人問題を満川が論じはじめるのは、一九一〇年代末にまでさかのぼる。大戦後のイスラエル建国運動に民族運動の勃興として共鳴し、ユダヤ人の世界征服を唱える「ユダヤ禍」論を彼ははやくから批判していた。

やや論調が変化するのは一九二〇年代初頭からで、全国水平社の運動と連動させながら、ユダヤ人を「世界的特殊部落民」としてとらえ、「我国民は理智の眼を輝かして、断じて此等の浮説に誤られ、何等の怨恨なきユダヤ人を敵とするが如きことがあつてはならぬ」とした。

満川が水平運動に着目したのは、日本が人種的差別待遇撤廃を対外的に唱えながら「肝腎の日本そのものゝ内部に、忌むべき差別待遇の行はれつゝあつた」からであった。満川は水平社宣言などを「宗教革命戦」として高く評価し、「貴族とか権力者を特別の選民であるかの如く尊敬し、特殊部落を賤民として卑しむ者は、夫れ自身賤民としての奴隷根性の持主」だと警鐘を鳴らす。ただし、満川は融和運動の方針に近く、「部落の中から多くの人材を出《ママ》だし、国家社会の為めに貢献することゝなれば、誰か又之を賤しとする者があらうか」というものであった（満川亀太郎「水平社運動と猶太民族運動」）。その後は、もっぱらユダヤ禍論批判を展開し、それらの主張は『ユダヤ禍の迷妄』（一九二九年六月、平凡社）としてまとめられた。

『世界現勢と大日本』（一九二六年四月、行地社出版部）では、前半でヨーロッパ大戦を「分水嶺」とする世界史の変化が描かれている。具体的には、「所謂大英保全組合」（四六頁）である国際連盟の誕生、アメリカの台頭、アジアの民族独立運動、アメリカの「黒人」権利回復運動などである。満川は、レーニンの「世界革命」がしだいに民族主義を鼓舞しはじめたことに注目し、左はレーニンから右はムッソリーニまでを視野に入れて、現代を「民族闘争の時代」（一〇四頁）ととらえた。しかも、ここには先述の「猶太〔ユダヤ〕民族運動」や「黒人共和国建設運動」までふくまれる。

こうした「世界現勢」の変化を受けて、日本はどのように処するのかが『世界現勢と大日本』後半のテーマとなる。過剰人口問題に注目する満川は、「大邦建設の理想」（植民政策による人口移動と大帝国建設）をかかげた。これは今後二〇年間に三〇〇〇万人を国外（南米五〇〇万、東北アジアに二五〇〇万）に移民に出すという壮大な構想である（一四二頁）。あくまで移民にこだわる背景には、「旧来の所謂帝国主義、所謂軍国主義、所有侵略主義の世界と思想的に相距ること正に千万里」と彼が考えていたことによる（満川亀太郎「世界変動と亜細亜復興」）。

しかし、この構想を実現するには当時の日本はあまりに行き詰まっており、この日本を「開展」させるための「第二維新」が次のように訴えられる。

吾人の眼前に展開し来らんとする新しい日本、それは日本海を中心とするものでなければならぬと私は確信する、この新しい日本を建設する上において我々国民は共同一致してこの目的に反するものは絶対にこれを却け、殊に天皇と国民との間に介在する無用の長物を一掃し、打つて一丸となつて進んでいかなければならない、丁度今日の時代は二十世紀第一年の御生誕に在はす我摂政宮殿下を国民の総指導者に仰ぎ奉り、以て第二の維新革命そのものを完成しなければならぬと私は確信する。日本の改造そのものは、いつも天皇自ら革命の中心に立たせられたと云ふ所に日本国家として他国の到底真似る事の出来ない特質があるのであります。（前掲『世界現勢と大日本』一六一－一六二頁）

より「国民」の参加に力点を置いた記述となっているが、満川がデモクラシーを認めうるとすれば、それは国民自身が天皇（ただしここでは摂政宮）と国民の紐帯を邪魔している「無用の長物」を排除し、天皇という指導者のもとで一丸となることしかなかったろう。

『大西郷全集』

一方で、この「第二維新」とも関わる西郷隆盛の再評価に満川は取り組んだ。一九二六年三月一一日、東京の南州庵で開かれた南州全集刊行打合会を皮切りに、四月八日も「南州史伝会」が開かれた。この場に参加したのは藤井甚太郎《じんたろう》、渡辺盛衛《もりえ》、勝田孫彌《まごや》、下中彌三郎、川崎三郎（紫山）、清藤幸七郎、満川、大川（周明か信義）である（「POCKET DIARY 1926」同年三月一一日、四月八日条）。このうち勝田、川崎は編集顧問、渡辺、藤井、満川、下中、大川周明、大川信義は編集委員、清藤は幹事である。

話し合いからまもなく、満川は精力的な資料調査を行っている。四月一五日、全集刊行の件で清藤と雑賀博愛を訪ねたあと、行地社京都支部（同年三月二九日結成）総会にあわせて西下、そのまま鹿児島、熊本に向かった。

南九州では西郷の墓や紀念陳列館、図書館に行き、西郷の実子で元京都市長の西郷菊次郎と会った（同前、同年四月二二日－五月二〇日条）。満川は、鹿児島で菅波三郎陸軍少尉となんども対面したほか、熊本まで足を伸ばし、熊本五高の東光会会員と横井小楠墓や田原坂戦跡を訪ねた（南溟庵主人「南行記」）。鹿児島からの帰途、満川は行地社大阪支部の会合に参加し、五月二〇日に東京に戻った。

平凡社から『大西郷全集』第一巻が刊行されたのは一九二六年一二月である。題字は頭山満の書になる。「刊行趣旨」にあるように、「物質主義的功利主義」の誤用を戒める日本精神の復活・徹底のために、「天を敬ひ人を愛し、貫くに純情を以て」した西郷の思想を現代にというのが同書刊行の目的であった。

第一巻、第二巻は資料集で、第一巻は安政元年から慶応三年まで、第二巻は慶応三年から明治一〇年までの西郷の文書（書簡、建言、遺訓など）を解説・脚註を付けて収録している。第三巻（一九二七年一一月刊行）は年譜、伝記、詩歌、文書補遺からなる。

満川が最も関わったのは年譜と伝記の執筆であった。伝記のうち、第一章「幼少年時代」から第一六章「戊辰戦役時代（三）」までを下中が、第一七章「藩政参与時代」から第二三章「終焉」までを満川が担当した（「凡例」一頁）。満川にとって西郷は幼少期より敬慕する人物のひとりで、西郷の調査と執筆に意気込んでいた様が思い浮かぶ。この全集刊行前後から、彼は「第二維新」の先達としての西郷に関する原稿の執筆や講演をしばしば行っており、その活動は晩年までつづいた。

4　行地社の分裂

安田共済事件

この間、行地社の活動は、ひとつの局面を迎えていた。一九二五年八月に起きた安田共済事件である。発端は、同年七月に共済生命保険の中堅社員が常務取締役に退社を求める運動を起こしたことだった。この要求は実らず、同社の臨時総会で結城豊太郎（安田保善社専務）が常務取締役の重任を決定したため、批判の矛先が結城とその管理体制におよんだ。

この結城批判派に行地社社員の千倉武夫《ちくらたけお》がいたことから、問題が複雑となる。まず彼らに協力する清水行之助が朝日平吾の銘仙とピストルを持参して結城と面談し、譲歩を求めた。また、結城と同郷の大川周明が調停を試みたまではよかったが、大川の知らぬところで、北一輝が結城と話を付けたうえに多額の解決料をせしめていた。大川は面目を潰され、結城批判派も敗北した。この事件を機に、北と大川の亀裂は決定的なものとなったことは言うまでもない。

もっとも、のちに北が大川に宛てた手紙（一九二七年二月二二日付）には、「仮令五分五分の理屈ありとするも、君は超脱の仙骨、生は辛酸苦楽の巷に世故を経たる老怪者に候へば、君を怒りし如きは以ての外の不行届と恥入りて日を送り候」とある（前掲『北一輝著作集』Ⅲ、六八二頁）。大川も後年、北との「離別の根本理由」として「当時の私が北君の体得してた宗教的境地（「仏魔一如の天地」）に到達して居なかつたから」と回想している（前掲「北一輝君を憶ふ」）。

安田共済生命会社争議団一同と行地社社員（1926年）
左側サングラスをかけているのが清水行之助

この事件をへて北側につく西田税は、一九二五年暮に行地社を脱退、翌年二月に大学寮もはなれた。北は一九二五年八月に改造法案の版権を大川から西田に移し、以後西田によって出版される。

北の怪腕はとどまらず、一九二五年一二月の十五銀行怪文書事件にも関与した。これは、北と近い辰川龍之助と寺田稲次郎が十五銀行の「乱脈破綻」を告発した怪文書を銀行幹部に送りつけた事件である。銀行幹部は政治浪人の原田政治を介して北に鎮静化を依頼し、北はその手数料として五万円を受けとり、一万五〇〇〇円を辰川に渡して矛を収めさせ、残りを自分の報酬とした。

この問題には大川も絡んでいたようで、一九二六年二月に牧野伸顕を訪ねて次の依頼をしている。

大川周明入来。十五銀行云々の事を内話す（貸付帳簿紛失の事也）。今回の事は已に結了したるも、今後引つゞき目論見ある模様なれば油断出来ず、十五銀行の当局は十分の覚悟、取締方最も大切なれば、小生より警告相成度云々なり。次に協調会の現状甚だ不振にして、目下の危状に際し之を利用する方得策なれば小森〔雄介〕如き人物を主脳に据へ度、小生に一考し呉れとの事なり。（前掲『牧野伸顕日記』二四〇頁）

この日記から、辰川・寺田とは異なる立場に立つ大川が十五銀行側につけいる隙を与えないように牧野に忠言し、またこうした行動を通じて牧野ら有力者の信頼を得ていったことが読み取れる。

三月に帝国ホテルで開かれた行地社主催招待会に松岡洋右、松村介石《かいせき》、江木千之《かずゆき》、関屋貞三郎、永田秀次郎、丸山鶴吉、柳田国男、辜鴻銘《ここうめい》、上泉徳彌、石光真清《まきよ》、荒木貞夫、鶴見祐輔、頭山満、堤清六、桝本卯平ら約四〇名が招待されたのもこうしたロビー活動の一環であろう（「POCKET DIARY 1926」同年三月七日条）。

一方の満川は、行地社に属しながらも、これまで通り北との付き合いをつづけた。二月一三日付で別府旅行中の北から満川に送られた手紙には、宇佐八幡宮参拝時のことが記され、「一月三日ノ序文ノ祈ヲ身ニ体シテノ参拝ニモ有之、又北一輝カ悪イカ日本帝国カ悪ハカヲ出ル処ニ出テ裁カレントスル国神ヘノ訴訟ニモ有之候」などとある（「満川亀太郎宛北一輝書簡」同年二月一三日付）。「一月三日」の序文とは『日本改造法案大綱』（二月一一日）序文のことで、同書は二月一日に西田税から満川に届けられた（「POCKET DIARY 1926」同年二月一日条）。

二つの怪文書事件

それからまもなく、この西田を起点に、新たな事件が起こる。彼が「血盟同志代表」名義で撒いた怪文書『牧野内大臣、関屋宮内次官、東久世内匠頭等の大逆不敬事件』（一九二六年五月）が大きな問題に発展したのである。

この宮内省怪文書事件は、一九二一、二二年に北海道の御料牧場の立木払い下げと御料地の小作争議について宮内省に不正の処置があったらしきことを西田が争議関係者から聞きつけたことが発端だった。事件の怪文書を作成した西田は、枢密顧問官、宮中顧問官の全部、貴族院・衆議院議員の一部に配布した。

西田の行動を止めさせるため、関屋貞三郎宮内次官は、実業家の増田正雄から提供された三〇〇〇円を赤池濃元警視総監を介して北一輝に与え、彼をして西田を抑えようとした。しかし、この行為は逆に西田を激怒させ、西田は北と関屋を批判するに至る。

北は、西田の行動に当初から賛成していなかった。のちの北の陳述によれば、「私の旧同志大川周明、安岡正篤、満川亀太郎の諸氏は牧野、関屋等から立入つた世話を受けて居ります干係から其人々の迷惑と為る事も出来ぬ立場にあ」ったからである（前掲『北一輝著作集』Ⅲ、三一二頁）。ただし、既述のごとく、大川、安岡ほど満川は牧野らと親しくしていたわけではない。

一方の西田は、牧野、関屋らに「隷従」する大川らがこの問題に乗り出してくることを予想し、「私は出て来たならば牧野、関屋等と同様に攻撃してやると云ふ事」を考えていた（同前、一一七五頁）。

西田・大川の関係は、これほどまでに冷えこんでいた。

この対立は、行地社内部にさらなる亀裂を生じさせた。西田らの行動に賛同した行地社の高村光次、笠木良明がこの問題を糺すために牧野宮内大臣に会見を申し込む手紙を送ったのである。二人がこの書状を北邸でしたためたことから明らかなように、北はこの行動と彼らの意図を黙認していた。高村はこの事情を次のように陳述する。


尤も笠木が手紙を書き終り私が封筒の封をして仕舞つた処へ北が上つて来何うしたかと問ひましたから此通り封をして仕舞つたと申しましたら北は行地社との関係大川との関係が判然して良からうと云ひ捨て下りて行きました。

二六問　行地社の関係大川との関係が判然するとは如何なる事か。

答　私や笠木は大川周明等が主として遣つて居る行地社の中心の動きを致して居りましたが近来行地社の幹部等の行動に慊らぬ処がありました。

北も又大川等行地社幹部連の遣る事を慊らず思ひ且つ子供視して居りました。

左様な際に此宮内省問題が起つたのであります、処が何う云ふ関係か判りませぬが大川は牧野等宮内省側に付き時としては私共に圧迫をさへ加へる様に思はれましたので一層不満を感じ行地社と手を切り度いと思ふ様になりました、若し私や笠木が牧野等宮内省の大官にお示しの様な手紙を送れば全く大川等と反対の行動を執るのでありますから勢ひ行地社や大川と袂を別つ事と為ります。

北が行地社や大川との関係が明らかに為つて良からうと云ひましたのは其事であります。（同前、二三三―二三四頁）

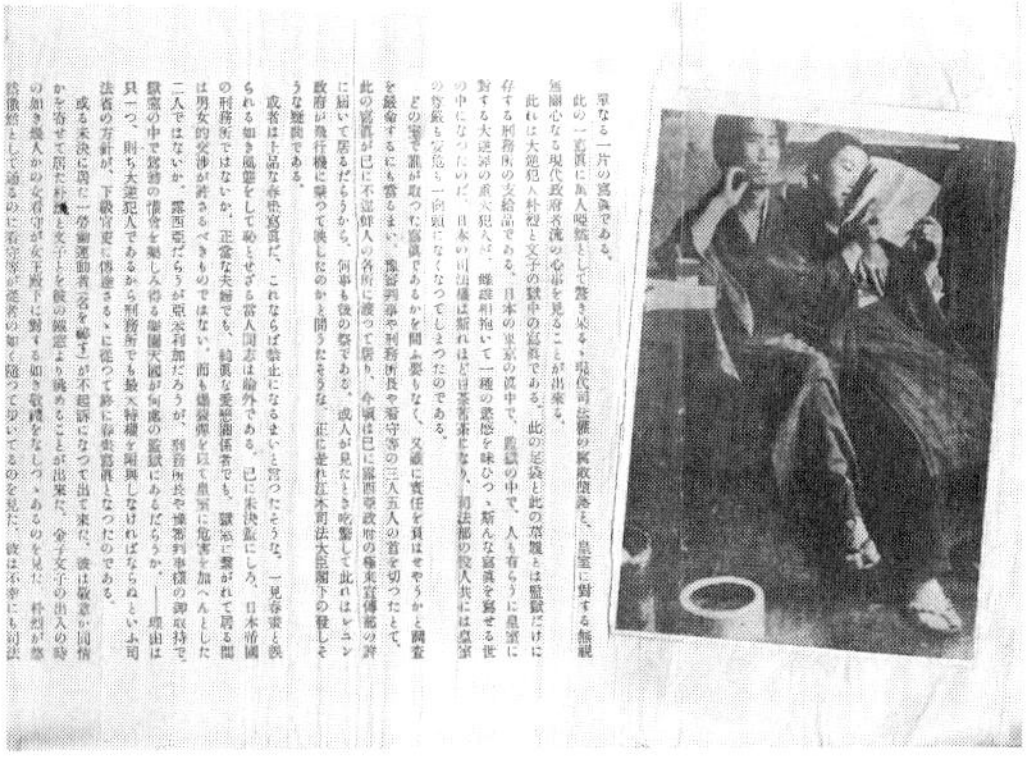

単なる一片の寫眞である。

此の一葉の寫眞に驚人噴飯として驚き呆る、現代司法權の腐敗頽廢と、皇室に對する無親無關心なる現代政府者流の心事を見ることが出來る。

此れは大逆犯人朴烈と文子の獄中の寫眞である。此の怪寫眞と此の稀醜とは監獄だけに存する刑務所の支給品である。日本の皇室の眞中で、監獄の中で、人も有らうに皇室に對する大逆罪の重大犯人が、纏綿相抱いて一種の戀愛を味ひつゝ斯んな寫眞を寫せる世の中になつたのだ。日本の司法權は斯れほど日茶苦茶になり、司法部の役人共には皇室の尊嚴も安危も一向頭になくなつてしまつたのである。

どの筆で誰が取つた寫眞であるかを問ふ要もなく、又誰に責任を負はせやうかと調査を縦論するにも當るまい。豫審判事や刑務所長や看守等の三人五人の首を切つたとて、此の寫眞が已に不逞鮮人の各所に渡つて居り、今頃は已に露西亞政府の極東宣傳部の許に届いて居るだらうから、何事も後の祭である。或人が見たとき吃驚して此れはレニン政府が飛行機に乗つて映したのかと問うたそうな、正に是れ江木司法大臣閣下の發しそうな疑問である。

或者は下品な春畫寫眞だ、これならば禁止になるまいと言つたそうな。一見春畫と誤られる如き風態をして恥とせざる當人同志は論外である。已に未決監にしろ、日本帝國の刑務所ではないか。正當な夫婦でも、純眞な愛戀關係者でも、獄窓に繋がれて居る間は男女的交渉が許さるべきものではない。而も爆裂弾を以て皇室に危害を加へんとした二人ではないか。露西亞だらうが亞米利加だらうが、刑務所長や豫審判事様の御取持で、獄窓の中で戀籍の情合を樂しみ得る樂園天國が何處の監獄にあるだらうか。――理由は只一つ、則ち大逆犯人であるから刑務所でも擁入特權を附與しなければならぬといふ司法省の方針が、下級官吏に傳達さるゝに從つて終に春畫寫眞となつたのである。

或る未決に居た一勞働運動者（名を秘す）が不起訴になつて出て來た。彼は敬意か同情かを寄せて居た朴烈と文子とを彼の獄窓より眺めることが出來た。金子文子の出入の時の如き幾人かの女看守が女王殿下に對する如き敬禮をなしつゝあるのを見た。朴烈が然る儀然として通るのに看守等が從者の如く隨つて歩いてるのを見た。彼は不幸にも司法

朴烈怪写真事件で撒かれた怪文書（1926年7月）

大川に対する個人的な感情もさることながら、国家改造において宮内省や牧野にどのような態度を取るかが、行地社のなかで踏み絵となっていたことがわかる。

これに追い打ちをかけるように起きたのが朴烈《ぼくれつ》怪写真事件だった。アナキストの朴烈と金子文子《かねこふみこ》は、関東大震災後に天皇暗殺を画策したとして、「大逆罪」で起訴された。一九二六年三月に彼らは死刑判決を受けるが、翌月恩赦で無期懲役に減刑された。しかし、朴はこれを拒否し、文子の方は特赦状を破り捨てて七月二三日に刑務所で縊死した。

七月末以降、彼らの存在が大きな政治問題に発展していく。獄中で朴と文子が寄り添う写真を岩田富美夫が入手し、この写真に北一輝が告発文（一九二六年七月一八日）を付して撒いたのである。この写真を北側に提供したのが、東宮

渡欧問題で奔走した抹殺社の石黒鋭一郎だった。この告発文は「単なる一片の写真である」からはじまっている。

冗長なる論説は要すまい。是れ江木司法大臣閣下の方針なるが故に、其れを奉戴して官僚式順送りを以て腰縄も無用、手錠も無用、作業も獄則も無用、終に春画写真を司法官吏の手に於て映すまでに至つたのである。司法省の建築物の中で司法省の役人によりて映写されましたる破天荒のフイルム、名優朴烈とスター文子。朝鮮から支那へ、支那から露西亜、欧米各国の共産党労働党へ。日本の皇室を辱かしむる此の輸出品は已に国境を逃れ出てしまつた！

この怪文書は、司法界はもちろん議会や社会を捲きこみ、翌年にかけて大きな問題に発展する。北らが仕掛けたこれらの血生臭い事件に、満川が直接たずさわった形跡はない。彼は六月から行地社、拓殖大学魂の会、東京国際倶楽部の活動に取り組み、七月からは西郷伝執筆のために九州を再訪し、東京に戻ってきたのは七月下旬だった。ただし、のちに『共存』朴烈問題号（六巻一〇号、一九二六年一〇月一〇日、新日本協会）に投じた「世紀末的現象」では司法当局を指弾しており、この事件は満川の義憤を駆り立てるには充分であった。

決意の脱退

この間、行地社内の不協和音は、もはや抑えがたいものとなっていた。七月二一日、満川は中谷武世を訪ねたうえで、二人して行地社員の笠木良明、島野三郎、高村光次を訪ねた（「POCKET DIARY 1926」同年七月二一日条）。東亜経済調査局につとめる笠木、島野、高村は、上司にあたる大川周明への不満が溜まっていたという。この場で行地社脱退が話し合われたと考えられる。

二四日、中谷、笠木、高村が脱退した。島野はこの数日前に脱退したとされる（同前、同年七月二四日条）。同じ二四日に満川は北を訪ねているので、北もこの騒動を認知していた可能性は高い。彼らの脱退を知った大川は、満川に「行地社御退社の儀遺憾此事に御座候へ共すでに御決意の上は詮方無御座候　保證金の儀は如何様にも貴意に委ね申候　いづれ安岡翁帰京後に片附可申候」との書簡を送っている（「満川亀太郎宛大川周明書簡」同年八月一六日付）。

八月一七日、満川も行地社に脱退通知書を送った（「POCKET DIARY 1926」同年八月一七日条）。彼らの脱退は『月刊日本』一八号（同年九月一日）の行地社本部「社告」（同年八月付）で明らかにされた。

所謂宮内省怪文書事件の当事者に西田税氏あり、笠木良明、高村光次両氏亦之に関係するの故を以て、行地社其者が該事件に関係あるが如く想像せられ、屢々口頭又は文書を以て諸方より質問を受けるが、行地社は茲に全国の同人諸君に向つて該事件に些の関係なき事を声明する。

西田氏は昨年安田事件ありし後既に行地社を退社し、笠木　高村両氏は全然個人として行動せるものなるのみならず既に七月を以て退社したるが故に、共に吾社と相関する所ない。

今回の事件に関して同人の最も遺憾とする所は満川亀太郎氏が行地社が該事件に関して西田氏

等と立場を異にせりとの理由を以て退社された事である。島野三郎、綾川武治、中谷武世三氏も亦明確なる理由は知り難いが前後して退社した。
三軍も師を奪ふ可し、匹夫も志を奪ふ可からずと云はれる。満川氏を始め其他の諸君が宮中事件の為めに奔走されることは、信んずる所に従つて邁往しつゝあるものであらふが、行地社も亦堅く信んずる所に従つて、諸氏の行動に賛同し得ざることを再び明白に断つて置く。

右記のように、彼らの脱退は宮内省怪文書事件がきっかけだった。この事件が宮内省要路者と繫がる側と宮内省を糾弾する側の対立を決定的なものにしたのである。

満川は、行地社脱退後も宮内省怪文書事件の後処理に追われていた。興味深いのは、満川日記九月四日条の「中谷君ヨリ問題ノ三千円及沼波氏手紙預ル」という記述である（「POCKET DIARY 1926」同年九月四日条）。「問題ノ三千円」とは、増田正雄が用意し、赤池濃から行地社の沼波瓊音を通じて北に渡そうとした金であった。

北は、この金を受けとらず、しかし返すこともなかった。この金を北が使ったなどと大川が他言していたことを耳に挟んだ西田と辰川龍之助は、反論のために大川に未使用の金を見せに行き、その後は辰川が北の弟昌に預けていた（前掲『北一輝著作集』Ⅲ、二七〇、二七六頁）。八月下旬、中谷は笠木良明邸で北昌と会い、彼から金と手紙を預かった。中谷はこれらを同志の綾川武治に貸して、綾川は編集していた『日本新聞』九月一日付に金と手紙の写真を掲載したという（同前、二七〇頁）。

事件を受けて、満川も自身の考えを『日本新聞』九月三日付で発表した。内容は不明ながら、井上寅雄（大学寮出身で熊本五高東光会会員）から満川に送られた書簡にその一端をうかがうことができる。

宮中府中へ向つての討幕運動真に痛快に存じ候若し糾弾すべき事実の存在するあらば決然猛進すべき秋と存じ候小生等亦及ばず乍ら天業に参与せんとするもの、道義のために起つことを躊躇するものには無之候　先日御送り下され候新聞「日本」にて略々様子承り候へども宮内大官不正の事実、この事件に対する大川先生等の御意見、及先生今後の御考へにつき更に精しく御きかせ下されば幸に存じ候（「満川亀太郎宛井上寅雄書簡」同年九月一四日付）

この事件を機に、満川は北・西田とともに「宮中府中」への「討幕運動」に今後の自分を委ねたのであろう。記事が発表された日付で、大川から満川に「九月三日の日本新聞に大兄の談話として掲載せられ候記事は大兄の談を如実に伝へたるものに御座候や否や念のため確知致度」という戸惑った反応が寄せられている（「満川亀太郎宛大川周明書簡」同年九月三日付）。

これ以前から、当局は事件を嗅ぎつけており、八月二七日に北一輝邸の家宅捜索を行い、満川、岩田らを警視庁で取り調べた。満川は関与なしとしてすぐに解放された。渦中の北は同日検事局に拘引されたあと、そのまま市ケ谷刑務所に収容された。このため、満川も北との面会対応に追われた（「POCKET DIARY 1926」同年八月二七日、九月六、七日条）。

問題の金と手紙は一旦中谷のもとに戻り、九月四日頃、中谷から満川に金と手紙の一部が預けられた（前掲『北一輝著作集』Ⅲ、二七一頁）。一六日に満川は検事局に召喚されて、三〇〇〇円の提出を命ぜられている。その後、検事らは満川同伴のうえで満川宅にある三〇〇〇円と手紙を宮内省怪文書事件の証拠物として押収し、再び検事局で満川を取り調べた（「POCKET DIARY 1926」同年九月一六日条）。しかし満川は、宮内省怪文書事件について一切の関与を否定した（前掲『北一輝著作集』Ⅲ、二七一頁）。

5 分岐する「改造」

満川は、行地社分裂の後処理にも追われ、九月末に笠木らと西下した。懸案の行地社分裂と京都、大阪両支部解散について関係者に説明を試みるためである。三〇日には京都行地社解散協議会に列席し、経緯を説明した。帰東したのは一〇月四日だった（「POCKET DIARY 1926」同年九月二八日－一〇月四日条）。

『鴻雁録』

この一〇月は、満川によれば、「注意スベキ月」になる（同前、同年一〇月七日条）。これは北と西田が引き起こした諸事件との関連だろう。一〇月一四日に満川は検事局に呼び出されて、安田共済事件の取調を受けたが、これ以上の追及は受けていない（同前、同年一〇月一四日条）。

この間も満川は、中谷、笠木、福永憲らと往来を重ね、新たな運動を模索していた。旧行地社メン

大阪で同志と（1926年9月）
前列右から岡田良作，満川，中野琥逸，後列右から2人目が石川九牧

バーは一九二六年一一月に『鴻雁録』を創刊する。世話人は満川、笠木、岡田（里見）良作、中野琥逸である。同志の消息を知り合うためのごく薄い冊子となる。

同人は行地社脱退組がほとんどで、沼波武夫（瓊音）、綾川武治、笠木、高村光次、中谷、満川、島野三郎、石川龍星、岡田良作らである（「同人名簿」）。ここには北や西田の名はなく、彼らは翌月市ヶ谷刑務所に収監された。しかし、収監前の西田から満川に『鴻雁録』の発行を「狂喜」する手紙が届いている（「満川亀太郎宛西田税書簡」一九二六年一一月二四日付）。

創刊号の眼目は、行地社脱退の理由であろう（前掲「我々は何故に行地社を脱退したか」）。先に引用した行地社側の「社告」を「弁明」と一蹴する彼らの理由は四点あり、そのうち二つを紹介すれば、まず行地社は「宮中廓清が日本改造の一大要点」としたにもかかわらず、「行地社の中心」が「大官側を擁護する地位に立つた」ことである。この中心とはもちろん「大官」牧野と繋がる大川、安岡であろう。

もうひとつは安田共済事件にさかのぼる。それは、「行地社の中心と結城某（豊太郎）との交遊が密接となり、行地社を援助するといふ名目で相当巨額の金が安田から支出された」こと、この金の行方が他の社員には伏せられたまま、行地社出版部ができあがっていたことである。一九二五年九月一一日開催の行地会で出版部創設が報告されている（「東西南北」一九二五年一〇月一日）。その住所（赤坂区青山南三丁目五五番地）は当時高畠素之ら国家社会主義者の著書を発行していた而立社の住所と同じで、同社を設立した面家荘佶の協力があったと考えられる。一九二五年末には行地社本部もこの地に移転した。

これらの理由が重なり、もはや行地社は初発の姿にあらずとして満川らは脱退した。

一九二六年一二月、大正天皇が亡くなり、「昭和」と改元した。満川は明治天皇の時とちがい、取り立てて日記に感慨を記すこともなかった。

代筆依頼

一九二七年の新年は、満川にとって新たな運動の門出となった。年明け早々、満川は『鴻雁録』同人とともに、市ヶ谷刑務所の北や西田と面会した（「Diary」同年一月六、八日条）。一〇日には次男建が誕生し、満川家は喜びに満たされた（同前、同年一月一〇、一一日条）。

この時期、満川が関係を深めた有力者が、中川小十郎と後藤新平である。中川は、満川が在籍した清和中学校（のちの立命館中学校）創設者で、元老西園寺公望とも近く、台湾銀行頭取、貴族院議員などを歴任した人物であった。

　その中川のもとを満川が訪ねるようになるのは、一九二六年秋頃からである。同年六月に亡くなった衣斐《いび》釮吉（立命館中学卒、台湾銀行調査部勤務、元三五会員）の遺稿出版打合せのためであった。遺稿は、その年の暮れに『東亜の形勢と日本の将来』上下巻（一九二六年一二月、立命館大学出版部）として刊行され、序文を中川が、「小引」を満川が担当して刊行経緯を記した。

　この作業をきっかけに満川は中川のもとに通う機会が増え、一九二七年五月から設立準備がはじまる立命館筆の会への所属、立命館中学校卒業式や特別講義への招待（一九二八年三月、一〇月）など、一九二〇年代後半から三〇年代にかけて交流は深まっていく（「立命館筆の会」「立命館中学第二十二回卒業式」「満川亀太郎氏特別講演」）。

逸子と生後５ヶ月の建（1927年５月）

　もうひとりの人物は後藤新平である。満川は、これ以前から後藤と近い鈴木誠作、鶴見祐輔（後藤新平の娘婿、鉄道省官僚）や小森雄介らと交流があった。特に小森とは明治末年からの付き合いで、大戦頃から「懇親になり出した」（前掲『三国干渉以後』一五一頁）。鶴見や小森との交流にあらわれているように、この頃の満川は後藤新平を中心とするグループに近かった。

後藤の方も満川に興味をもち、「鶴見氏ノ話ニ『後藤ガ満川トイフ人ハドンナ人カト突然尋ネマシタカラ自分ハ知ツテオルガ中々シツカリシタ人ダト答ヘマシタ〔。〕後藤ハアナタガ「東洋」ノ二月号ニ書カレタノヲ読ンデ感心シタノデス』ト」の話を聞かされた（「POCKET DIARY 1924」同年二月二七日条）。五月に満川と後藤はじっさいに顔を合わせたが、この時は「少時談話」にすぎなかった（同前、同年五月二七日条）。

しかし、この縁をきっかけに、満川は対中露意見書の代筆を後藤から依頼される。一九二七年一月に満川が後藤のもとを訪ねると（「Diary」同年一月一五、一九日条）、後藤から「今日の支那時局は非常に重大であるが、之が対策としては日露提携が最も急務である。予はこの意見を提げて元老重臣の間を動かして見たい。就ては是非に足下の執筆を煩はしたい」との依頼があった（満川亀太郎「故伯の日露提携意見書」二一二頁）。

帰宅後、満川は「子爵の精神そのもの、如き態度」で文書を起草し、二〇日に速達で送付した。これが「支那時局ノ重大性ニ鑑ミ日露提携ノ急務ヲ述ブ」（一九二七年一月）である。その骨子は「露領極東拓殖ヲ核子トスル日露提携ハ、我人口問題解決ノ要諦タルノミナラズ、更ニ進ンデ対支対米外交ヲ制シ、所謂太平洋問題ノ枢機ヲ把握スル上ニ於テ寔ニ一石二鳥ヲ搏ツノ妙案タリ」というもので、満川はこれに具体例を肉付けしながら執筆して届けると、後藤は「非常の満悦」であったという（同前、二一三、二一五頁）。

その後も後藤との関係はつづき、一九二七年三月はほぼ週一回のペースで訪ね、五月には高松で一緒に講演も行っている。この三月から五月にかけてが満川と後藤が最も接近していた時期になる。一九二八年に訪露した後藤はスターリンと会見しているが、翌年四月に脳溢血がもとで亡くなった。

猶存社の後継

一九二七年二月一五日、満川らが待ち望んでいた北と西田が保釈された。二人の保釈を知って静岡から狩野敏が、大阪から石川九牧が駆けつけるなど『鴻雁録』同人の結束を確認する日となった（「Diary」同年二月一五日条）。

満川は笠木良明から二人の保釈を知らされ、千駄ヶ谷で会見した。しかし、保釈後の北とはあまり付き合いがなく、西田のもとを訪ねた形跡もない。五月七日付で北から満川に送られた手紙にも二人が「其後ハ一向ニ無沙汰」で、「小生今尚市ケ谷練《〔ママ〕》獄ノ贖罪苦行ヲ継続致居候。近時今上ノ東宮時代

　ニ捧呈セシ法華経ニツナガリテ考ヘシメラル、コト多ク」とつづられている（「満川亀太郎宛北一輝書簡」同年五月七日付）。

　西田の方は、士林荘の看板を自宅にかかげて、独自の運動に進んでいた。収監前の西田が満川に送った手紙（一九二六年一一月二四日付）のなかに士林荘の説明がある。

　　尚不肖留守宅ニ就テハ各位ノ重厚ナル御配意

拓殖大学講演部旅行で
前列左から満川，後藤新平

ノ下ニ何等カ妙案ヲ施サル、由泣謝仕候。然レハ申上候ガ、拙宅——之ヲ士林荘ト称シ候——ハ当初ヨリ不肖ガ隻眼ノ魔王ヲ擁シテ参謀府トセルモノニシテ二人ノ志ハ王邸ヲ以テ休息安慰ノタメノモノトシ不肖宅ヲ以テ彼ノ民立報館トスルニアリキ。故ニ不肖宅ノ大机ハカノ猶存社時代ノソレニ幾十倍スル堅牢優美ヲ保タシメテ作リ以テ不肖等所期ノ象徴トセルモノニ候。先生等ガ行地社ヲ退会セラレテ改メテ起タル、ハ是レ天機——半年ノ長キ、二人浅酌交語ノ毎ニ故友遠ク離ル、ノ寂寞無限ノ感慨ヲ分チ来リシガ、此ノ王ト不肖トノ痛心事ハ御諒察アリ度候。今其日ハ来レリ。不肖ハ士林荘ヲ曾テノ猶存社ノ如ク、同志ノタメニ開放仕候。不肖ノ在不在ヲ問ハズ向後御利用ヒ下度候。荘維持——単ナル不肖等夫妻ノタメノソレハ実ニ各位ニ倚頼スル丈ケノ面皮無之候ナリ。

一葉落チテ国家ノ秋、蘇武ノ雁ヲ放チシ上林ナラヌ代々木ノ士林荘ハ決シテ鴻雁録ニ相応カラヌ名ニアラズトモ存候。何レハ不肖等出獄ノ上、不肖等ノ意見存スル所ヲ申述ベキモ取敢ズ不肖ノ意存スル所ノ大略ノミ以聞候。(「満川亀太郎宛西田税書簡」同年一一月二四日付)

猶存社の後継を意識して、西田が「隻眼ノ魔王」北一輝を迎えて設けたのが士林荘だった。当初は「人類ヲ正導スベキ則天日本ノ建設」などの綱領だけで組織というほどのこともなかったものの、のちに現役軍人の秘密結社天剣党の結成に繋がっていく。

そんな折、満川とも近かった綾川武治が、全日本興国同志会結成に向けて準備をはじめている。一九二七年二月九日の結成準備会には、満川はじめ太田耕造、山本唯次、伊東六十次郎《むそじろう》、森本州平《しゅうへい》、中原謹司《きんじ》らが集まり、同年一一月二三日に全日本興国同志会の発会式が行われた（「Diary」同年二月九日、一一月二三日条）。

猶存社幹部を中心とする時代から、その意志を受けついだ若い世代が新たな運動を起こす時代へと変わりつつあった。

6　精神的結盟の再興

「維新還暦」を迎えて第二維新を求める満川も、この時期新たな運動を起こす。敬愛学寮と一新社の設立である。

敬愛学寮と一新社

敬愛学寮は、一九二七年五月に開寮した。建物は、東京府豊多摩郡野方町にあった故金子雪斎《せっさい》の振東学社東京塾の建物を借り受けたものである（「同人消息」）。満川は、生前の金子と知遇があり、講演のため潮の会や社会教育研究所に招いたこともあった（満川亀太郎「金子先生の思出」）。

敬愛学寮の目的は「国運民命」を拓くための「養士」「討究」「弘通」である。「寮憲」には、「敬天以テ不滅ノ道義ヲ欣求スヘシ／愛人以テ不朽ノ雄志ヲ培養スヘシ／不信不潔放肆疎懶ヲ戒ムヘシ」（「敬愛学寮設立趣意書」）とあり、西郷隆盛の「敬天愛人」からの影響を色濃く受けていた。

早稲田大学潮の会の納会、予餞会などを敬愛学寮で開いたことから、かつての大学寮のような国士養成機関を満川は目指していたと考えられる。じっさい、潮の会本部をここに移し、会員が寮に住むことになった（「興◎《〔ママ〕》学塾の成立まで」）。

満川は塾と並行してより低学年を対象とした敬愛中学校の設立も考えていたようだが（満川亀太郎「敬愛中学校趣意書」）、これは実現しなかった。敬愛学寮の方も長くはつづかず、翌年九月二五日に「建物の問題」で閉鎖したという（「Diary」一九二八年九月二五日条、朝山伊佐雄「興亜学塾の創設」、前掲「興◎《〔ママ〕》学塾の成立まで」）。

この私的な教育機関が「魂の革命」に資すべきものとすれば、「制度の改造」のために設けられたのが一新社だった。「一新」とは「天下一新の時機」に由来する（「一新」）。結社が公にされるのは一九二七年五月で、一新社は「日本国家の改造を目的とする精神的結盟」「一種の思想団体」とされる（「宣言」、前掲「同人消息」）。

一新社新興の宣言は、一九二七年五月に刊行された満川の『世界維新に面せる日本』（一新社）になる。発行者として笠木良明、発売所は満川もよく寄稿していた雑誌『共存』の発行所新日本協会であった。この著作は前著『世界現勢と大日本』（一九二六年）と同じく講演原稿を底本としつつも、その内容は「もつと整つたもの」であった（満川亀太郎「秩父おろし」）。世紀の分岐点である第一次世界大戦後の民族運動興隆を評価する論は同じだが、日本の「第二維新」の内容が変わる。

前著では人口問題解決のための植民政策と、国民による「無用の長物」の除去と天皇を戴いた維新革命が訴えられたが、『世界維新に面せる日本』では「日本それ自らの生活問題」の解決と「国旗に

敬愛学寮前の早大潮の会会員（1928年2月）
中列右から2人目が満川，3人目が松永材

示されたる太陽の理想を六合八紘に宣ぶること」の二つの使命がかかげられた（七三頁）。

特に満川が力を入れたのが後者で、「日本民族の一人一人が、大義を四海に布く神の使となつて、世界の各方面に出動し、光明の遍照を妨ぐる悪魔を除去掃滅するに努むるとき、初めて日本建国の理想を遂行することが出来る」（七三頁）と述べた。この「悪魔」とは、国内では「所謂上流社会」「権力階級の人々」「既成政党の連中」（七四頁）であり、打倒対象が君側の奸からより広がったといえよう。

そして、この日本の改造を担う団体こそ一新社であった。同著の最後に掲載された一新社同人「普く天下に同志を求む」（一九二七年五月付）では、全国の同志に次のように呼びかけられる。

一新社の名は新しい。然かし乍ら我等の結盟は、大正八年猶存社の名に於て以来益々その信念を固め、陣営を持続して参りました。我等は腐敗堕落せる旧日本打破の目標に於てまがふべくもなき急進主義者であります。同時に正大剛健なる新日本建設の理想に於て何人にも劣らざる国家主義者であります。我等は日本国家及び日本民族の運命を信じ、日本が亜細亜解放及び世界革命の旋風的渦心であらねばならぬために、日本国家の改造を当先の急務と致します。我等の同志はすべての階級を超越し、またすべての階級に没入して、到るところに塹壕を掘りつゝあります。然かも我等の志を達成せしめんがためには更に一人でも多くの新しき同志を満天下に要求します。我等は旧式忠君愛国団体の如く総裁を置いたり会長理事を設けたりしませぬ。同時にサヴエート組織に於ける如く当世流行の執行委員会を置かうとも思ひませぬ。道を同じうし義相協はば自ら聚合すべきでありませう。同感共鳴の士は幸に加盟の意志を表示せられんことを。

ここには、「旧式」国家主義者とも、共産主義者とも異なる急進的国家主義者によるあらゆる「階級」を超越した日本の改造が訴えられる。

この呼びかけに、満川の知友からさっそく反響が寄せられた。西田税の書簡（一九二七年五月一一日付）には「一新社諸公ノ御準備宜シク候ヤ」などの言及がある（「満川亀太郎宛西田税書簡」同年五月一一日付）。

また、菅波三郎陸軍少尉からは「革命の渦心なる東都の一新社が蹶起する時、大局を明察して、蹶起する段取になるかも知れません。若しその時は、先生等の命令一下に動きます」（「満川亀太郎宛菅波三郎書簡」同年五月二〇日付）とか、堀之内吉彦（士官候補生）からは「力強き何物かを求めつゝも其の正体を確認し得ざりし小生は一新社同人の叫びを聞き明らかに其の正体を認めました」（「満川亀太郎宛堀之内吉彦書簡」同年六月九日付）との好意的な意見が寄せられた。

しかし、その後の同社の軌跡は不明である（『司法研究』第一九輯一〇、八八‐八九頁）。「一新社叢書」もその後つづいた形跡はなく、運動体としては自然消滅したと考えられる。

独立国策協会

満川は、一九二七年五月から約一年半の間、折にふれて全国各地を訪ね歩いた。この旅行は、講演を通した国民の啓蒙にとどまらず、同志的結合を求める目的もあった。北海道では北大興亜学会、若松（現会津若松市）では渋川善助、弘前では伊東六十次郎らの東門会、京都では京大猶興学会、立命館大双刃会、水戸では杉田省吾、雨谷毅、雨谷菊夫、呉では藤井斉海軍少尉とそれぞれ交流を深めた。藤井からは一九二七年六月一〇日付で次の書簡が届いている。

……同志は須く一大血盟を要す、組織的一大勢力を必要とす。而して民心の奥底に流るゝ日本精神の潮流をして益々黒潮の勢あらしめよ。破邪顕正の烈々たる魂を養成し鍛錬して乾坤も吹きとばさんず一大爆発をなさしめよ。嗚呼目を開いて日本を見、亜細亜を、世界を見る時に、日本改造は一日も速かならざるべからず、又有色民族決死の士の血盟を要すること切実であります。丈夫がその雄心のやみがたくに建設せんとす大邦日本を、敬白（前掲「こ、ろの日記」）

全国行脚のかたわら、満川は一九二八年三月頃から下中彌三郎らと新団体設立に向けて動きはじめた。満川の日記に「午后平凡社ニ下中君ヲ訪ヒ、後島中君ト三人ニテ四谷三河屋ニ至リ独立国策協会ノ件ニ関シ協議ス」とあるのがそれである（「Diary」同年三月一六日条）。島中とは下中の親友で社会民衆党幹部の島中雄三と思われ、下中も島中も老壮会に参加し、満川とは旧知の仲だった。

しかし、設立の動きは鈍く、一九二八年六月八日の「国策研究会」開催をへて（同前、同年六月八日条）、同年一〇月に発会する。永井亨、野口援太郎《えんたろう》、小村俊三郎、満川亀太郎、信夫淳平《しのぶじゅんぺい》、下中彌三郎が創立世話人だった。この会は国策樹立の研究機関を創立するために、「所謂左傾とか右傾とかの一方に偏せず、あらゆる思想系統、あらゆる階級の代表者とも申すべき人々を網羅したい考」をもつ会であった（独立国策協会創立世話人「独立国策協会創立案内」）。

確かに、入会を勧誘した人々は細井肇、星島二郎、石橋湛山、蠟山政道、馬場恒吾、本多熊太郎、市川房枝、緒方竹虎、大山郁夫、河野密《みつ》、亀井貫一郎、大竹博吉、大川周明、風見章、奥むめお、高橋亀吉、中野正剛、高村光次、永井柳太郎、長島隆二、長野朗、鶴見祐輔、中谷武世、丸山鶴吉、有馬頼寧《よりやす》、後藤文夫、荒木貞夫、三浦銕太郎、清藤幸七郎、島中雄三と幅広い（同前）。

残されている趣旨草案には次のようにある。

世界ノ大潮東亜ヲ中心トシテ一大渦紋ヲ画クトコロ、民族ノ生活鬱結シテ迸出ノ血路ヲ求メツヽアルトコロ、所詮我等ガ日本ハ改造ノ余義ナキ時機ニ迫ラレテヰル。モトヨリ如何ニ改造スベキカニ就テハ広ク宇内ノ形勢ヲ審察シ深ク国情ニ根柢ヲ下セル具体的方策ヲ樹テナケレバナラナイ。夫ノ所謂左傾トイヒ将タ又右傾トイヒ徒ニ観念ト理論トヲ以テ闘争ストモ益スルトコロハナイノデアル。吾人ハ久シク官権ノ拘制スルトコロトナラズ、又党勢ノ彙縁スルトコロトナラザル国策研究機関ヲ切望シテヰタ。蓋シ国際間ノ平和関係ハ如何ニスベキカ、東亜ノ共存同衆ノ問題ハ如何ニスベキカ、国民生活ノ基調ハ何レニ定ムベキカ、コレニ伴フ制度組織ハ如何ニ変革スベキカ等一切ノ問題ヲ、独立セル立場ニ於テ討究シ、後之ガ実行ヲ期待センガタメニハアラユル階級ヲ超越シ、又一切ノ階級ニ没入セル代表者ヲ網羅シ、胸襟相開キ畛域相撤シテ最モ聡明ニ最モ大胆ニ万民ノ帰就スベキ針路ヲ指示セネバナラヌ　モトヨリ吾人ハ今日ノ議会ヲ否認セントスル者デハナイガ立言建策ノ上ニ之ガ指導的立場ヲ持スベキ国策研究機関ノ存在ハアラユル点ヨリ綜合シテ極メテ必要デアルト信ズル。コヽニ於テ吾人ハ独立国策協会ヲ発起シ弘ク具眼ノ士ノ賛援ヲ請フテ内外多難ノ時局ニ献替シ天下後生ノ進出ニ裨益スルトコロアランコトヲ期スル次第デアル

（「独立国策協会趣旨及び規約草案」）

日本改造に向けて左右に偏することなく国策の研究をというのが同会の趣旨であり、かつて満川が「衆智を集めて研究せば」の旗幟をかかげて結成した老壮会を想起させるものであった。もっとも、

その動きは遅々としており、翌年夏になってようやく活動しはじめる。

不戦条約批准問題

この間、満川の文筆活動はとだえることなく、一九二八年一月から日蓮宗宗務院が発行する『日蓮主義』で連載をはじめた（一二月まで）。最初の掲載稿となる「世界の中心に座せる日本」では、世界の中心はかつて「極東」と呼ばれたアジアと太平洋に移っており、日本がその中心で新文明を創造すべきことを訴えている。

同月に発表された満川の「維新還暦と休戦十年」（『東洋』三一巻一号、同年一月一日）では、「第二維新」の掛け声のもと、再び人口過剰問題の解決と日中ソ提携の必要が述べられる。

もとより日本の人口過剰問題は、たとへ国内に社会主義制度を実行しても解決せらるべき問題ではない。又対岸の大陸に広茫たる空地を看過し去るべき問題でもない。支那が満洲を、ロシヤがシベリヤを、東亜の民族共存のために提供することは理の当然である。未だ開拓せられざるこの処女地に、二億や三億の民族は優に生存し得るのである。また事実東亜の一角に新しき文明を建設するには、これ位の人口を収容する必要があるのである。我等は張作霖援助を基調とする所謂軍閥的方針を一抛せねばならぬ。同時に満洲の土地――更に進んでシベリヤの土地を、日支露三国の新興勢力が結合して世界文明の新型式を創造すべき基礎として見たい。

この方針を実現するはずの一新社の消息はとだえたままだが、満川と『鴻雁録』同人の付き合いはつづいていた。この時期、同人のひとり口田康信が立ち上げた大邦社の機関誌『大邦』に、彼ら同人の交流が生かされている。同誌は二巻一号（一九二八年一月）しか現存を確認できていないが、満川、笠木良明、高村光次、石川龍星らが担当する時評欄「大砲小銃」、南溟庵主人「東中野より」が掲載され、一新社以降の彼らの活動をここに認めることができる。

一方で、この時期の西田税にも新たな展開が見られる。一九二七年三月に塩谷慶一郎、鈴木善一、八幡博堂らと明徳会を創立したほか、同年七月には北の『日本改造法案大綱』をいだいて天剣党を立ち上げた。ただし、西田が満川に送った書簡（同年五月一一日付）には「思フ所アリ故アリテ党ニ入ラズ結社ニ加ハラズ一人士林荘中ニ討究策謀罷在候」とあって運動提携に慎重な面を見せる（「満川亀太郎宛西田税書簡」同年五月一一日付）。

一九二八年五月に西田は八幡を連れて満川を訪ねたものの、運動の歩調をともにしているようには見えない（「Diary」同年五月一五日条）。

これは北一輝と満川の間でも同じである。ただし、一九二八年五月以降の日記には土産を渡しに満川が北を訪ねたり、七月には腸カタルで病床にあった満川を北夫人が見舞いに訪れたり、知友としての交流はうかがえる（「Diary」同年五月二三日、七月二日条）。

むしろ、満川がこの時期結びつきを深めたのが海軍青年将校だった。一九二七年一月には、のちに五・一五事件に連座する古賀清志から満川に書簡が送られたことが確認できる。そこには「私は名利の慾はありませんが捨身即ち未だ命を惜んでゐます。何時にても死にきる覚悟がなければ何事も出来ないと思ひます」(「満川亀太郎宛古賀清志書簡」同年一月一二日付)とあるなど、国家改造の同志に向けた強い志が記されている。

一九二八年八月に満川が呉を訪れると、藤井斉海軍少尉らの歓迎を受けた。藤井は西田の天剣党に登録され、翌年三月には海軍青年将校ら四〇名を集めて国家改造団体王師会を結成している。満川との交流も国家改造運動への教示を求めてだろう。この呉での出会いをきっかけに、同年八月、今度は藤井と村山格之少尉(王師会所属、のち五・一五事件連座)が満川宅を訪ね、その後も交流はつづいた(「Diary」一九二八年八月四日条)。

こうした交渉を後押ししたのが、いわゆる不戦条約批准問題だった。一九二八年八月末にパリで不戦条約(「戦争抛棄に関する条約」)が調印されると、日本では条約文中の「人民ノ名ニ於テ」が天皇大権に抵触するとして大きな問題に発展した。

この影響は社会運動にも広がり、調印に踏み切った田中義一内閣を批判するため、翌年二月九日に不戦条約御批准奏請反対同盟が結成された。世話人は加藤峰男(政教社)、葛生能久(黒龍会)らで満川の名もある。同盟には黒龍会・政教社系だけではなく、西田税、中谷武世、八幡博堂、寺田稲次郎、綾川武治、北昤吉、塩谷慶一郎、鈴木善一、岩田愛之助ら新興勢力も名を連ね、尾崎行雄、下中彌三郎、清藤幸七郎、増田正雄らの名もあった。これまで個別に動いていた右派政治・社会運動が、この事件を機にまとまりはじめたといえよう。

不戦条約御批准奏請反対同盟は、二月から三月にかけて「不戦条約御批准奏請反対の檄」などを発表し、「大権問題であり国体問題」に抵触する不戦条約の批准は「国体変革の大事を醞醸」する不敬なものだと結論づけて危機感をあおった（不戦条約御批准奏請反対同盟編『不戦条約文問題に就て』一、四頁）。この檄文は、国民的な運動を起こすために政界上層部はもとより、市町村役場にまで配布された。

7 床次竹二郎暗殺計画告発事件

軟化工作

満川自身もこの時期大きな問題にぶつかった。床次竹二郎暗殺計画告発事件とされるものである。満川が未来の「宰相」床次にひとかたならぬ期待をかけてきたことはすでに見た。宮中某重大事件では満川は床次に説得文を送り、彼が政友会を脱党する際には「党議に従ふべき旨説くこと一時間」もかけた（「POCKET DIARY 1924」同年一月一五日条）。しかし、床次は脱党して政友本党の領袖となったあと、一九二七年に立憲民政党の顧問就任、翌年八月には同党を脱党して新党倶楽部を結成した。

床次竹二郎暗殺計画告発事件とは、床次暗殺計画の情報をつかんだ満川が、その首謀者とされる田中義一首相、久原房之助逓信大臣、山口十八《じゅうはち》陸軍少将を告発した一件を指す。

この事件には前史がある。田中義一内閣下で実施された第一六回総選挙（最初の普通選挙、一九二八年二月二〇日）では、政友会、民政党とも選挙で単独過半数をとれず、政友会が民政党を議席でわず

床次竹二郎（1929年３月，衆議院控室）

かに上回った。この不安定な政治状況で、田中内閣は三度にわたる山東出兵や「満洲某重大事件」を処理していく。この結果、議会内でキャスティングボードを握ることになったのが明政会である。

明政会は、鶴見祐輔（後藤新平の娘婿）を中心に、同年四月に結成されたばかりの会派だった。ただし、同年八月には同会幹部の藤原米造が脱退し、九月に結成される憲政一新会に合流する。この脱退の背景は、イチロという筆名による「秘　特別報告　藤原代議士明政会脱会顛末」（同年一〇月一五日記）にくわしい。

（三）政界消息通の観測

藤原氏の今回の行動は、政界における札付き議員田崎信蔵氏と同時に一新会へ入会したる関係に着目すれば、藤原氏今回の行動は、憲政一新に非らず、誠に憲政悪新である。更に、飜へつて、憲政一新会なるものの正体は何ぞやと究明すれば、今日〔「既に状況を観取し得る」との文言が行内に挿入〕甚だ芳しからぬ風説が、憲政一新会を包囲してゐる。然らば、「芳しからぬ風説」とは何ぞや——即ち、久原〔房之助〕氏が逓相に親任されたる直後、自己所有の株式の騰貴に依る利得三千万円余を獲得し、右の金額のうち、約五十万円〔ママ〕（？）を床次氏の直参にして前代議士たる辻嘉六氏に手交、辻氏の手中の金額の若干は更に憲政一新会にも流入したるものらしく、只何人の手を介して一新会へ手交せられたるやは目下、分明しない。トニカク、都下の新聞記者は、この間の風説を信ずるにしろ、信ぜざるにしろ、一様に「一新会には金がある」と異口同音に囁き合ふに徴しても大体叙上の如き経緯は納得し得るでもあらう。

同文書には、鶴見の書きこみと思われる「小生の与へたる情報も多分に含まれ居候」との記述がある。この「政界消息通の観測」は根拠が不明なものの、藤原の行動は「政友会内閣の政権維持策の術中に陥入したるもの」と推測する。

右記にあるように、策動の中心は久原房之助で、同年一一月二五日に彼は田中善立、田崎、藤原ら憲政一新会メンバーと大阪で会談し、田中内閣への支援を取りつけた。翌年八月に憲政一新会は解散、政友会と合同した。一一月一七日に久原は床次竹二郎と会い、田中内閣への助力を求めたが、これは明確な回答を得られなかった。

こうした多数派工作は、別の方面からも行われている。田中内閣に協力的な大阪の実業家島徳蔵から鶴見祐輔の実弟定雄に多額の現金(約一五万円とされる)が拠出されたという。この背景を描いたのが以下の新聞記事である。

島徳蔵氏の事件に関し同氏が昨年〔一九二八年〕の特別議会において田中内閣の危機を救はんため議会のカスチングボートを握る明政会の軟化策をはかるため

投出した十五万円問題は大阪地方検事局で時節柄重大視し過日来これが徹底的取調を進めてゐるが十六日早朝右軟化策に元代議士大澤辰次郎、後藤幸正、阿部義也氏等と奔走し遂に成功を納めた大澤氏の直系ともいふべき東京市外戸塚町六九一森下国雄氏を東京から喚問し去る十三日来取調中の大澤氏および鉄道時論の住居房次氏と共に取調を続行し尚収容中の島氏も検事局へ引だされ金子検事より

当時の事情につき聴取された前記森下氏は警視庁で一度上京中の夏目警部補の取調を受けたことがあるがこの策動はかなりデリケートな関係にあるので検事は慎重の態度で臨んでゐるが森下氏が喚問された以上阿部氏より六万円を受けた東京市外大井町鶴見定雄氏も近日中に大阪検事局へ召喚される〔。〕然し右六万円の授受は政治関係を離れ阿部氏が一札を取つて貸したことになつて居るさうだがそれは表面の形式で実質は代議士の操縦にあると見られ、検事局の今後の態度は注目されてゐる（「明政会軟化のかぎ　一五万円の取調べ　島氏と共に策動者続々召喚　大事を取る検事局」『東京朝日新聞』一九二九年一二月一七日付朝刊）

浪速の相場師の異名をとる島徳蔵は、この時期、日魯漁業株式会社の乗っ取り（島徳事件）を計るなど実業界や政界で暗躍していた（富田武『戦間期の日ソ関係　一九一七‐一九三七』第二章）。右の記事に登場する阿部（安部）義也、後藤幸正、森下国雄らはいわばその子飼いとも言うべき人物である。

じつは、この安部こそが田中義一、久原房之助、山口十八から床次の暗殺を依頼された人物という

ことになる。床次は一九二八年一二月七日から二五日まで訪中し、蔣介石（南京国民政府主席）や張学良ら要人と会談することになっており、そのタイミングをねらって安部らによって暗殺が計画されたという。

暗号電報

満川日記に事件関連の記述が登場するのは一九二九年二月一四日以降で、「安部重要書類を持して小森氏を訪ふ」とある（「Diary」同年二月一四日条）。「安部」は安部義也、「小森氏」は小森雄介のことだろう。「重要書類」の特定は難しいものの、「満川亀太郎関係文書」（国立国会図書館憲政資料室所蔵）にある「安部ト田中トノ密接ナル関係ヲ証明スル材料」と「床次暗殺ニ関スル暗号電報往復顚末」が考えられる。いずれの文書も毛筆で書写され原本ではない。

「安部ト田中トノ密接ナル関係ヲ証明スル材料」とは、東京の森下国雄から上海の安部に、主計総監の三井清一郎から安部にそれぞれ宛てられた電報文である。森下からは「田中（義一）ガ御大典マデニ正式代表ヲ出シテ欲シイカラ　貴下ニ伝ヘヨト言ツタ　云々」、三井からは「ソウリヨウジ　ニハ　マツ井チウヂヨウ　ノ　ナニテ　セウカイス　スグ　アワレタシ　ミツ井」（一九二八年九月二三日付）、「田中ガ木下長官（木下謙次郎関東長官か）ニ島徳蔵ヲ紹介シタ手紙ヲ同封致置候云々」とある。同文書の最後に拳銃の種類と思われる「南部式二三三〇　三十五挺ノ内ノ一」と記されている。これだけで安部と田中の密接な関係を証するものとはいいがたいが、安部が島徳蔵や森下国雄と関係しながら活動していたことくらいはわかる。

むしろ、一見して衝撃を受ける文書は、次の「床次暗殺ニ関スル暗号電報往復顚末」の方である。

昭和三〔一九二八〕年十二月十二日　新橋局発電報（コレハ暗電ニ非ズ）
キウケン　デキタ　アトノデンポウ　ヨクミテ　セキニン　ヲハタセ　コレハミナウチアハセ
ズミ　セウチセラレタシ　三ニンニテ
註　三人ニテトハ予テ略号トシテ打合セアリタル田中久原山口ノ意味ナリ
同日　新橋局発　至急親展暗電
五字ガエシノ電スル　注意シテ読メ在宅セヨ
同日　神田局発　至急親展暗電　符号二二　番号二〇四七
床次一行ヲ犠牲ニシテ王正廷其他ヲ暗殺セヨ
註　コノ原稿ハ山口十八之ヲ認メ　後藤幸正局ニ持参セリ　高瀬元晴ハ安部ノ本意ガ分ラヌ
カラ危険ダトシテ反対セリ
ソノ翌十三日安部ハ右ノ電報ヲ読ミ直ニ左ノ如ク返電セリ　一旦安部ノ店ニ打チ高瀬ヨリ山口、
久原ニ伝ヘタリ
上海発一四一号　料金八円四十銭
コレハ絶対反対デアル　床次ハ代表的人物デアル暗殺ノ必要ナシ　何カノ間違ヒデハナイカ
云々
コノ返電同日東京ヨリ来レリ曰ク
支那側ガ張作霖殺シヲ持出ス故コノ代償トシテ床次ヲヤレ　云々

コレニ対シ安部ヨリ十四日　上海局二三六　料金九円四十六銭ヲ以テ左ノ如キ返電ヲナセリ
ソンナコトハ請合ツテ来ヌ　血迷フナ　云々
又同電文中特ニ久原ニ宛名シテ曰ク
久原ハ大人物ト思ツテ井タガ　若シコレガ事実ナラバ　一切ヲ止メテ帰ル云々
然ルニ十二月十五日　新橋局ヨリ高瀬ノ名ニテ左ノ如ク来電アリ（コレハ暗電ニ非ズ）
デンカマハヌ　キミノジユウインデケツコウセヨ　タカ
ソノ他
床次ヲ済南ニ尾ケテドウシテモ殺セ　対議会策ノ為ヤレ　云々
等ノ来電モアリタリ

床次暗殺を要求する側と躊躇する安部とのやりとりが生々しく描かれ、満川が信じ込まざるをえなかったのも無理はない。ただし、よく読めば、田中、久原、山口からの電報という確証はなく、高瀬元晴や後藤幸正という人物の仲介によって成立しているにすぎないことがわかる。

当時の田中内閣は張作霖爆殺事件や済南事件（一九二八年五月）の処理など難局に立たされていたとはいえ、「支那側ガ張作霖殺シヲ持出ス故コノ代償トシテ床次ヲヤレ」との指示を出したとは考えにくい。

安部から「重要書類」を見せられた小森雄介は、その数日後に牧野伸顕を訪ねた。その様子が牧野の日記一九二九年二月一七日条と同年二月二五日条に次のように書きとめられている。

怪聞の波及

小森雄介氏より面会を求め来り、引見したるに、是又前日聞込し事柄と類似の性質に属し、更に一層不安の思ひを禁ずる能はず。小森氏も余り乱暴の事にて真面目に考へ得ざる事なるも、出所、材料等如何にも確実らしく聞へ、其侭聞流し置く事能はず、外に訴ふるところもなし、兎に角聞置き呉れとの下に大要左の陳述あり。

去十三日阿部義也なるもの、従来よりも時々来訪するものなるが、此日も特に面会を求め電報多数を携帯して頗る憂色を以ての密告に、昨年十二月床次の南京訪問と同時期に自分が上海に滞在の折、田中、久原両氏より屢々電報到来し、今日南京政府に於て活動する要人等を謀殺すべし、床次同席の場合なれば共に滅亡せしむるも差支なし、使用すべき暴〔爆〕弾は山口〔十八・陸軍中将《〔ママ〕》〕〔子爵〕第一師団〔?〕の手許より提供すべし、満州にて使用したるものは陸軍の特製なりしため疑惑を起したるも、此度使用すべきものは普通品なれば発覚の恐れなきものなり抔の注意も添ひ居りたり。然して此目論見に付ての電報は何れも暗号にて田中、久原外に今一名の連名の発信に係るものなり。然して電報は多数に上り、詳細に渉りての命令を齎らし来りたるものなりしも、要するに其目的は前述の隠〔陰〕謀を遂行するに関して発信したるものなり。阿部自身は元来支那に縁故深く、且つ田中、久原等には多大の信用を受け居り、其結果前述の如き絶対秘密の事までも委任せらるゝ関係なるも、此度の企挙に付ては飽まで承服する事能はず、依頼を体能く退けたるも、斯様の計画を敢てしたる以上は今後の事が心配に付示教を乞ふが為め来談したるものなりと。

小森氏は心中の驚きは一と通りならざりしも、ある可からざる事として受け流し、且他言を極力戒しめ引取らしめたりとの事なり。小生は如何に出所、材料が軽視するを許さずとするも、自分の承知する首相と連想する時は到底有り得可からざる事〔と〕視る外なし。然し乍ら小森氏が極はめて重大視せらるゝ以上は参考せざるを得ずと云ひたるに、満足して引取られたり。（前掲『牧野伸顕日記』三三九－三四〇頁、〔 〕内は原文ママ）

小森氏重ねて来訪。先般の事件に付、阿部某は行掛のあるにや、宇垣〔一成〕大将、降旗某〔元太郎〕等へ極秘の下に内告する恐れあり、心配に堪へず云々の談なり。小生聞き置くに止めたり。（同前、三四二頁）

この記述によれば、安部は以前から小森のもとに出入りしていたらしい。また、小森は安部から直接電報などの現物を見せられ驚いていることがわかる。右の日記からは、不安に駆られる小森とそれを冷静にうかがう牧野の姿が垣間見える。牧野はそもそも田中義一を暗殺を画策する類の人物と見ておらず、この事件を懐疑的にとらえていた。

三月にも小森は牧野を訪ねたらしく、牧野の日記三月一七日条には「小森雄介氏来談。例の阿部某、首相に対する絶縁、今後公然何等かの行動に出るも難計聞込の趣内話あり」とある（同前、三四六頁）。同じ日の満川の日記には「これはどうなるか分らぬ（小森――牧野）」とのみ記されている（「Diary」同年三月一七日条）。

満川の方は、後藤新平の死（一九二九年四月）と会葬を挟みながらも、この問題につき奔走する様が日記から伝わってくる。満川の後日談によれば、この話を小森を通じて聞き、彼の屋敷でなんどか安部と会見して、ついに四月一八日、小森邸で安部から経緯を打ち明けられ、安部の事務所で「暗殺電報」などを見せられ、信じるようになった。

同時期に、満川は北一輝、小笠原長生、平沼騏一郎、本多熊太郎、加藤寛治、原田熊雄、一条実孝、江木千之、八代六郎、独立国策協会メンバーのもとをそれぞれ訪ねた（「接触対象者リスト」）。特に北との頻繁な往来が復活しており、事件関係の話をしたり、書類を見せたりした可能性が高い。二五日には、暗殺計画の対象となった床次を訪ね、事情を打ち明け、満川は仇討ちを約束したが、床次には「興奮の色のなかつた」ことを満川は不安に思ったという（「満川氏との一問一答」）。

この問題で奔走する小森雄介は、安岡正篤も訪ねたらしく、安岡は同年五月三日付で牧野に次の手紙を送った。

そは予て老大人〔牧野〕も小森雄介氏よりの申出にて御熟知の安部義也なる人物と首相及逓相との間の一事に御座候。由来小生感激を国事に持つと雖も深く読書子の分を守り、又不遜なから当今の人物に頗る慊らざるもの□を以て常に無上の問題に軽々に耳を仮さず候。況んや是の如き一見妄想に似たる事をいかで論ずるを好み候はんや。

然れども此事主として小森氏に出で候。同氏は老大人も小生に申され候如く確に当代珍しき隠君子にて詐略など用ふる人に非ず。又軽率、事を好む人にも無之。其人真剣に此事を問題とせることと一。安部なる仁、如何の者か小生存ぜざるも（已に両度小森氏の招きにて会ひ申候）小森氏は余程人物を信重せること□二。この二事の為小生始めて真面目に聴申候次第に御座候。且昨日小森氏邸にて見せられ候数々の証拠物に拠れば、同氏の所信亦一層無理ならずと覚え候。

一、安部氏と田中久原両相との関係は決して尋常一様ならず。

イ、安部は両相の駆使に甘んぜる浪人にはあらで、島徳蔵氏あたりとも深く商業的に結托し、経済的融通力あるらしく候事。

ロ、臨時議会の砌など随分活動せること。一例鶴見祐輔氏など其の兄弟を通じ安部との間に十数万金の授受あり。六万円の受取証等見申候。

ハ、渦中の一人山口十八氏等もそれを実証せること。

ニ、安部は其人物確に国家的熱情に富み機略に長けたること。殊に支那問題に就ては口舌の徒と異り阿片や紅卍教を通じ余程内面的に没頭せること。

三、政府筋殊に陸軍筋も官報電にて屢々安部を利用せること。
四、小森氏が安部とは反対側の水野梅暁氏等を人を遣りて調査せしめしところ、却って悉く安部の言ふ所と符合すること。
五、小森氏が床次氏と会談問訊の結果、床次氏亦思ひ中ること多く同氏を驚かせること。
六、政府の安部に対する態度の疑はしきこと。此等の点小生も小森氏及当人より説明且証拠を実現せしめられ首肯せさるを得ざる状態に有之。安部は一意日本の大陸的発展に対する平生の覇気より種々画策したる結果、熟々現政府を侮蔑憎悪せさるを得ざるに至り、国家の為一日も速かに掃除したきも之を世に曝露するは国家的に忍ひさる問題なるを以て、密々の間に処理したく、政府にしてその言を聞かざる以上上奏するか、或は内府公或は西公面前にて少くとも逓相と対決したしと熱望罷在。小森氏もこれは一日も不問に付すべからず、なるべく世を騒がせずして事を解決したしとて、先づ内府老大人が此際兎にも角にも事件の御解決手段を就られたしと力説、小生に余を信ずるならば老大人に微意を改めて通ぜよとの儀に有之候。小森氏は余程決するところ有之候様なれば、老大人一度直々小森氏を御招致遊ばされ、この問題の処置方を忌憚無く御談じ有らば、氏亦忠誠の人何とか名策も立ち或は老大人の御疑念も霽れんかと存候。之を荏苒不問に付する時は只さへ忌むべき流言蜚語天下に充ち、人心乱を好み浪人恣に宮中府中を批議する今日、次第に又火中一大薪を加へ候事と憂、この結果陋翰拝呈仕候次第に御座候。ともあれ小森氏(九段十六番)迄一応御言葉奉願上候。(「牧野伸顕宛安岡正篤書簡」、同資料については小田部雄次「資料紹

介『安岡正篤書翰』国立国会図書館憲政資料室所蔵」参照）

安岡も、信頼する小森がこれほど言うなればこそ、という考えだったようだ。直接的には書かれていないが、田中、久原、山口の床次暗殺依頼の嫌疑と明政会買収問題が話の大きな柱であったことがわかる。

安岡、小森と交渉のあった内務官僚松本学にもこの話は伝わっていた。彼の日記五月一二日条には、安部らの活動がよりくわしい形で次のように記されている。

小森雄介

茶話会があった。安岡、池田秀雄、香坂昌康の諸君と政局談をやる。安岡君の話によると、阿部義也と云ふ支那で阿片商人と伍して活動しておる阿片商人がある、島徳蔵や久原房之助等と一緒に仕事をして相当彼等にうまい汁もすわせ、無論自分も懐をこやしおるだらう、此男が田中義一と久原とに献策して大々的大陸政策を行うとした、それは南方政府の首脳部会議のある場合、会場内に爆弾を投ぜしめて、彼等をみなごろしにし、同時に呉佩孚や段キ瑞をして北方に旗を挙げしめ、共産党をもさわがせて支那に内乱を勃発せしめ、此機を利用して揚子江辺に吾軍を進出して支那平定に努力して、勢力を扶植せんとの計画である、之に田中と久原とが同意して近衛の第一旅団長某少将も参加し、島徳が軍資金を出すこととなってゐた、阿部は支那に渡って色々画策しておったが、水野某等の支那浪人等が田中等に反対の進言をして、阿部の計画は中止されることとなった。床次渡支の当時彼をも殺してしまへとの電命が田中等から阿部に来たが、之を同意せなかった等と云ふ。少し話が誇張された、何だか眉唾ものらしい観がするが、安岡君は証拠書類を全部見たと云ふ。小森雄介も関係しておる。牧野内府に安岡君が面会して話をしたと云ふ。民政党に行ってるそうだ。臨時議会当時、阿部が鶴見等を買収した、鶴見の弟名義の受取証があるそうだ。晩餐も学院で食して、帰途朝日に美土路〔昌一、朝日新聞編集局主幹〕を訪ひ、此話について聞いておるかどうかを質して見た。知らぬと云ふ。彼が知らぬ位ではどうも眉つばものらしい。（伊藤隆・広瀬順晧編『松本学日記』四〇―四一頁）

文中の「近衛の第一旅団長」とは山口十八少将のことで、「水野某」とは水野梅暁《ばいぎょう》だろう。この松本の記述によれば、南方政府要人を爆殺して中国大陸に「内乱」をもたらし、この混乱に乗じて日本軍を派兵、占領というのが、そもそも安部が請け負った計画の概要だったことになる。

松本によれば「眉つばもの」の話だったが、依然として話を信じる満川は中川小十郎を訪ねてこの件を話し、中川を通じて西園寺公望にも伝わったという。しかし、この事件に関する西園寺側の記録はない。この間、警視庁の刑事が「大刑事事件アリ」（「Diary」同年五月一〇日条）として満川宅に聴取に来ており、怪聞は広まりつつあった。

8 告発事件とその余波

告発

事態が大きく動くのは一九二九年五月二〇日である。この日、安部義也が警視庁に召喚された。解放された安部に満川は会ったようで、日記には「此夜中川蓮井ヲ呼ビ安部ノ胸ヲ開カシム」「此夜安部中安蓮井ト会ヒ、タヾ眼中国家アルノミ利権、金力何スルモノゾト答フ」とある（同前、同年五月二八、二九日条）。

五月三〇日には、小森雄介が「暗殺材料」の写しをもって床次竹二郎を訪問し、この問題を話し合った。同日、子爵の岩下家一が「安部書類」を携えて一条実孝公を訪ね、一条はそれらを手にして西園寺の元を訪ねたという（同前、同年五月三〇日条）。岩下、小森とも大本教の関係者で、岩下が動いたのも小森の働きかけによる（出口和明『実録出口王仁三郎伝　大地の母』一一、天下の秋、二七二、三〇九―三一一頁）。

五月三一日、満川は小森や北と会ったあと、千葉県の佐原に向かった。同地の旅館で一泊して鹿島神宮を参拝、のち水戸で雨谷毅、杉田省吾らと会い、翌日は彰考館で西田税と会って帰京した。その日、満川は自宅に帰らず、九段の松葉館に宿を取り、ここで夜を徹して田中義一、久原房之助らへの告訴状を書いた（「Diary」同年五月三一日、六月二日条）。「告訴状草稿」「告発要旨」の草稿が残されているので、後者を引いておこう。

告発人ハ昭和四年四月十八日小森雄介方ニテ初メテ安部義也ト相会シ小森安部ノ両名ヨリ事件ノ真相ヲ聴取シ又親シク証拠物件ヲ閲覧スルニ及ビテ一点作為ノ痕無キ事実□ヲ確カメ是レ実ニ国家ノ重大事ニシテ其国際関係ニ及ボス影響亦頗ル甚大ナルヲ察シ私カニ国杜諸公ヲ訪ヒ告グルニ事実ヲ以テシ極メテ陰微ノ間ニ解決処理セラルベク努ムルトコロアリシガ微力未ダ其素志ヲ達スル能ハズ且警視庁当局ノ態度ヲ見ルニ証拠ヲ堙滅セントスルノ跡歴然トシテ大ニ疑惑ニ堪ヘザルモノアリ斯クシテ荏苒日ヲ曠シクセンカ事実ノ真相隠蔽セラレ却テ誤謬ノ天下ニ宣言セラレンコトヲ恐レ良心ノ至上命令ヲ以テ決然茲ニ告発仕候ニ付速カニ被疑者等ニ就キ御取調ノ上相当御処分相成度候（「告発要旨」）

告訴状を認めた満川は、六月三日朝はやく靖国神社、明治神宮に参拝した。そして、午前九時、東京地方裁判所検事局に検事正を訪ねて検事の取調を受け、午後大審院検事局に小山松吉総長を訪ねて田中義一、久原房之助、山口十八を告発した（「Diary」同年六月三日条）。この告発を急いだ事情を、満川は「電報の保存期限は六ケ月で、六月中旬になると例の暗号電報の保存制限が切れ放棄されてしまふおそれがあつた」ためと述べる（前掲「満川氏との一問一答」）。

六月六日、刑事が満川の留守宅を「来襲」し、安部は検事局に収容された（「Diary」同年六月六日条）。満川は、今後に備えて弁護士と協議している。翌日、小森も検事局に出頭したが、この時は帰宅を許された（同前、同年六月七日条）。

一一日には満川、岩下、小森が逗子で会見、満川はこの日小森を護って八百屋の楼上で過ごした（同前、同年六月一一日条）。翌日、逗子の満川と小森は、江ノ島を経由して東京に帰った（同前、同年六月一二日条）。同じ日に岩下も検事局に出頭し、一七日に弁護士とともに証拠物件を検事局に提出している（同前、同年六月一七日条）。

満川は牛込にとどまり、自宅に来る刑事との接触を避けながら、一七日に西田税に送られて中野の自宅に帰った（同前、同年六月一七日条）。一九日、満川と小森は西田に守られて横浜から西下し、名古屋で西田のみ下車したあと、奈良、京都をまわり、再び名古屋で西田と合流し、翌日横浜まで帰った。名古屋では熱田神宮、奈良では橿原神宮、京都では桃山御陵に参拝している。横浜では北夫人と小森令嬢に迎えられた（同前、同年六月一九―二四日条）。

この西下の理由は、ひとつは刑事との接触を避けるため、もうひとつは不戦条約問題などに対する田中内閣の行方を見極めるためであったと思われる。田中内閣が総辞職を決めた六月二八日、満川は牛込から中野の自宅に戻った（同前、同年六月二八日条）。七月一日に自宅を訪ねてきた刑事に、満川は「泥棒の巣に行けるかツ君等は殺人強盗内閣の手先なのかツ」との激しい怒りをいだいている。同日午後に佐原の香取神宮に詣でており、度重なる神宮参りは事件解決を祈願してであろう（同前、同年七月一日条）。

しかし、肝心の事件は、満川らが意図せぬ方向に向かった。留置された安部が取調を受けるなかで、阿片の密輸入で島徳蔵から数万円を詐取していた詐欺罪の嫌疑をかけられ、取調が長期化したのである。

結果的に、満川が身を挺した告発は「証拠薄弱」「一味の空想」として不起訴となった（「首相告発の証拠薄弱　安部は詐欺罪で起訴」「三大官告発不起訴と内定す　満川教授が摘発の事件　けふ取調べ一段落」）。新聞記事の表題を借りれば、満川が安部に「一杯食はさる」事件として処理されていく（「満川拓大教授一杯食はさる　阿部の書いた狂言に　三大官告発は大からくり」）。もっとも、満川が安部の言をそのまま信じて、田中首相たちの告発におよんだとは考えにくい。満川自身の検証をへた結果、事実と考えたのだろう。

この時期の田中義一内閣は、告発事件への対応どころではなかった。前年五月に起きた張作霖爆殺事件が第五六議会で政治問題化していたが、関係者処分に関する上奏の内容を田中が改変させたため、天皇の信頼を失い叱責にあった。このため、田中内閣は七月一日付で関係者の行政処分を発表し、翌日総辞職した。

告発対象になった三人のうち山口少将だけが、「かゝる事件の中に引いれられたのは不徳の至すところ」として三一日付で辞職を発表し、翌日予備役に編入された（「山口旅団長遂に辞職す　例の告発事件に入れられ不徳の責を引いて」）。田中義一はこの二ヶ月後に急死、満川はこの死を受けて、「不浄の身を以て清浄の神域に参列することの不可能に終つたことを、天定つて人に勝つの古人の語に証明した」と記している（満川亀太郎「政治時評」一九二九年一一月一日）。

八月、満川に協力する下中彌三郎、細井肇、大竹貫一らは渡辺千冬司法大臣を訪ねて、不起訴に決定せずとの言質を取った（「Diary」同年八月二日条）。満川は浜口雄幸首相も訪ねて状況打開を打診したが、被起訴者の取調も進まず、立ち消えとなった（南溟庵主人「こゝろの日記」）。

一二月二六日に不起訴になったことを受け、満川は「法律上の証拠不充分は、断じて事実無根といふことではない」（満川亀太郎「政治時評」一九三〇年二月一日）と述べたが、事件は安部の詐欺罪の方に焦点が移って起訴に至った。

上海騒擾計画

事件が強引な収束に向かうなか、満川は不起訴にならぬよう働きかけていたが、八月二〇日、安部の関係者の杉浦久雄（名古屋赤玉バー支配人）の来訪を受けて、今回の一件の顚末を改めて文章にまとめた。満川の手記「昭和四年八月二十日夜　杉浦久雄来訪談」がそれである。

この手記によれば、一九二八年一二月一二日、名古屋にいた杉浦は、東京から来た佐野三之輔（本名乙松）の訪問を受けた。佐野の話では、「今度政府デ支那問題解決ノタメ非常手段ヲ講ズルコト」になり、中国行きに同伴して通訳をしてほしいという依頼だった。この計画の中心は山口十八少将であり、東京駅で佐野は山口の見送りも受けたという。

同じ一二日に東京を発った後藤和司（幸正の子息）が杉浦を訪ねて来た。後藤幸正は実業家で、山口の認めた安部宛電信「床次一行ヲ犠牲ニシテ王正廷其他ヲ暗殺セヨ」を郵便局に届けた人物でもある（前掲「床次暗殺ニ関スル暗号電報往復顚末」）。名古屋で合流した杉浦・佐野・後藤和司の三人は門司から船で上海に向かった。

三人が落ち合ったとき、後藤は「安部義也ニ渡スベキ暗号符及ピストル三挺ヲ持ツテ居」たという。一七日に上海に着いた三人は豊陽館で安部と落ち合い、ここで安部と以下の暗殺計画について話し合った。

床次氏暗殺計画ニ就テハ安部ハ特ニ床次氏ト名指シハシマセンデシタガ、自分ガ或ル人ト同道シテ行クトキ合図ヲスルカラソノ時ニハ必ズ打テ、場所ハ共同租界内カ或ハ警備ノ緩イ南京ガヨイ。殺シテモ決シテ死骸ヲ残シテハ不可ナイ。必ズ支那人ガ暗殺シタト見セカケテ呉レ、コレガ今度ノ秘密外交ノ重要目的デアツテ王正廷ヤ周龍光〔ともに国民政府外交官〕ノ責任問題トナルノダカラト佐野〔三之輔〕ニ命令シテ居リマシタ〔。〕私〔杉浦〕ハコレハ必定床次氏ノコトヲ指スノダト想像シテ居タノデス（前掲「昭和四年八月二十日夜　杉浦久雄来訪談」）

もともと安部は床次暗殺に真っ向から反対していたはずだが、ここでは暗殺計画に賛同し、自分が手を下さずして、関係者に日中の要人をねらわせようとした。もっとも、安部の当初の計画は暗殺というよりは「騒擾」というものだったらしい。杉浦は次のように言う。

安部ハ、先年ノ南京暴動事件ノ際米国領事館員ガ再三支那人ニ暗殺サレソノ都度支那側ガ責任ヲ負ハサレテ居ルカラ云々トテ上海騒擾ヲ計画シテ居タラシク、上海スカツチロード光村洋服店（芳蔵）方及ビ一樹庵ト称スル一派主義者ノ無料宿泊所ヲ利用シテ何事カヲ画策シ、又光村ノ紹介デ須藤理助ニ面会シ金三千円ヲ渡シマシタ、ソノ后光村ハ安部ノ主張スル秘密外交政策ニ干与シ暴動計画ヲ建策シマシタ（同前）

「南京暴動事件」とは、一九二七年三月、蔣介石の北伐軍が南京を攻撃した際に、外国の領事館、居留地を襲撃して死者が出て、アメリカ、イギリス軍の反撃にあった事件である。右記にある須藤理助も事件の被害者であった。

光村、須藤、安部の計画は、ただ「騒擾」を起こすだけではなく、日本軍と国民革命軍の衝突にいたった済南事件（一九二八年五月）のように、居留民保護の名目で日本軍派兵を誘引するものであったと思われる。

じつは、光村芳蔵はのちの第一次上海事変（一九三二年一月）で上海日本青年同志会会長として他のメンバーとともに三友実業社を襲撃する人物である。その光村にすれば、右の騒擾計画を後年実行に移したのが第一次上海事変での襲撃ということになる。

この第一次上海事変後、光村は、長崎で自身の裁判がはじまる前の一九三二年二月頃に帰国し、辻嘉六、須藤理助、広瀬徳蔵（弁護士・代議士）、頭山満（不在）、山口十八（当時予備役）を訪ねている（要視察人関係雑纂／本邦人ノ部　第十二巻）。つまり、時期は前後するものの、光村は山口と旧知の間柄であった可能性がある。光村らの裁判は光村のみ懲役刑（一年六ヶ月）、残りは執行猶予付きで六月四日に釈放されたが、その三日後に光村も保釈されるという不自然なものであった（満州事変（支那兵ノ満鉄柳条溝爆破ニ因ル日、支軍衝突関係）／在留邦人保護、引揚、避難及被害関係／被害関係　第一巻）。

首相の「密使」

話を一九二八年に戻せば、ちょうど床次竹二郎が訪中した一二月は、済南事件の処理につき日本側と国民政府が交渉していた時期でもあった。これとほぼ並行して安部らの計画も動いていたことになる。杉浦の談話によれば、安部は国民政府側とも接触していたという。これがさきの引用にある「安部ノ主張スル秘密外交政策」だと思われる。

十二月廿三日安部ハ田中首相ノ代理デアル自分ハ済南ノ撤兵ヲ承認セリトイフ手紙ヲ通訳ノ李〔李学恵〕ニ托シ李ヨリ南京ニ電話ヲカケ王〔正廷〕或ハ周〔龍光〕ニ渡セト申シ残シ午前九時上海ヲ出発日本ニ帰リマシタ。同日午后二時周龍光ハ南京ヨリ上海ニ着シ安部ノ手紙ヲ見マシタ、後ニナリ佐野ハ宮田義正ノ変名デ

二三ヒゴゴ　シウキタ　フミ　ワタシタ　キカノシヤンハイ　ニ　キタルヲマツ　イクヒクルカミツムラマデヘンマツ　ミヤタ

トイフ電報ヲ東京安部ニ発シテ居リマス、又二十七日ニハ
シウ　タビタビ　キカノ　ライコ（来滬）ヲ問フ　イナヤスグヘン　ミ（宮田）
ト問合セタノデ、同日安部ハ新橋局ヨリ
二ヒ（二日）スギテ　トシ（渡支）ノヒシラス
ト返電シテ居リマス。因ニ二十三日安部出発ノ後
ソウキン　スルマデ　カヘルナ
ウダ（宇田貫一郎）ノデンミタカヘリテヨロシ
アベシ　タツタカ　スグヘン　ゴトウ
等ノ電報ガ来マシタガ前ニ電ハ多分大阪島徳（島徳蔵）カラダラウト思ヒマス（前掲「昭和四年八月二十日夜　杉浦久雄来訪談」）

確かに、以前、小森雄介が安岡正篤にもたらした情報では、安部は「支那問題に就ては口舌の徒と異り阿片や紅卍教を通じ余程内面的に没頭せること。／三、政府筋殊に陸軍筋も官報電にて屢々安部を利用せること」ということになっていた（前掲「牧野伸顕宛安岡正篤書簡」一九二九年五月三日付）。右の引用にある宇田貫一郎は、日魯漁業乗っ取りをはかった事件で島徳蔵の意向を受けて暗躍した人物である。

右の引用は、自称「田中首相ノ代理」である安部が国民政府外交部の周龍光と手紙でやりとりして

いたという文面である。床次暗殺計画とともににわかには信じがたいが、安部と周が接触していたのは事実のようである。一二月二七日付で矢田七太郎上海総領事から田中義一外相に送られた報告書には、同月二五日の矢田と周の会談が記録されている。この場で、周は矢田に「最近確カナル筋ノ情報ニ依レハ田中首相ハ愈々山東撤兵ノ決意ヲ為シタリトノコトナル」と伝え、遠からず矢田にも撤兵の電報が来るだろうと述べた（済南事件／解決交渉関係　松本記録　第二巻）。

この「確カナル筋」が、じつは安部であった。矢田も安部の情報を事前につかんでいたらしく、「本官ハ聞込ミタル風評モアリ旁々田中首相ノ密使ト称スル阿部某ノ言フ処ニナルヘシト切込ミタル処周ハ笑ニ紛ラシ先ツ其ノ辺ノ処ナルヘシト言外ニ肯定セリ」（同前）。

正規の外交ルートとは異なる安部・周の接触は、矢田側を不快に陥れたと思われる。岡本一策南京領事は外務省宛に安部の存在を問い合わせた。この問い合わせには「最近阿部某ト称スル密使ヲ派遣シ同人ハ先日上海ニ於テ王正廷・張群等トモ来往意見ノ交換ヲ為シ居ル趣ノ処本月廿三日上海へ赴ケル周龍光モ同人ト会見等ノ為当分帰寧セサル趣ナリ」（同年一二月二七日付、同前）と書かれており、周以外との交渉も記されている。

外務省から矢田上海総領事宛に「支那側ニ於テハ床次氏ノ意見及阿部某ナルモノノ言動等ニ依リ政府カ即時撤兵ヲ決スルニ至ルカ如キコトヲ考へ居ルカ如キモ右ノ如キハ全然見当違ヒニシテ殊ニ本大臣（田中義一外相）ノ密使ト称スル阿部某ノ如キハ本大臣ノ何等関係無キ所ナル」として安部の言動を否定する報告が来たのも肯ける（同年一二月二八日付、同前）。

しかし、周龍光が安部のもたらす情報を信頼しており、これ以前から安部・周の交流があったたか、安部を「田中首相ノ代理」と信じさせるに足るよほどの確証があったのではなかろうか。後年の裁判で安部自身はこの事情を次のように陳述している。

昭和三年暮島氏と共に妻妾を引連れて大連へ行き田中前首相の紹介状で木下長官に面会したが関東庁のアヘン払下は事実無根と判明し空しく一同引上たが自分には済南事件解決といふ重大使命があつたので再度南支へ赴いた

…

自分は済南事件で日支の間に入り日本に有利な条件で解決しかけてゐた矢先突然帰国せよとの電報に接したので（この時の渡支は床次氏と同船で田中首相、久原逓相等からの秘密命令で渡支後床次氏を暗殺することになつてゐたのだが田中首相が自分に対して更に看視人をつけたのでほぞを曲げ暗殺を断念してタコーソンの名で打電された帰国電報によつて帰国し、かへつて田中首相等を暗殺予備罪で告訴したのであるが）帰国したが、済南事件は惨めな解決をつげたので、その腰の弱さに憤慨し自分は倒閣運動を画策し、床次氏暗殺計画の証拠を携へて一条公、牧野内府を訪ひ田中首相に辞職勧告をしたが、肯かれずかへつて三百万円でその証拠品を売つてくれと交渉を受けたので断然はねつけ告発をしたのであつた、然し当時警視庁では自分を悪者とし、自分が久原氏の口添へでもらつた島氏からの三万円に篇々難くせをつけて自分を罪に陥れたものだらうと推察します（「奇々怪々なる阿

部の陳述　弁護士まで閉口した形　アヘン事件公判＝続き」）

この「奇々怪々」な安部の陳述には、彼の弁護士すらも閉口したと新聞記事にはある。いまもって床次暗殺計画の真相は闇の中だが、満川がただ安部に「一杯食はさ」れただけの事件ではなかったことは確かであろう。

第五章　事変後の寵児

1 「興亜」の礎

日露戦再考

一九二〇年代末、右派社会運動に転機が訪れた。日本主義運動のはじまりである。日本主義概念は明治期から存在するが、この時期から大衆運動や議会進出を志向しはじめる。一九二〇年代末に行われた共産主義運動関係者の大弾圧（三・一五事件、四・一六事件）を受けて、左派に対抗する新たな動きが模索されたのである（前掲『戦間期日本の社会思想』第七章）。当初、日本主義運動を牽引したのは高須芳次郎らの新東方協会だった。同会は編纂委員（大川周明、室伏高信、笹川臨風《りんぷう》、高須）を設置して、『光は日本より』（一九二九年二月、新潮社）を刊行した。寄稿者には日本主義の共鳴者が名を連ねた。

同書に収録された満川の「亜細亜復興と日本」は「亜細亜復興と東洋精神」（『月刊日本』一巻三号、

一九二五年六月一日）の再録で、「世界革命――人類の魂の甦り」（二八五頁）を訴えたものであった。この革命は、「白人の人種的領土的世界覇制によつて、著しく阻害されたる世界人類の幸福と安寧とを奪還すること」とも言い換えられる。ここで言う「世界人類」とは有色人種と「亜細亜民族」を指す（満川亀太郎「亜細亜、太平洋及日本」）。

世界革命を目指すうえで、満川が着目したのが日露戦争である。時あたかも一九三〇年、日露戦争終結から二五年目にあたっていた。

満川は同年三月から日露戦争に関する諸論文や冊子を数多く発表した。そのひとつ『日露戦争の世界史的意義』（一九三〇年五月、国民戦線社）で彼が試みたのは日露戦争の再評価である。「アジア同族を代表する日本と白人を代表するロシアとの戦争」（一七頁）として日露戦をとらえることで、この戦争が植民地支配下のアジアを覚醒させる起点になっただけでなく、ロシアの東漸を跳ねかえしてロシア革命や第一次世界大戦に繋がったのだと満川は言う。その先には各地の民族独立運動や「黒人」の権利回復運動の勃興があった。同時に、この日露戦争の再評価を通して、「三国干渉」後の「臥薪嘗胆」という精神の緊張を日本国民が取りもどすことを期待していた。

これ以外にも満川は、渋川善助、伊東六十次郎、加藤春海、平田九郎、雨谷菊夫たちを独立国策協会事務所に集めて、遼東半島返還記念会を開いた（「Diary」同年五月一〇日条）。

独立国策協会の改組

新東方協会につづいて、一九二九年一〇月以降、愛国大衆党組織準備会と日本国民党が結成された。前者は、津久井龍雄《つくいたつお》（高畠素之没後の国家社会主義運

芝公園南洲庵での会合（1929年７月）
左から１人目が丸山鶴吉，２人目が大竹貫一，４人目が細井肇，６人目が満川，９人目が内田良平，10人目が下中彌三郎

動を引き継いだ）、中谷武世、天野辰夫（中谷は日の会、天野は興国同志会出身）、後者は寺田稲次郎、八幡博堂らが幹部である。

満川は、「願くばこの両党も最初から合同して出現して欲しかつたのであるが、今となつては致し方もない」と漏らす（満川亀太郎「政治時評」一九三〇年一月一日）。こうした日本主義運動の興隆は、満川自身の国家改造運動にも新たな可能性を与え、のちに血盟団事件、五・一五事件へと至る国家改造運動の支流と交わることになる。

血盟団事件の首魁となる井上昭（日召）に満川がはじめて会ったのは一九二四年秋のことである。この時は井上と前田虎雄が満川の家を訪ねただけだった。これから五年後の一九二九年八月、満川は井上と木島完之から夏期講習会に招かれて、水戸に向かった。満川は、井上が住職をつとめる立正護国堂で一泊したのち、「世界の大勢と日本の針路」の題で講演を行った（「Diary」同年八月一〇日条、「夏季大学講習会案内」）。

一方で満川は、それまでの同志と運動を推しすすめた。そのひとつが独立国策協会である。前章で述べたように、下中彌三郎、満川、島中雄三、細井肇らを実質的なメンバーとして一九二八年三月頃に結成の話が出て、一〇月に発起の運びとなった。しかし、その後は見るべき活動もなく、一九二九年七月に下中、細井、満川を世話人として組織を改めた（「独立国策協会沿革」、ただし『ひさかたぶり』第二には一九三〇年創立とある）。

これに先立つ一九二九年一月、「姉妹団体」の国民外交協会が結成された。結成準備は前年一二月からはじまり、会合の参加者は吉野作造、小村俊三郎、満川、宮崎龍介・震作兄弟、島中雄三、中野正剛、下中彌三郎、岡悌治、松田禎輔、萱野長知、清藤幸七郎、山元亀次郎、佐々井一晁、細井肇、鶴見祐輔、増田正雄、高橋守平、高津正道、山田忠正らである。代表は島中がつとめ、会員は独立国策協会と重なる。協会は田中内閣打倒と対中外交刷新を目指して、二月初旬には田中外交糾弾有志大会を開催しており、満川はこの大会はもちろん、会合にも参加した（小村俊三郎『田中内閣対支外交の総決算』四、五頁、「Diary」同年二月二、六、一七日、七月六日条）。

独立国策協会の支援者は、警視総監丸山鶴吉と考えられる。朝鮮総督府警務局長をつとめた彼と最も交流が深かったのが「朝鮮通」の細井肇である。満川も以前より丸山と面識があり、一九二九年七月から翌月にかけて丸山を訪ね、丸山の方も八月に小村、下中、細井、満川ら協会員を宴会に招いた（同前、同年八月二八日条）。

一九三〇年に入ると、満川の日記に佐々井一晁《いっちょう》（内務省嘱託）の名が登場する。その頻度は多く、しかも下中が同席するケースがほとんどである。佐々井は細井肇と以前から知り合いで、国民外交協会の会合にも参加していた。佐々井と満川が新日本国民同盟を切り盛りするのは数年後のことである。

同年二月には、細井肇が主催する月旦社から『人の噂』が創刊された。内容はタイトル通り人物月旦で、執筆者は独立国策協会や国民外交協会の一部と重なる。満川も同誌創刊号（同年四月一日）に「現代東洋の革命的人豪」を投じ、座談会にもたびたび顔を見せた。

同年五月になると、満川の日記に「午后五時ヨリ事務所ニテ下中、島中、山元、山田（忠正）佐々井五君ト共ニ国策ヲ練ル」とある（「Diary」同年五月二日条）。これまで親睦団体の域におさまっていた独立国策協会がようやく動き出したわけである。「山元」とは山元亀次郎と思われ、大正期に満川と日本労働党で活動した。こうした新たな動きに二人の社会民衆党関係者（島中、山元）が加担したことは、後年の無産政府党再編の兆候がすでに出はじめていたといえよう。

次男建の死

一九三〇年六月に入って、満川家を大きな悲しみが襲う。次男建の死である。建は二六日午後五時に突如発病して豊多摩病院に入院、治療のかいもなく、翌朝一〇時に息を引き取った（「Diary」同年六月二六、七日条）。享年わずか四歳だった。馬場園義馬《よしま》、里見良作、高村光次、北一輝らが弔問に訪れた（同前、同年六月二七、三〇日条）。二七日に満川は息子の亡骸を火葬場で荼毘に付し、妻の逸子とともに小さな骨を拾った（同前、同年六月二八日条）。

七月一二日夜、満川は、建の遺骨を携えて京都に向かう（同前、同年七月一二日条）。一三日朝、七条駅からすぐに勝巌院に行き、納骨法会を行った（同前、同年七月一三日条）。我が子を失った悲しみを満川は次のように詠んだ。

父うさんハ母あさんハ桂子ハ春ちゃんハと愛する人を呼びし我が児よ
水色の美しき国ハ如何ならん浦島を歌ふて逝きし建よ
クレオンよ紙よ電車よと云ひし児の机たゞ一つ淋しく残れり
おひたゝハ御国のためになれかしとよき名選ひし我が児なりしを
かきむしりたきさひしさに原稿も手に付かすして歳月送れり
型のごと手続を取る役人のつめたき眼見るそかなしき
目に触るゝかきりのすべて聞くすべて逝きし我か児の思ひ出となり
はしめより生れさりせハこのなけきなくて楽しき我か家なりしを
チヨコ〳〵と角の金魚を見に行きし吾が児今ハ竜宮に遊ぶか
納骨を終へて帰りし玄関に「お父うさん御土産」と建は来らず（「満川亀太郎次男建昭和五年六月廿七日死去当時父亀太郎のよみしもの」）

いずれも胸を打つものばかりだが、右の一節にある「型のごと手続を取る役人のつめたき眼」を満川が無視しえなかったことがわかる。悲しみに浸る他者に向けられる「つめたき眼」と、他者への共感や共鳴を人間から失わしめるこの社会をいかにして変えていけばいいのかという問いかけが、満川が目指す「改造」の根底にあったのではなかろうか。

興亜学塾

日本の改造とアジアの解放、この二つの運動こそ、満川が志したものであった。後者については、この時期、インド国民運動、ベトナムとフィリピンの独立運動を取りあげている。

インドでは、前年一二月にインド国民会議派がラホール大会で完全独立を決議し、三月にはガンジーの指導下で第二次非暴力抵抗運動がはじまった。二月には越南国民党と共産党の指導下で独立運動が拡大していた。満川は、これらの運動に共鳴し、英仏列強支配の衰退を読み取っている。

この時期、満川が関わった興亜事業は二つある。ひとつは朝鮮女子学寮創立の支援、もうひとつは興亜学塾の設立である。

朝鮮女子学寮の発起者は金聖姫であった。一九三一年七月に、金らは「朝鮮女子学寮創立趣旨」を発表し、「東京に来て十年以上を聊か同胞女学生のためにと、ともどもに睦み合ひ励み合つた私は、どうしても東京に同胞女学生を収容寄宿せしむる学寮の建設を急務と感じて居ります」として寮設立の必要性を訴えた。

この構想に共鳴し、学寮の顧問となったのが伊東忠太、林《はやし》毅陸《きろく》、大口喜六《きろく》、嘉悦孝子、中桐確太

朝鮮女子学寮創立相談会（1931年12月）
前列左から２人目が嘉悦孝子，３人目が金聖姫，後列右から２人目が満川，３人目が風見章

郎、真野文二、松浦鎮次郎、満川亀太郎である。創立計画相談の会合は嘉悦が設立した日本女子高等商業学校の客室で行われ、一九三一年一二月と翌年四月の会合に満川も参加した（朝鮮女子学寮事務所「朝鮮女子学寮創立趣旨」）。満川の日記を見ると、一九三一年九月以降、定期的に金の訪問を受け、一九三五年まで交流はつづくが、学寮自体への言及はなく、その後の経緯は不明である。

満川の朝鮮への言及は中国に比して少ないものの、重要な問題ととらえていたことは創立賛同文にもあらわれている。

朝鮮問題は果して日本の癌であらうか。癌だとして二千万民衆の朝鮮問題を扱ひ切れなかつたならば、日本は到底東亜の指導者など、呼称する資格がない。
事実を言へば今日朝鮮問題には相当の困難が横つてゐる。だが日鮮両民族の歴史的関係から考ふれば、朝鮮民族は同じ血の流れた兄弟である。少しく朝鮮に対する認識を転換することによつて、この問題を解決することが出来る。（同前）

ここで日本盟主論をけん制する満川は、のちの大アジア主義的な言説をどのようにとらえたのだろうか。

一方で、満川自身もアジア解放を担う人材の養成に取りかかった。興亜学塾の設立である。この経緯は、満川がこの頃編集発行していた『ひさかたぶり』第二（一九三二年二月一一日）にくわしい。

去年七月下旬の一夜、猶存社以来の同志たる東亜経済調査局の高村光次君が来訪されて中村新八郎君が或る事に斡旋した結果、某財団法人から新築校舎の提供を受けたので、復興アジアのための塾をつくりたがつてゐる。一つ会つて相談に乗つて貰へないかといふのである。中村君なら面識もあるから汽仙沼の講演旅行から帰郷したてからゆつくり会はうといふことになつて分れた。

○

旅行から帰つたら中村君が来訪され、その翌日には西村茂君を伴ふて来られた。兎に角一応そ

興亜学塾事務所（1930年11月）
窓側奥が満川

> の校舎を見ようといふので、そこへ案内を受けた。校舎は拙宅から七八町を離れた東中野谷戸踏切の附近に在る。中野中学校の附属幼稚園用にと新築したばかりである。遊戯室を講堂とすれば、五十坪もあるから参百人の聴講者を容れ得、甫《〔ママ〕》育室三室の内二室を抜いて塾寮とせば四十人までは塾生の起居が出来る。事務室、宿直、室食堂、談話室などが出来る。土地面積四百余坪、建坪二百坪。塾用としてまことに結構な建物だつたので、いよ〱興亜学塾を興すことゝし、創立趣意書の起草などに着手した。（「興◎《〔ママ〕》学塾の成立まで」）

右の引用では、中村がもちかけた塾設立の話を満川が引き受けている。「某財団法人」とは人道徳光教会（のちの「ひとのみち教団」）が組織した徳光育英会で、中野中学校を建設したのも人道徳光教会だった。満川にしてみれば、先に中途のまま閉鎖に至った敬愛学寮の再興に挑む思いがあったと思われる。

塾設立の話し合いは九月一日から毎週二回行われた。メンバーは満川、中村、西村、高村、工藤鉄三郎、徳光育英会の石毛英三郎、中村の同志鎌田勇、石毛の友人多田省三である。工藤はのちに愛新覚羅溥儀の「忠臣」となる大陸浪人で、満川とは老壮会以来の付き合いだった（山田勝芳『溥儀の忠臣・工藤忠　忘れられた日本人の満洲国』一五二―一五六頁）。

開塾式は一一月三日（明治節）に行われた（「Diary」同年一一月三日条）。午後一時から式ははじまり、人道徳光教会司祭による神事が施行され、中村新八郎が開会を宣言し、「君が代」合唱ののち、西村が趣意書を朗読し、中村が経過報告を行った。

その後、塾頭に就いた満川の挨拶につづいて、信夫淳平、高松泰三、ラス・ビハリ・ボース、陳福安、下中彌三郎が来賓代表として挨拶した。満川によれば、日本、アジア、世界は一体であり、この三位一体の間を取って興亜学塾と名付けたという（鎌田勇編『興亜学塾要覧』一六頁）。最後に佐藤皐蔵《こうぞう》海軍中将の発声で万歳三唱をした。宴会では仙波《せんば》兵庫《ひょうご》（加波山事件関係者）や村居銕次郎（『民声新聞』元社長）が挨拶し、午後四時に散会した（「開塾式記事」前掲『興亜学塾要覧』）。

興亜学塾の目的は、「塾則」冒頭の「目的」にあるように、「人種平等ノ大義ニ則リ亜細亜自彊ノ聖業ニ従事スベキ内外ノ人材ヲ養成スル」ことであった。入学資格は一七歳以上の健康な男子で、中学校卒業程度の学力を有し、卒塾後は塾の趣旨に沿った事業に従事すること、塾費の一部（月謝約二〇

興亜学塾新学年開講式（1931年４月）
左から３人目が菊池武夫陸軍中将，５人目が満川

円）を自ら負担できること、最後に人物証明や先輩同志からの推薦保証が必要とされた。日本以外のアジアから応募が来ることも視野に入れ、基本的に全寮制である。

塾の組織は事務を担当する総務部と教育を担当する学部から構成され、総務部長は工藤鉄三郎、学務担当は満川と野波静雄、会計監督は高村光次である。塾設立をもちかけた中村新八郎、西村茂は常務で、彼らが実務を担ったと考えられる。

学部は、満川が塾頭、中谷武世、福原武が学監である。満川の同志や知友を講師として招いたことがわかる。彼ら以外の講師としては太田悌蔵（法政大教授、東洋哲学担当）、雨谷菊夫（弘道学会幹事、東洋政治学）、平井鎮夫（経済学）、中山優（外務省情報部員、支那革命史）、大竹博吉（ロシア問題研究所長、露西亜事情）、ラス・ビハリ・ボース（印度事情）、渡辺盛衛（明治維新史、前維新史料編纂官）、野間久治郎（海軍協会主事、最新国防学）、細井肇（月旦社社長、朝鮮文化史論）、下中彌三郎（平凡社社長、人生学）らの名がある。

また外国語教育も充実しており、英語（ボース担当）、中国語（工藤担当）、蒙古語（笹目恒雄担当）、ロシア語（大竹担当）、安南語（陳福安担当）、トルコ語（クルバンガリー担当）、馬来語（別所直尋担当）の科目があった。このうち陳、クルバンガリーは、一九二六年に開かれた東京国際倶楽部で満川や下中と同席したメンバーである（在内外協会関係雑件／在内ノ部　第五巻）。

一九三一年四月から正式に塾生を受けいれる準備として、一九三〇年一一月から翌年三月まで短期夜間開講を行うことになった（「満川亀太郎氏の興亜学塾」「興亜学塾短期開講要綱」）。塾の活動は開塾式の翌日からはじまり、その盛況ぶりが次のように記されている。

塾は開塾式の翌日から直ちに講学を開始し、毎夜二三十名の聴講生を集めてゐるが、その中には某伯爵もあれば、昼間土工となつて労働してゐる青年もある。中学校や小学校の先生もあれば、外交員や露店の若主人もある。いづれも夢の如き一切の歓楽から眼を避け洗心究学の道にいそしんでゐる。（前掲「興亜学塾の創設」）

のちに満川は、「将来の日本に輝くべき民族的英雄」を聞かれて、「レーニンの鉄志と、ガンデの慈愛とを以て亜細亜を興し、世界を済ふべき英雄」と答えたので、こうした人物の養成を志したと考えられる（「将来の日本に輝くべき民族的英雄」）。満川がこの塾に賭ける思いは強く、拓殖大と宇都宮高等農林学校に出講する日以外は学塾で過ごす日がつづく。

「妥協者」との距離

一九三〇年代初頭といえば、クーデター政権の樹立を目指して、北一輝、大川周明、橋本欣五郎、井上日召らがそれぞれの思惑で、宇垣一成陸軍大臣の擁立に動いていた時期であった。

大川や橋本の計画では、小磯国昭少将らを通して陸軍を、赤松克麿（社会民衆党幹部）らを通して無産政党を、清水行之助を通して右派政治・社会運動を動かし、各勢力を共闘させて宇垣政権を樹立しようとした。一九三一年三月下旬には亡国議会否認全民衆大会を開き、ここに右派政治・社会運動の統一戦線である全日本愛国者共同闘争協議会（日協）が誕生したが、肝心のクーデターは宇垣本人が消極的となり頓挫した（三月事件）。

満川は、クーデターに向かう彼らと問題意識を共有していた。じっさい、「天下非常の時機到来」（『道』二六七号、一九三〇年九月一日）で、恐慌による失業者増大と農村壊廃を解決できない金漬けの政党政治を批判し、「単なる日本国家の改造にあらずして、進んで全世界の維新を打開すること」を訴えている。

しかし、その活動は、興亜学塾関係に限定され、大川や北と行動を共にしているわけではなかった。北との関係では、『支那革命外史』（一九三〇年三月、平凡社）刊行に満川が尽力したため、西田税から

「再び世に現はる、に至りしことは小生共の甚大なる欣喜にして、先生方の御尽力を深謝仕候次第に御座候」との書信が届いている（「満川亀太郎宛西田税書簡」同年一〇月二八日付）。西田は、宮内省怪文書事件の控訴院で懲役八ヶ月（未決拘留九〇日）が確定し、一〇月三〇日に豊多摩刑務所に服役する（一二月出獄）。右の書簡はその数日前に出されたものであった。

　年が変わった一九三一年一月、満川は北の元を訪ねたものの（「Diary」同年一月一四日条）、満川がクーデター計画に加担した様子はなく、この次に北を訪問するのは、日記によれば同年五月である（同前、同年五月六日条）。満川がクーデター計画に荷担しなかった背景について、国家改造運動に取り組んでいた藤井斉海軍少尉の日記（同年五月二九日条）にその一端が記されている。

> 吾党は機を見て剣を振ふて立つべきを要す。今や準備が第一なり。而して本朝昭（井上日召）氏への依頼は西田、北氏へ吾人の後を引きうけて直に立つこと、、それ以前に天下に問題を続出せしめて困〔混〕乱打開の道を開くことを実行せしむることなり。北氏等軍部との提携、その動かす力は如何。陸軍は特に参謀本部系統は大川派にして北氏を誤解せり。後に続ひて起つたとき北氏に幾何の実力ありや。我は北、西田氏の道念に信頼をおくものにして、大川氏の実行家にあらず、満川氏の妥協的なる、安岡氏の俗にして偽多き、あまり信頼する能はず。只頼むべきは青年革命家のみ。而して日協（全日本愛国者共同闘争協議会）等は口舌水泡の徒にして問題にあらず。（原秀男・澤地久枝・匂坂哲郎編『検察秘録　五・一五事件Ⅲ　匂坂資料三』六八二頁）

藤井たちの運動が急進化するなかで、北・西田・井上に対する信望が集まり、「妥協的なる」満川とは距離が生じていたことがうかがえる。じっさい、この時期満川がよく会っていたのは独立国策協会の下中、細井、島中らで、「剣」による改造とは一線を画していた。

そもそも、満川は運動家としては学究肌で、それゆえの言論活動や興亜学塾の設立だった。そんな満川が最も力を注いだ学塾だったが、運営は順調とはいえなかった。一九三一年七月の日記には「学塾ニテ委員会ヲ開ク／石毛、高村両委員起案シ、工藤氏賛スル所ノ興亜協会創立ニ反対シテ激論ス」とあるからである（「Diary」同年七月七日条）。興亜学塾の予算運営費を見れば、「毎月不足額」が七〇〇円にものぼっていて、新たな方向が模索されたことも肯ける（「興亜学塾月額予算」）。翌年一月以降は、満川の日記から興亜学塾の記述がとだえており、九月末、突如として興亜学塾の塾頭と同人を辞した（「Diary」同年九月三〇日条）。

2　無産政党再編

革命の導火線

満川は一九三一年七月から九月にかけて、講演のために岡山、呉、東北、大島などを訪ねた。この途次の九月一八日に満洲事変が勃発する。関東軍は柳条湖で鉄道爆破事件を起こし、これを張学良の破壊工作とみなして「満洲」全土に侵攻・占領した。そして、翌年三月に日本の「傀儡国家」満洲国が建国される。

もともと「満洲」移民の奨励を考えていた満川にとって、この版図拡大は歓迎すべきことであった。彼は『満蒙特殊性の解剖』（同年一一月、興亜閣）という小冊子を発行し、「日本の満蒙に発展するは人類発展の自然法則であり、国家生存の自然権」（二七頁）と結論する。それゆえ、関東軍に対しては「軍人をしてかゝる悲壮なる決意の下に蹶起せしむるに至つたことは、無論政府当局に於て重大なる責任がある」（満川亀太郎「国際時評」一九三一年一一月一日）と同情的で、その後の戦線拡大についても「満洲治安を維持すべき自衛権の発動として、已むを得ざるところ」と述べた（満川亀太郎「国際時評」一九三一年一二月一日）。その論法からすれば、むろん、その後成立する満洲国は、日本が率先して承認し、積極的な援助を与えるべき対象となる。

彼にとって、満洲事変は「世界大動乱のサラエボ」や「世界革命の導火線」（満川亀太郎「世界的動乱時代」）であり、事変を契機として、日露米中が大英帝国に対抗して提携すべきという算段になる。

しかしながら、満川は、アメリカをイギリスと同じ「資本的侵略主義」の国と見ており、ロシアの方に期待をかけていた。というのも、「英国が『昨日の国』として没落の過程を辿り、米国が『今日の国』として然かも今日限りの国であるに反し、ロシアが『明日の国』として偉大なる未来性を有する恐るべき国」とみなしていたからである（満川亀太郎「新満洲国とアジアの展望」）。

このため、彼は「冀くば満洲国を挟んでの日露接衡を、満洲国を通じての日露提携たらしめよ」とか、「日米両国の間にも亦誤解を去つて提携を策し、日本は東洋平和を保障し、米国をして安んじて支那及び満蒙に資本投下の道を採らしむることを要する」と述べた（満川亀太郎「満洲問題を中心とする日米露の関係」)。

懸念材料は日中関係だった。もともと日米・日露提携を考えたのも、日中問題の解決を考えてのことであった。しかし、じっさいは、満洲事変を機に排日問題が高まるなかで、これまで日中提携と中国革命に期待してきた満川の苦悩が深まってゆく。満川は、「日本の対支政策の第一は、国民政府をして孫文の遺志に基づける日支親善の大方針に復活せしむべく反省を促がすことでなければならぬ」(前掲「新満洲国とアジアの展望」)と述べる一方で、「もとより我が歴代内閣の対支政策に一点の過誤が無かつたといふのではない」(前掲「満洲問題を中心とする日米露の関係」)とも考えていた。これは、過去の日本政府の革命派支援が不十分だったということを意味する。

下中新党構想

満洲事変は、当時の無産政党(全国労農大衆党、社会民衆党)にとって踏み絵であった。「右傾化」する国民を背に社会民主主義にとどまるか、国家社会主義に打って出るかである。後者に舵を切る勢力としていちはやく登場したのが、下中彌三郎(平凡社創業者)を擁する新党だった。

この一件で下中が近藤栄蔵(日本労働組合総連合幹部)の訪問を受けるのは一九三一年一〇月一四日である。総連合は当時全国労農大衆党の傘下にあったが、新たに下中を担いで国家社会主義新党を興そうというのである。近藤はこの日の感触を「意気投合するところあるが如し」と日記につづっている(近藤栄蔵「日記ノート」同年一〇月一四日条)。

新党樹立の話が満川周辺に伝えられたのは二日後の一六日と思われる。その日、下中、満川、佐々井一晃、高橋忠作、杉田省吾が興亜学塾に参集して、橋本徹馬の「紫雲郷」〔紫雲荘〕を訪問した（「Diary」同年一〇月一六日条）。

一方で、下中新党樹立の話は、近藤らとはべつに、社会民衆党の赤松克麿、島中雄三からももちこまれていたことが、近藤の「日記ノート」（同年一〇月一七日条）に記されている。

　下中氏の需により平凡社にて会見。新党樹立の件については、別個に赤松、島中両氏より仝様な計画を持込まれてゐることを打開けられ、尚ほ全合同の形を採ることが本筋と思うが〔可に濁点、以下同様〕故に、大衆党方面へも渡りをつけるべく、既に山名〔義鶴〕氏へ会見を申込んであるとの事を聞く。△〔近藤を指す〕は事を漠然と拡大することの不得策を説いたが、兎に角、事が其処まで立ち到つたならば、山名氏との会見を拒まずと云ふ。その席へ偶然島中氏も落合ふ。

一〇月二〇日、富士見軒で新党樹立の会合がもたれた。参加したのは下中、満川、佐々井、近藤、坂本孝三郎らである。その内容が近藤の「日記ノート」にくわしく記されている。

　中央ホテルへ佐々井君に出張を乞ひ、坂本、△と共に談合、下中氏に決定を促すことに一決。同日、夜、富士見軒にて、下中、坂本、佐々井、森、高山、満川、△会見。新党樹立の具体的相談に入り、下中氏の決意を促す。下中氏は確答に対し翌日までの猶予を需む。総連合側具体的条件としては、全合同の形における党は結局無斗争力となること明らかなれば、この方針を抛擲すること、総連合中心勢力主義、党首下中、十二月中に発表、従来無産政党運動関係においては、一応総連合に相談の上交渉すること、従来関係なき方面に向つては、下中中心にて自由たること等。これより前、大衆党内部の意向を知る必要ありとて、佐々井君が河野〔密〕と会見し、下中氏が三輪〔寿壮〕と会見してゐたが、双方とも反対した。現在において大衆党方面へ呼かけることの無用を最初から説いてゐた△の予想が凡て的中したが故に、下中氏の腹はこの時全くきまつたものの如し。（同前、同年一〇月二〇日条）

右の記述から二つのことが読み取れる。ひとつは近藤は下中の説得にあたってまずは佐々井を抱きこもうとしたこと、もうひとつは下中は当初から無産政党を抱きこむ形で新党の構想を考えていたが全国労農大衆党幹部の河野密、三輪寿壮《じゅそう》がそれに応じなかったことである。特に全労党の対応が下中の気持ちを新党樹立へと後押しした。

赤松の策動

一〇月二一日、下中、佐々井、坂本らが会談し、この場で下中から結党に向けた決意表明があった。話し合いの結果、平凡社事業との関係上、一二月上旬まで公表せず、新党創立大会は翌年一月と決まった（同前、同年一〇月二一日条）。

最終的に、同月末の会合で、「極秘」と書かれた次の「覚書」が下中と近藤の間で交わされた。その写しを引いておこう。

一、樹立さるべき党は、国内においては社会主義を実現し、対外的には日本国民の平等的生存権を確保するを当面の目的とするものにして、指導中心を欠くところの在来の『共同戦線党』並に議会中心主義の社会民主々義政党とは異なる。
一、党首は下中彌三郎たること。
一、党の基礎大衆は日本労働組合総連合たること。
一、党の本質を傷けざる範囲において一般国民大衆を包容すると共に、既成無産政党をして解体参加せしむることに努力すること。
一、党の創立準備委員会を一二月上旬に開催し、党の樹立を公表すること。それ以前において総連合外の主要党員たるべきものを勧誘すること。
一、党の創立大会は昭和七年一月中旬に開催すること。
一、党創立費用は下中彌三郎において費出すること。
一、党結成に関する秘密は一切厳守すること。
昭和六年十月廿九日（同前、同年一〇月二九日条）

満川はといえば、一〇月二三日に興亜学塾で佐々井、毛利福太郎を中心に座談会があり、あとで下中も同席したので（「Diary」同年一〇月二三日条）、この時に下中から新党結成の決意を聞かされた可能性がある。

新党構想のなかでひとつの懸案が、社会民衆党との関係だった。下中は無産政党再編を意図していたため、全国労農大衆党幹部の山名義鶴、三輪、河野らと会見した。他方、社会民衆党との関係は島中雄三が窓口になっていたが、しだいに同党幹部の赤松克麿が前面に出てきたことが近藤の「日記ノート」（同年一〇月二六日条）に記されている。

夜下中氏より使あり、新宿停車場食堂にて会見。下中氏より、島中君を通じて赤松君が何等か速急に新党樹立につき漠然たる声明でもよいから発表してくれなければ、自分等の立場上頗る困難である可ら頼むとの事だが如何すべきやとの相談あり。△は断乎反対、社民行詰り救済の為めに、今回の計画を犠牲することの不可を説く。下中氏全くそれに賛成。赤松君等の策動には心可ら憤慨の様子明らかなり。

当時、社会民衆党内では、国家社会主義に立つ赤松派と社会民主主義に立つ片山哲派が対立していた。赤松としては自派勢力拡大と片山派牽制に新党樹立問題を利用したいというところだったのだろう。これに対し、近藤は「反対」、下中は「憤慨」したものの、最後まで赤松の行動に振りまわされることになる。

さらに、新党に関するやりとりがつづくなかで、下中・近藤の交渉に中谷武世、天野辰夫ら率いる愛国勤労党も参加してくる。これは近藤と下中の取り決めに、「従来関係なき方面に向っては、下中中心にて自由たること」とあったためである（同前、同年一〇月二〇日条）。

愛国勤労党と近藤との初顔合わせは一一月一一日である。下中、佐々井、近藤、中谷、神永文三、小栗慶太郎が参加した。このうち中谷、神永、小栗が愛国勤労党員である。この場で愛国勤労党側から「解党合同の意志」が示されたが、近藤の方は乗り気でなかった（同前、同年一一月一一日条）。また、愛国勤労党の方も他の政治・社会運動との連携に積極的とはいえず、今般の挙党参加には中谷と旧知の仲である満川の意向が働いていたのかもしれない。

満川は下中新党交渉に直接参加していないが、佐々井らから新党に関する情報を得ていたと考えられる。

経済問題研究会

興味深いのは、一一月二一日に赤坂幸楽で開かれた「無産党結成ニ関スル懇談会」である。ここには下中、佐々井、橋本欣五郎中佐、島中雄三、山元亀次郎、松延繁次、満川が参加した（「Diary」同年一一月二一日条）。橋本は三月事件、十月事件の首謀者で事件発覚後は謹慎の身となっていた。松延は行地社以来の大川周明門下で、三月事件では彼の指示を受けて無産政党工作にあたった。また、山元は社会民衆党関係者で赤松克麿と近かった。つまり、この懇談会は独立国策協会幹部と三月事件関係者が十月事件発覚後に合法無産政党の結成を話し合う場となった。

この新党運動の核に位置付けられたのが経済問題研究会だった。当初、下中を会長、高橋忠作を書記長として一九三〇年六月に結成された。その後休止をへて、翌年一一月二五日に下中、佐々井、満川、杉田省吾、高橋忠作らを中心に会を再編し、新たなスタートを切った。彼ら以外の委員には津久井龍雄、八幡博堂、古賀斌《たけし》、雨谷菊夫らのほか、会友として石橋湛山、高橋亀吉、小汀利得《おばまとしえ》、山崎靖純の名がある。仮事務所は麹町区の幸ビルに置かれた（経済問題研究会「声明」）。

この再編の日に、経済問題研究会は「宣言」を発表した。これは日本での資本主義経済組織に代わる「合理的・科学的経済組織」の樹立を訴えたものである。「綱領」には「大権の発動による経済統制」「私有財産の徹底的制限」「搾取によらざる後進国開発」「労働力の全国民的動員」とあり、つまりは金解禁で疲弊した日本経済を建てなおすために統制経済、国家総動員体制を樹立することが目的であった。このための調査、研究、啓蒙が経済問題研究会の主な活動になる（経済問題研究会「宣言」）。

日本国民社会党準備会

新党構想が公になるのは一二月に入ってからである。一二月四日に総連合の坂本孝三郎は全国労農大衆党からはなれて新党に参加する声明を発表した。

一二月一七日、下中は新党発起人会を神田のカフェー・ブラジルで開き、下中、佐々井（以上経済問題研究会）、島中雄三、赤松克麿、松下芳男（以上社会民衆党）、近藤栄蔵（総連合）らが参加した（前掲「日記ノート」一九三一年一二月一七日条）。この場で「新党樹立に就て」を公表した下中は、「一大国民的新政党の樹立」が急務であること、ならびに次の「立党要旨」と「新党の性質」に基づくことを明らかにした。

立党要旨

日本国家成立の本義に基き搾取なき新社会の建設を期す。

新党の性質

一、国民主義の党たること

一、反資本主義の党たること

一、単なる選挙党ならぬこと

新党発起人会（「新党樹立に就て」）

下中の考えが全面にあらわれているのが、二〇日付で発表した「御挨拶にかへて」である。彼は無産運動の「誤謬」をいかにして克服するかを考えていた。これまでの無産運動はプロレタリアばかり見て「国民大衆」を味方に付けようとしなかったし、共同戦線の試みも失敗に終わってきた。こうした旧弊を打ちやぶるものこそ新党であった。下中は次のように言う。

それ故に、私は、どうしても一つの目的、新しい目的或は目標の下に、一切が出直さなくてはならぬ。国民の党、反資本主義の党、単なる選挙党でない党、この三つの目標の下に、すべてが勢揃へして出直さなくてはならぬ。その勢揃への中に我々のやうに、これまで中間にゐたもの、加はるは勿論、広い国民の層、学者、役人、軍人、社員、中小地主、小商工業者、都市労働者、農民、みな、その勢揃への中に加はらなくてはならぬ。その為には、無産派の陣営は直ちに内部抗争をやめなくてはならぬ、個人的感情を捨てなくてはならぬ。広い大きい朗かな気持になつて起上らなくてはならぬ。すべてを包容しなくてはならぬ。これはと思はる、やうな団体または人々をもみな加へて鋳直さなくてはならぬ。中枢部がシツカリし、目標が明かにさへなれば、如何なる過去を有するものも必ず鋳直し得ると我は信ずる。（下中彌三郎「御挨拶にかへて」）

満川とも共通する、この下中らしい懐の広さが、そのまま党の旗幟となったと言える。それゆえに、無産政党や傘下の労組にくわえて、愛国勤労党ら「右翼諸団体」も発起人会に招かれたのだった。けれども、ただ烏合の衆をというのではなく、「国民の党」として次回の総選挙で結果を出すことも視野に入れていた。三〇日に開かれた忘年会兼選挙対策懇談会には下中、佐々井、島中、赤松、山元、近藤らが参加した（前掲「日記ノート」同年一二月三〇日条）。下中新党側と社会民衆党側の選挙対策の摺り合わせが行われたと思われる。調整はつづき、翌年一月五日にも下中、島中、佐々井、赤松、山元、近藤、平野ら参加のもと、新党結成時期と選挙方針が相談された（同前、一九三二年一月五日条）。

数度の会合をへて、一月一七日午後六時から新党結成懇談会が開催された。会場は経済問題研究会の仮事務所の入る幸ビルである。この日の出席者は、社会民衆党から島中、山元、松下芳男、愛国勤労党から中谷、天野、平田晋策、神永文三、経済問題研究会から平野増吉、高橋忠作、満川、杉田省

吾、佐々井、日本農民組合から平野力三、北山亥四三、稲富稜人《たかと》、高山市太郎、瀧澤操六、日本労働組合総連合から近藤、坂本、高山久蔵、森脇甚一、森栄一、末中勘三郎である。彼ら以外にも高野清八郎（全国立憲青年同盟）、半谷玉三（国家社会主義政党京都地方準備会）、松延繁次（日本社会主義研究所）、津田光造（日本村治派同盟）、林癸未夫《きみお》（早大教授）、神田兵三（京都市会議員）、綱島正興《せいこう》（弁護士）、小栗慶太郎らがいた（「新党組織準備会出席者芳名」）。

この場で紆余曲折の議論をへて、最終的に新党樹立準備会の結成が承認された。下中を委員長とする準備委員が決定し、一月二五日に第一回準備委員会が開催された。同会の「決定事項」として「党誓」「綱領」「党名」「常任委員」がある。党名は日本国民社会党、常任委員は下中を委員長として近藤、高山、森、天野、中谷、神永、平田、佐々井、浅川保平、浜田藤次郎、宇野信次郎である。主に経済問題研究会、総連合と愛国勤労党からなる。

「党誓」は「建国の本義に基き搾取なき新日本の建設を期す」、「綱領」は「一、我党は行動的国民運動により天皇政治の徹底を期す。二、我党は日本国内に於ける反資本主義統制経済の実現を期す。三、我等は人種平等、資源衡平の原則の上に、新世界秩序の創建を期す」であり、これは近藤栄蔵の私案がたたき台となっていた（「第一回準備委員会」）。

3　新日本国民同盟の結成

聖賢の時代

無産政党再編の一方で、テロルの計画が進行していた。二月九日、小沼正によって井上準之助元蔵相が暗殺された（血盟団事件）。かつての上司の死について、満川は日記に何も記していない。しかし後年、「殊に井上氏の上に加へたる手が、日召門下の血盟団から出たことを知るに及び、私は幾度『準之助氏と日召君』とひとり言を繰返へしたかも知れない」とその「失望と浩嘆」を告白する（前掲『三国干渉以後』二七九頁）。

一方で、満川が関わっていた日本国民社会党準備会は、あくまでも合法路線にのっとり展開する。結党に先駆けて議会進出をねらい、第一八回総選挙（同月二〇日投票）に日本国民社会党準備会から三名（大阪の坂本孝三郎、神戸の久留弘三、長野の中原謹司）が立候補したが、みな落選した。それでも、準備会は三月に常任委員会や特別委員会を開いて、翌月の結党に向けて準備を推しすすめた。

満川は、こうした「新国民運動」を歓迎したものの、「表面総選挙といふ傍生的事実のために却て妨げられてゐるかの如く」とも述べ、新党が選挙に出て既成政党と競り合うことに賛同できなかった（満川亀太郎「内外時評」）。

だがこの行詰れる政局を真に打開し。《ママ》国民生活の再建を期待し得る道は唯だ一つあると信ずる。然らばそれは何かといへば単なる選挙党に非ざる真の国民党を組織するといふことである。一国一党を終局の目的とする、而して国民党の政権掌握を目標とする大衆運動の萌芽が全国到るところに発生せんとしつゝあるは、心ある者の直ちに看取し得るところである。(同前)

そこで、満川は同年四月に刊行する著書『激変渦中の世界と日本』(先進社)に力を注ぐ。同著は『世界現勢と大日本』『世界維新に面せる日本』をさらに改稿したものだが、世界恐慌をへて時代への危機感がより前面に押し出された形となった。満川が予見する未来の危機とは第二次世界大戦であり、それを手招きするものこそ人種差別と「大国がみだりに広大なる領土を閉鎖して民族移動の自由を妨害しつゝあること」(二一三頁)である。

この国際的な「不平等」を満川は問題視し、インド、アジア、中国、満洲国、ソ連、また「黒人」・ユダヤ人問題に多くの紙数を割いた。今日から見てやや違和感があるのはソ連がふくまれることだろう。前著でもソ連の記述はあったが、それは民族運動の推進者としてのソ連であった。今回はソ連の五ヶ年計画を踏まえて、「一意専心搾取なき社会主義国家を建設せんがために、一切の障碍を克服して勇往邁進し来つた事実を、我等は率直に認識せねばならぬ」(二三七頁)と評価した。

日本の危機打開策として、満川は三つの方策をあげる。ひとつは日本自体の「改造」である。「天皇と国民との間に介在せる一切の障碍を撤回して、君民一体の新日本の建設せられんこと是である」(二四八頁)。しかし、資本主義の断末魔において出現する「大衆時代」(大衆社会の到来)に満川は否定的で、優れた指導者を戴く「聖賢の時代」に到達すべきことを説く（二四九頁）。

二つ目は世界の改造である。「資本主義経済組織、換言すれば利己主義経済組織によって一切を歪められたる世界を根本的に改造し、二十億の人類をして幸福安寧を享受せしむべき新世界秩序を打ち建つること」である。それは国際的分配の「正義」を確立し、日本がかかえる人口問題も解決することになる（二四九頁）。

最後はアジア連盟である。「原始の状態」に置かれ天然資源を豊富にかかえるアジアを開発することは「先進民族たる我等の使命」と満川は言う。そのうえで、満洲国の後援、中国や東南アジアとの提携、さらには中央・西アジアとの経済的提携を求めて、「大アジア連盟」の建設を目指すべきだとする（二五七頁）。

けれども、満川の提起をよそに、この危機の打開は新たな事件となってあらわれる。

帝都の異変

一九三二年五月一五日、上海事変で戦死した藤井斉の遺志を継ぐ古賀清志ら海軍青年将校が首相官邸に乗り込み、犬養毅首相を暗殺した（五・一五事件）。

運動家も事件に連座し、大川周明から軍人側に拳銃、弾薬、資金が拠出され、橘孝三郎率いる愛郷塾生は、東京市内の電気を止めるため、変電所を襲撃した。文明への攻撃である。

満川は、事前に事件の情報を得ていなかったらしい。この日の日記に「此ノ日夕刻犬養首相射殺セラル／帝都ノ異変ヲ知ラズシテ就寝／西田君射撃セラル」と書きとめている（「Diary」同年五月一五日条）。西田は、十月事件発覚をめぐる運動内の対立によって、「血盟団」の川崎長光に撃たれて重傷を負っていた。顔見知りの西田がねらわれたため、翌日から満川の身辺警護に二名の刑事がついた（同前、同年五月一六日条）。そんな満川に、弟子西田の負傷を悲しむ北一輝から次の書簡（同年六月九日付）が届く。

拝啓。西田君ノ様態益々好良何人モ奇蹟ト云ハザルモノナシ。刀杖不加毒不能害ヲ彼自身ニ見、神仏ノ加護アル者ノ生クルモ死スルモ断ジテ邪悪ノ者共ノ企望ト一致セザルコトヲ示シ候コト等難有存候。始メ小生モ宋教仁ノ時ノ悲痛ヲ再ヒスルカト考ヘシモ、西田ニ与ヘタル法案ノ序文ニ明記シタル通リ偽非革命者ガ真乎ノ力ヲ亡ボシテ取ツテ代ハル歴史ノ常態ヲ繰リ返ヘサントシタル者ト存ジ、人間ノ邪悪限リナキヲ悲シミ候。足下亦此ノ悲ヲ同フスベク存候。封入ノ者ハ御子供様用トシテ当方ノ女房ヨリ御方ノ女房様ヘナリ。（「満川亀太郎宛北一輝書簡」同年六月九日付）

もっとも、この頃の満川は、北や西田と活動をともにしていたわけではなかった。満川の日記を見るかぎりでは、一九三一年一一月から三三年二月まで北と会った形跡はない。むしろ、新党結成の過程で大川周明と立ち位置が接近していた。大川は一九三二年二月に行地社と全日本愛国者共同闘争協議会を発展させる形で神武会を結成し、右派社会運動の統一戦線を再建しようとした。ただし、彼は同年六月に五・一五事件のために検挙され、保釈されるのは一九三四年一一月になる。

合同から分裂へ

日本国民社会党準備会も、この時期ひとつの局面を迎えた。準備会は、総選挙で敗残後も正式な結党に向けて動き、結党日を四月一七日としたが、社会民衆党内で国家社会主義に立つ赤松の動きをにらんで延期した。

赤松らは党内対立によって脱退して国家社会主義新党準備会を結成すると、下中らとの合同を提案してきた。同じく社会民衆党の島中雄三が間に入ることで、日本国民社会党準備会と国家社会主義新党準備会の合同に至ることになり、結党日は五月二九日、党名は国民日本党と決まった。けれども、赤松派と下中派の調整が折り合わず、合同結党式を開くはずだったまさに五月二九日に、下中らは新日本国民同盟を、赤松らは日本国家社会党をそれぞれ結党した。

新日本国民同盟は二九日付で「声明書」を発表し、「不幸にして之等社会民主々義の転向派が其の心事に於ても、其の思想に於ても、依然として従来のエセ無産党的旧態を脱し得ざるの事実を発見」(「新日本国民同盟ニユース」第一報)したと述べるが、これは赤松らが新党の役員を独占しようとしたことに起因していた。

新日本国民同盟の「盟誓」は日本国民社会党準備会の時と同じだが、「綱領」が「一、我等ハ国民的結集力ニヨリ金権支配ヲ廃絶シ、以ツテ天皇政治ノ徹底ヲ期ス/二、我等ハ資本主義機構ヲ打破シ、国家統制経済ノ実現ニヨリ国民生活ノ確保ヲ期ス/三、我等ハ人種平等資源衡平ノ原則ノ上ニ新世界秩序ノ創建ヲ期ス」となり、より資本主義の変革が強調されている(同前)。のちに内務当局より「綱領」にクレームがつき、第二条の「我等ハ資本主義機構ヲ打破シ」に「合法的手段ニ依リ」を挿入することを要求してきたので、交渉の結果、第一条の「我等ハ国民的結集力ニヨリ」を「我等ハ合法的国民運動ニヨリ」と改めることになった（「新日本国民同盟関西事務局第三回協議会報告」）。

新日本国民同盟の陣容は、委員長下中、書記長佐々井、相談役島中、顧問鹿子木員信、小野武夫、貴志彌次郎（陸軍中将）、権藤成卿、中央常任委員には天野辰夫、中谷武世、高山久蔵、近藤栄蔵、坂本孝三郎、森栄一、浜田藤次郎、神田兵三、神永文三、佐野好男、下中、佐々井、満川となった。書記局は下中、佐々井、中谷、近藤、神永である（前掲「新日本国民同盟ニュース」第一報）。

満川は、そもそも新党合同準備会（五月）にも参加せず、合同問題とは距離を取っていたが、これまでの経緯から、新日本国民同盟に所属して常任委員となった。その後、常任委員会の第一回（六月六日）、第二回（六月二五日）、第三回（七月一二日）は不参加だったが、第四回（八月一一日）にようやく参加し、ここで国際部長に任命された（新日本国民同盟「報告」）。

高まる不協和音

不幸なスタートを切った新日本国民同盟の前途は、多難であった。同盟内では近藤ら総連合系と中谷ら愛国勤労党系の関係がしっくりいかず、これが様々な問題を生み出していった。

下中や愛国勤労党の人々は、同年六月に中谷武世らによって創刊される『国民思想』（発行所国民思想研究所）の方に集った。同誌の主な執筆者は中谷、下中、鹿子木、佐々井、天野らで、満川も常連寄稿家のひとりだった。同誌の旗幟は日本主義、天皇主義であり、近藤ら総連合系が参加する余地はなかった。

八月末には、委員長である下中が辞任を申し出た。辞任の表向きの理由は合同がかなわなかった責任を取るとのことだったが、運動資金難のためとの見方もあった（『特高月報』一九三二年十一月分、二八頁）。彼は、八月三一日付で中央常任委員会宛に委員長の辞任届を提出し、慰留の話も出たが、九月二〇日付で辞任を公表した。下中に代わって運営にあたることになったのが佐々井一晁である。

満川自身の活動に目をやれば、この間主だった活動のなかった独立国策協会と国民外交協会の改組を六月に実施した。

昭和七年六月時勢ノ激変ニ対シテ深ク慮ルトコロアリ、国民外交協会ト相諮リテ再ビ組織ヲ更改シ、会員ヲ厳選主義ニヨリテ全員ヲ委員トシ、国民外交協会ハ丸山鶴吉会長ニ細井肇常任委員ニ決定シテ益々動的ニ、独立国策協会ハ下中彌三郎会長ニ満川亀太郎常任委員ニ決定シテ愈々静的ニ、内外相応ジテ急迫セル時局ニ献替シ、百年不動ノ国策ヲ樹立スベク努力スルコト、ナレリ（前掲「独立国策協会沿革」）

この時期の改組は、新党樹立による埋没感を克服し、旧縁との結束を再確認するためかもしれないが、事実上の責任者である満川の日記においてすら、六月以降の協会の活動は記されていない。

こうした運動の迷走は、新日本国民同盟との関わりでもいえることであった。下中の辞任につづき、満川も一〇月一四日付で新日本国民同盟の中央常任委員を辞めることを申し出た。この理由は、佐々井から満川に届いた慰留の書簡（一〇月一七日付）から察することができる。

御懇篤なる貴翰拝承、其後一度お目にかゝり度と存じつゝ果さず、本日意外の御消息を手にて遺憾千万に候。

同盟も下中兄辞任、愛勤党は脱退声明書起草中、大兄も辞任、かくして、一人減り二人減りして、太陽の前の雪だるまに候。心細き限りとは此事也。

大兄の御事情は十分御諒承致居候に付何とも申上様無之、たゞ、同盟の如き社会的存在のものは人気に関すること絶大にして、その意味に於て、それ見ろ満川氏も脱退！だといはれることが百万の援兵を失ふ所以に候。また、たとへ、月に一度でも二ヶ月目に一度でも顔だけ出して頂いても相当効果的であり、精神上、意気の上に益損の差甚しきもの有之候。

これほどまでに思ふことゆへ、願くば、在来のまゝ踏止つて頂き度、御思召如何に候□、大体、道づれがわるいといふことが主なる原因かと考へ居候。此点、近く精算する心づもりに候。もし清算が出来ぬ際は、小生自ら脱退を決意いたし居候。近く関西からも呼びよせて一戦試むる決意に候。

同盟自体としては、愛勤が脱退しても、下中氏が辞任しても、進む者は進み居候て、苦労乍ら頗る意を強くせる次第に候。過般も福島県平にて発会式には千九百二十名の調印者あり。更に大々的に進展中に候。新潟県は全県下にわたりて異常なる発展を示し、恐らく一県を風靡可致、東京朝日の越後版は過般二回大きくのせ居候。その他、時勢が時勢ゆへ、この運動は東京で見るよりも発展の速度急速なるべしと確信罷居候。小生も各地方に同志出来候て、今やこの陣営を捨てることは同志諸君の期待を裏切ること、相成りやむにやまれぬ成行に候。

左様の次第ゆへ、下中兄も不取敢相談役のまゝにて御願ひ申置候て、後日復活してもらふつもり。大兄も、同様、現状のまゝ御承認願度

小生脱退する日あらば連袂といふ態度に御願申度候。

東京の運動がK君中心にて、妙なものに相成居候へ共、下の若い連中はそれでも中々懸命に候間、却つてK君が鞭撻されつゝある状態に候。

東京だけでは、一つ新奇まきなほしをやるつもりに候。御無理を申恐縮に候へ共「当分」御聞入願度候（「満川亀太郎宛佐々井一晁書簡」同年一〇月一七日付）

「道づれがわるい」とは、日本主義を奉ずる下中・満川・愛国勤労党と国家社会主義の立場に立つ「K君」こと近藤栄蔵との亀裂を指す。新党樹立を急いだ反動が徐々にあらわれてきたといえよう。

右記にあるように、愛国勤労党も一〇月一七日に同盟からの脱退を表明、脱退申し出は一一月一日に同盟に届けられた。脱退の理由は、近藤らの思想と運動が「一国社会主義乃至一国共産主義」「合法マルキシズム運動」の範囲を出ていないというものであった（前掲『特高月報』一九三二年十一月分、九一頁）。

下中および愛国勤労党の脱退を受けて、一一月の全国支部代表者会議と第一回中央委員会で新しい執行部が決定された。書記長は佐々井、中央執行委員は佐野好男、坪井専次郎、神田兵三、野本義松、坂本孝三郎、高橋忠作、高山久蔵、森栄一、近藤栄蔵、神永文三、佐々井である。ここに満川の名前がないのは、近藤擁する東京府連が満川を推薦しなかったためである。翌日、常任緊急委員会でこの一件を話し合ったが、満川を執行部に入れたい佐々井とそれを拒む近藤の対立があったという（同前、二八―二九頁）。

満川は、佐々井の引き留めもあってか党から去ることはなく、同年一二月に創刊された同盟機関誌『錦旗』の常連執筆家として関わった。一巻八号（一九三三年八月一日）から「国際時評」（「国際常識講座」）と「こころの日記」の両連載を担当している。

同誌に投じた論稿で、満川は、満洲問題を中心に論じながら、「非常時」日本における国内改造とアジア復帰を訴えた。当時の議会では国際連盟脱退が議論の俎上に上っていたが、満川は日本のアジア回帰や軍縮離脱に帰結するとして好意的であった。そもそも満川は国際連盟を「大英保全組合」と見てまったく信を置いていなかったし、イギリスという「世界幕府」を「維新」によってアジアから駆逐することを考えていた。

満川の気がかりは依然として日中関係であった。以前は中国にも日中提携に向けた反省を求めていたが、この時期に日本自身の態度を遡及して批判する。

今や日本は、満洲事変を契機として、明治大正六十年にわたる追随外交を清算し、亜細亜を中心としたる自主的外交を樹立すべき時期に迫られて来た。御互ひに国境を相接して親善関係を結ばねばならない立場にあつた日支両国が今日の如き闘争を見るに至つたのは、非常に遺憾なことである。支那が、終始一貫して日本排斥の挙に出たのは、所謂遠交近攻の伝統的外交に禍されたことが其の主たる理由ではあるが、一面又、我国の外交が多年、強国たる欧米に追随し、弱小民族たる亜細亜諸国に対して甚だ驕慢なる態度を採つて来た事が、支那の排日を激成せしめた一理由たるを否み得ない。(満川亀太郎「リットン報告書を俎上にのせて」)

この日本の「甚だ驕慢なる態度」がもたらす日本とアジアの断絶をいかにして埋めていくのか。満川は、中国国民に対して、「日本国民は一人と雖も支那国民を憎悪する者などなく、むしろ衷心より同情を表して、支那の一日も早く強固なる国家に改造され、日支満三国提携の実力を樹立して、アジア復興の大業にいそしまんことを願つてゐる」(満川亀太郎「日英戦争を準備せよ」)と述べるが、これは自身の願いを日本国民に投影しただけであった。

4　アジア解放運動

東洋研究会

満川にとって、国内の改造は国外の改造と一となるべきであった。後者に資する興亜学塾を去ったいま、新たなアジア主義運動へ踏みだすことになる。満川曰く、その様は「万木一時に緑を吹くの観」であった（「阿佐ケ谷より」）。

一九三三年一月、満川は、ボースが「十二社」（現在の新宿区）付近で建設を計画していた「アジア郷」の敷地検分に付きそっている（「Diary」同年一月一〇日条）。この宿舎はインドからの留学生を受けいれるためにボースの肝いりで建設されたもので、一五、六名のインド人が寄宿し、時にはボース手製のインド料理を食べながら、生活をともにしたという（相馬黒光・相馬安雄『アジアのめざめ　印度志士ビハリ・ボースと日本』五二頁）。

また、ガンジー協会（カンヂー協会とも表記）にも満川は関わった。この協会はまず仙台で設立され、中心にいた丹野清はインド独立運動の支援を通じてボースや大川周明とも交友があった（山田義雄『絆を彫る　栃木県に「インド独立の碑」を建てた丹野清翁の物語』、一記者「仙台の『ガンヂー協会』と丹野清氏　印度独立記念旗樹立」）。一九三三年一月に東京で協会の会合が開かれ、室伏高信、下中彌三郎、尾崎敬義、福永渙《きよし》、加藤一夫、中村正一、田辺宗夫、満川らが参加したが、その後の足取りはわかっていない（「Diary」同年一月二五日条）。

さらに、この時期に満川が関わったアジア主義団体として大亜細亜協会がある。これまで、同会の前身は一九三二年春に結成された「汎アジア学会」とされてきた（中谷武世『昭和動乱期の回想　下』中谷武世回顧録』三四八頁）。

しかし、当時の文献に基づけば、東洋研究会という団体までさかのぼることができる。一九三二年七月一三日に学士会館で開催された第一回例会では今岡十一郎が講演し、下中、満川、中谷武世、野波静雄、中山優、南一雄、中平亮が参加した（「Diary」同年七月一三日条、「当研究所関係集会一束」）。中谷の回想によれば、のちに彼とともに大亜細亜協会を担う松井石根陸軍中将も加入を申し込んできた（前掲『昭和動乱期の回想　下　中谷武世回顧録』三四九－三五一頁）。同じ軍人では和知鷹二陸軍少佐も参加していたことが、中谷の書簡（同年九月二二日付）に記されている。

> 扨、前関東軍参謀で目下凱旋中の和智〔知〕少佐　今回　広東駐在の特務機関として赴任せられるにつき、東洋研究者関係にて秘密に同少佐送別の小会を開き　比島　安南　印度方面に対する軍部の働きかけを促進激励する意味で隔意なき懇談を遂げたいと存じます。二十五日午后五時半　新宿中村屋二階でお待ち合せ致しますから是非お来越願ひます、（更にそれから他の場所へ参る予定です）安南の南一雄さんも是非老台より御誘合せ願ひます。出席者は、和智、ボース、リカルテ、南、下中、中平、満川、中谷の八人です、それだけに限定したいと存じますから御含み置きを願ひます（「満川亀太郎宛中谷武世書簡」同年九月二二日付）

南一雄とはベトナム人皇族で独立運動に携っていたクォン・デと思われ、満川も支援に一役買っていたようだ。両者を結びつけたのは「南十字星」こと何盛三だろう。

右の引用の「東洋研究者関係」は東洋研究会会員を指すと思われる。東洋研究会は、例会開催のかたわら、東洋研究叢書を刊行した。第四冊までの著者である中平亮は、朝日新聞記者として、一九二〇年六月にモスクワで布施勝治とともにレーニンと会見した人物であった（ワレンチン・アルハンゲリスキー著、古本昭三訳『レーニンと会った日本人　ドキュメント〈歴史の三〇分〉』）。

叢書第四冊目となる『亜細亜民族起つ』（一九三二年一〇月、東洋研究会）の出版記念会が、同月二二日、レインボーグリルで開かれた。参加者は中平、今岡、田鍋安之助、満川、綾川武治、中山、太田耕造、高橋利雄、細井肇、下中、宇治田直義、清水董三、田辺宗夫、中谷らである。この場で司会の中谷から、「今日の会合を機縁として『汎亜細亜協会』を設立し、亜組（ママ）亜連合のための調査研究並に政治、経済、文化の各方面に亘る実際運動を展開して此の世界的大変局に際しての皇国日本の世界経綸のために善処すべきであるとの提唱」があり、その場でほぼすべての参加者が発起人となることを快諾した（「『汎亜細亜』の集ひ」）。

満川もこの出版記念会開催が「動機」となって大亜細亜協会創立の準備会ができたと述べており（前掲「阿佐ケ谷より」）、東洋研究会から汎亜細亜協会をへて大亜細亜協会結成へ至ったと考えられる。

大亜細亜協会

大亜細亜協会創立準備委員会は一九三二年一二月に霞山会館で開催された。代表は近衛文麿、村川堅固《けんご》、広田弘毅、松井石根、菊池武夫である（「大亜細亜協会創立準

備委員書簡」「日支提携の新運動　大亜細亜協会創設」)。

　翌年一月二六日、準備委員会は創立懇談会を丸の内の東京会館で開いた。参加者は近衛文麿、松井石根、広田弘毅、小笠原長生、村川堅固、菊池、小畑敏四郎、秦真次、永田鉄山、本間雅晴、下中、野波静雄、太田、田鍋、根岸佶、中山、清水、平泉澄、宇治田、鈴木貞一、白岩龍平、井上雅二、今岡、満川、中谷、中平ら約六〇名である(「大亜細亜協会の諸集会」)。ここで大亜細亜協会創立の議は多くの賛成演説によって迎えられた。

　発会式は満洲国建国記念日にあたる三月一日に東京会館で行われた。この日は菊池武夫陸軍中将(のち天皇機関説事件を起こす)が司会をつとめ、村川による結成経過報告にはじまり、徳富蘇峰の会員代表演説、荒木貞夫陸相らの祝辞がつづいた。

　この場で発表された「創立趣意」によれば、満洲事変後に変化する世界政治の変化に対応するために「運命共同体」であるアジアの再建と統一が必要であり、その重責を担うのが「皇国日本」だとされる。「亜細亜諸民族の自彊と団結の指導として欧羅巴偏局の現国際機構を改善し、人種平等資源衡平の原則の上に新世界秩序を創建することこそ、我が建国の理想を恢弘し皇道を四海に扶植するの一路」とある(「大亜細亜協会創立趣意」)。

　本部の役員は、評議員が近衛文麿、松井石根、菊池武夫、村川堅固、広田弘毅、末次信正、徳富蘇峰、加藤敬三郎、藤村義朗、小笠原長生、矢野仁一。理事は鹿子木員信、根岸佶、平泉澄、戸塚道太郎、本間雅晴、山脇正隆、今岡十一郎、小林順一郎、下中彌三郎、角岡知良。幹事は樋口季一郎、筒

井潔、石川信吾、柴山兼四郎、太田耕造、鈴木貞一、酒井武雄、宇治田直義、満川亀太郎、清水董三、井上靖、中瀬泝、今田新太郎、半田敏治、中谷武世、中平亮である（「大亜細亜協会役員」）。同会の主な事業は、機関誌『大亜細亜主義』の発行や研究会・講演会の開催といった文化運動・思想運動であった。中谷によれば、『大亜細亜主義』と『国民思想』は「内外両面の皇道運動に於ける文字通りの姉妹雑誌」であった（「編輯後記」）。

大亜細亜協会の理念には満川も共鳴していたと考えられる。以前から、満川は「亜細亜国際連盟」の樹立という構想を打ち出していたし（前掲「亜細亜復興運動の基調」）、一九三〇年代になっても次のように述べているからである。

> アジア民族は茲に大同団結し、白色人種の暴戻を防がなければならぬ。この意味に於て大アジア連盟の結成は、因より我らの理想とすべき目標ではあるが、それには先づ極東諸国、即ち日本、満洲、支那の三国が連盟しなくてはならぬ。次では印度の独立を計り、これを連盟に加入させることであつて、それよりペルシヤ、土耳其、アフガニスタンと次第にアジア全部に及ばなければなるまい。
>
> 大アジア連盟は、多年白人の圧迫の下にある民族的な渇仰であるが、アジアの諸国が微力なる為め自ら立つて、その結成を計るが如きことは不可能であつた。日本は茲に敢然として立ちアジアの盟主となり、我等のアジアを、民族を、白色禍より防遏しなければならぬ立場に至つた。目

前民族的に重大意義を孕む日英両国間の尖鋭化を控へて今日に於ける日本の立場の重大性は云ふを俟たぬが、最後に一言付加せねばならぬことは、アジアの各国にしても、各国自身が更に一段の自力更生を期して、この際もつと強力になるといふ努力を怠つてはならないといふことである。これは大アジア連盟を目指して進む第一歩として、最も緊切なる要件である。（満川亀太郎「大亜細亜連盟の結成」）

満川も『大亜細亜主義』創刊号（一九三三年五月一日）からさっそく「欧州中心時代の終焉」を投じて、世界大戦後においてヨーロッパの歴史的使命が終わり、日本とアジアが新文明の建設を担うべきことを説いた。その後も満川は、大亜細亜協会が主催する研究会や幹部懇談会に顔を見せ、理事として活動を支えた（「大亜細亜協会々報」）。

5　改造請願運動

世界革命を目指す満川にとって、国外改造を担う組織が大亜細亜協会とすれば、国内改造を担う組織が新日本国民同盟になる。

「K君」の脱退

この時期、満川と新日本国民同盟の関係は旧に復しつつあった。これはおそらく「K君」の進退が関係している。「K君」こと近藤栄蔵が一九三三年一月に組織部長と中央常任委員を辞任したのである。一月七日の中央常任委員会で、佐々井が「近藤が辞任するならば相当の資金網確立す」と述べて、これを近藤が受けいれたためであった（『特高月報』一九三三年一月分、三六、七頁）。同盟は創立以来、慢性的に運動資金の調達に苦しんでいた。

これが転機となって、以後、満川は同盟の活動に積極的に関わりはじめる。一九三三年三月、満川は新日本国民同盟京都支部設立座談会に参加するため、佐々井と京都に向かう（「Diary」同年三月一六、一七日条）。満川が同行したのは、行地社時代に京都支部設立に尽力した経験と人脈を買われたからだろう。

しかし、近藤の委員辞任をもってしても、同盟内の幹部対立はおさまっていない。七月になると、それまで東京府連をまとめていた近藤が、府連の大部分とともに新日本国民同盟を脱退した。日本主義と国家社会主義の対立や人間関係が原因だが、七月九日の第一回全国府県支部総代会議で決議された「国難打開並皇国理想達成の祈願運動」を予め近藤らに相談しなかったことも一因だった（『特高月報』一九三三年七月分、五三－五四頁、「資料　新日本国民同盟全国府県支部総代会議々事録」）。

七月一一日には、東京で天野辰夫、前田虎雄ら神兵隊によるクーデター計画が発覚している（神兵隊事件）。しかし、満川はクーデターとは一線を画しており、事件に関わった形跡はない。新日本国民同盟の活動も祈願運動や講演、機関誌発行などの啓蒙運動が中心で、その主力が満川であった。

佐々井と満川は、各地における支部設立と近藤脱退後の引き締めをはかって、七月一〇日、千葉支部発会演説会に出かけ、関東での党勢立て直しをはかった（「Diary」同年七月一〇日条）。同盟としても、八月六日に第一回全国支部代表祈願を明治神宮で行ったあと、全国支部代表者会議を赤坂三会堂で開催した。開会に先立ち、「盟友」愛国勤労党の天野辰夫が挨拶を行った。議題の中心は、近藤脱退後の役員改選と新しい「運動方針要綱」の決定である。役員改選で満川はこれまで通り中央常任総務委員、国際部長に再任された（「集る代表者百六十名　超非常時局に呼応して全国支部代表者会議開催」）。

新たな運動方針は、国内外の危機（資本主義危機、日米を対立軸とする世界戦争、社会民主主義の崩壊、国家・地方財政破綻と生活悪化など）を「非常時」と受けとめ、言論・出版活動や「街道闘争」などを労働者、農民、在郷軍人、青年団に呼びかけるものである。とりわけこれ以後、彼らの運動の中核となるのが「祈願運動」であり、「同盟のあらゆる活動に瞳を点じ、魂を与える運動として、厳粛、壮重、且つ信念的に展開すべき」ものとされた（「次期大会に至るまでの同盟の運動方針要綱（一）」「次期大会に至るまでの同盟の運動方針要綱（完）」）。

錦旗革命　七月の関西遊説後、満川は伊豆にこもって講演内容を改稿し、一九三四年二月に『大変動期の世界と日本』（錦旗社）として刊行した。これは前年に出した自著『激変渦中の世界と日本』（一九三三年）を加筆・改稿したものであった。

前著から変わったところは、インド関連の記述が大英帝国動揺の一環として語られたこと、「黒人」問題とユダヤ人問題の記述が減って、前者はアメリカの章に、後者は「アジアとヨーロッパ」の章に組み入れられたこと、「日本と満洲国」の章および「錦旗革命」などの項が追加されたことである。

ここでも、日満提携と日本の国際連盟脱退表明は「東洋への復帰」として肯定的に解釈されている

（一一六頁）。

「錦旗革命」の項では、満川はレーニンやガンジーを例にあげながら「革命とは人の子を救ふ」（一四五頁）もので、「一旦錦旗が非常時に動くところ、国家の生命は躍動し、国民の精神は緊張し、飽くまでも天皇を奉じて国家改革の目的を遂げずんば已まぬ」（一四八頁）とする。しかも、この革命は日本にとどまらず世界にもおよぶべきとして、次のように満川は言う。

だが日本国家の錦旗革命は、同時に世界の錦旗革命にまで躍出しなければなりませぬ。共産主義の赤旗や、ナチスの鉤十字旗しか持ち合さゞる諸国民にも、我が光彩燦然たる錦旗を示し、世界をして赫々たる日輪の光臨を仰がしめてこそ、日本国民の歴史的使命は終るのであります。維新の先覚横井小楠曰く「堯舜孔子の道を明かにし、西洋器械の術を尽くす、何ぞ富国に止まらむ、何ぞ強兵に止まらむ、大義を四海に布かむのみ」と。錦旗を奉じて真の世界革命を行ふもの太陽の児たる我日本国民の外にないのであります。（一四八－一四九頁）

ここに言及されるように、非人道的なユダヤ人政策を取るナチスを満川は「世界大戦の生んだ一個の変質者」として批判する（満川生「国際時評」）。このナチス批判はその後も繰り返され、「新黄禍論の提唱者が、一人は独逸のヒツトラーであり、他の一人が伊太利のムツソリーニであるに至つては、愈々吾人の心外千万とする処」と述べ、批判対象にムッソリーニもくわえられている（満川亀太郎

「世界の人種問題」)。

この時期の満川は各地の講演会に呼ばれることが多く、講演内容はファシズム運動、満洲事変、五・一五事件関係が主である。一九三三年九月は事変二周年ということで事変関係の講演が多く、汽仙沼の演説会には約一八〇〇名が集まった(「Diary」同年九月二三日条)。彼を取りまく社会状況は確実に変化していた。

この合間をぬって、満川は大亜細亜協会に顔を出したり、長谷川淑夫とともに北一輝を訪ねたりした(同前、同年九月二九日条)。五・一五事件以後、満川と北の往来は年二、三回にとどまっていたが、北はその間、青年将校や政友会の小川平吉との関係を深めていた。

もう一方の雄大川は、いまだ獄中にあった。五・一五事件の判決が下りるのは一九三四年二月三日である。橘孝三郎は無期、大川は懲役一五年で予想より重い判決だった。家族慰問のため、満川はなんどか大川の留守宅を訪ねている(同前、一九三三年一月一八日条、「DIARY 二五九四」一九三四年三月一日条)。

「愛人」の精神

一九三三年も秋になり、満川が同盟本部を訪問する機会は以前より増した。新日本国民同盟は、一一月三日に国難打開皇国理想達成第二回全国支部代表者祈願を明治神宮で行ったあと、午後から臨時全国大会を赤坂三会堂で開催した(「編輯後記」、「Diary」同年一一月三日条)。全国の各支部から代議員約七〇〇名が押しかけ、会場は熱気に包まれた。

満川は開会の宣言を行い、副議長に就いた。本部、各支部の活動報告がつづき、宣言や翌年開催の大会議案などを審議した。「再び全国民同胞に訴ふ」という「宣言」には同盟の活動方針として、枢密院制度・帝国議会制度の合法的改正、天皇親政制度の実現、国家総動員計画の緊急完成、経済産業機構の改造（資本家本位経済機構の徹底的打破）など一五項目が明記されている。

議事の最後で満川から、明治天皇を明治大帝と呼称すると「外国の皇室と天壌無窮の我が皇室とを混同する概念を与へる恐れがある」ため、明治天皇と呼称すべきという提案が出され、可決された（「非常重大時局に直面して国民の拠るべき指標を宣言　議案没収の弾圧に抗しつつ堂を埋める代議員七百名　厳粛壮重を極めた臨時全国大会」）。

一九三四年に入り、新日本国民同盟は二月一〇日に年次大会を計画する。しかし、二月七日の中央総務委員会（副議長満川）において「現在の情勢は未だ決戦的大会を開催する状勢にあらず」との理由で無期延期が正式決定した（『特高月報』一九三四年二月分、四六－四七頁）。

同志を東京に呼べないならばと、満川自身が各地におもむいた。三月は四谷支部準備会、群馬の錦旗青年塾に、四月は京都支部年次大会、錦旗青年隊結成式に出席した（「DIARY　二五九四」同年三月七日、四月三日条、南溟庵主人「こゝろの日記」）。三月以降、同盟は組織拡大強化運動につとめていて、満川の派遣もその一環だった。

このかいあってか、新日本国民同盟は勢力を盛り返し、この勢いを借りて同盟は一九三四年の夏から秋にかけて三つの運動を展開する。

ひとつ目は政府への要求である。同年九月、佐々井、満川ら幹部は在満機構統一問題で陸軍を支持

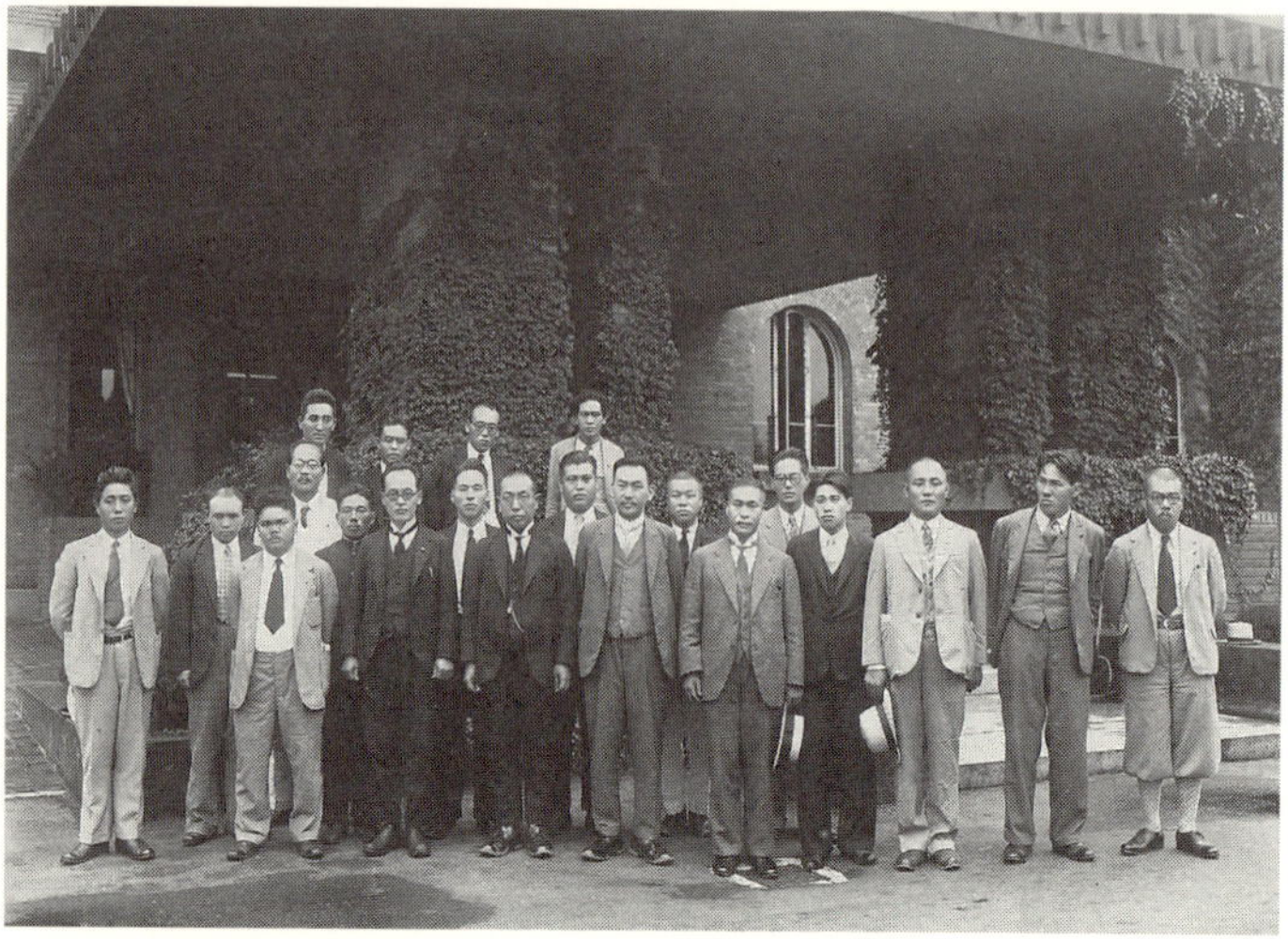

首相官邸前の新日本国民同盟員（1934年9月）
前列左から5人目が神田兵三，7人目が満川，9人目が佐々井，11人目が野本義松

する決議文を携えて岡田啓介首相、広田弘毅外相、林銑十郎陸相を歴訪し、面接に応じた書記官、参与官、秘書に決議文を渡した（「首相・外相・陸相に決議を手交委員長以下代表陳情」）。

二つ目は啓蒙運動であった。その主力である満川は、前年から新潟に通うことが多く、八月も小千谷に向かい、錦旗青年塾で「革命家トシテノ西郷南洲」と「国際事情」を講述した（「DIARY 一九三四」同年八月二三－二五日条）。満川が西郷の再評価に取り組んだのはこれ以前からだが、特に「敬天愛人」の「愛人」の部分を訴えることに力点があったと思われる。

所謂レーニズム可なるや、ガンデ

イズム否なるやは一概に之を決定することは出来ない。ロシアにはロシアに適当なる革命方法あり、インドにはインドに適当なる革命方法があるからである。イタリーのファシズム、ドイツのヒットラリズム、それ〳〵の長所と短所を持つてゐる。だが、何れにしても其の革命運動の根抵には愛人の大精神が流れたものでなければならぬ。単なる権勢利欲を目的としたる革命運動の如きは、真の革命精神を冒瀆するものであり、寧ろ革命の敵である。何となれば約するところ「革命とは人の子を救ふ」と云ふ以外の何ものでもないからである。（満川亀太郎「一大変革期に立てる日本」）

九月には、錦旗国民塾発会式に立ち会うために岐阜におもむき、帰京後も東京城南支部主催の講演会で西郷について話すなど、同盟のために全国を奔走する満川の姿があった（同前、同年九月六、二四日条）。

三つ目は請願運動である。同盟は八月から国民の窮乏匡救に関する請願運動を本格化させた。機関誌『錦旗国民軍』では「眼前国情の危局突破を期し国民の窮乏匡救に関する願請《〔ママ〕》署名運動《〔ママ〕》を全力に《〔ママ〕》傾注せよ！」（六七号、同年八月二四日）、「新日本建設の準備工作たるべきわれらの請願運動の意義とその要旨」（六八号、同年九月二六日）を立てつづけに発表した。

「現状維持派」と非合法手段に訴える「国内改造派」が対立するなかで、政府当局や議会への請願運動という合法的国家改造を行うことが彼らの目的であった。その具体的な内容の「要旨」を以下のようにかかげている。

第一、大御心ノ徹底スル政治ヲ直ニ実現サレタキコト

第二、国民ノ窮乏救済ニ対スル当面ノ方策トシテ左記各項目ヲ即時実施サレタキコト

1、肥料の生産販売に対する徹底的国家管理の断行

2、米の国家専売（自家用は自由とし、国家は之に依つて利益を収得せざることを原則とす）

3、乾繭の国家専売並に生糸、絹織物貿易の国営

4、農山漁村民救済事業の拡大と都市失業者救済の徹底

5、生産労働への転業並に大規模計画による海外移住の補助奨励

6、限定的負債償却の延期及び強制取立の一時停止を布告すること

7、欠食国民及び失業者に対し速に政府貯蔵米の賃下げ及び廉価払下げを行ふこと

8、勤労国民負担の租税を軽減すること

9、金融硬塞のため困窮せる中小商工業者並に農民に対する無担保低利金融の方策を国家に於て即時実行すること

第三、行詰レル国家財政及ビ地方財政ヲ樹直スト同時ニ、勤労国民ノ窮乏救済ノタメ左記諸方策ヲ即時実現サレタキコト

1、高度累進的資本課税の制定

2、資本収得利潤の制限法並に労働賃銀其他待遇法の制定

3、国債並に地方債の利子を年二分に改訂すること

第四、根本的経済国策樹立ノタメ「経済参謀本部」ヲ即時設置シ、以テ左記諸方策ニ対スル根本計画ヲ確立サレタキコト

1、重要生産品輸入貿易の国営並に国家管理

2、銀行、保険、信託業等金融資本の国家統制より国営への進展並に貨幣制度の改正

3、動力燃料、鉱山、製鉄、造船、化学工業、繊維工業等々の基本産業及び大規模重要産業の国営並に国家管理

4、国家統制企画による工業の地方分布並に農村の工業化

5、国家総動員計画の完成

6、国家財政並に地方財政の根本的樹直《ママ》し

7、行政整理、選挙法の改正（複選挙法の採用）、枢密院制定の改正〔、〕教育制度の改正、医療制度の改正等々

8、負債の整理等々

大本教

新日本国民同盟は請願運動を進めるにあたって、大本教や昭和神聖会との関係を深めたという官憲記録がある。昭和神聖会は、大本教の出口王仁三郎と黒龍会の内田良平が一九三四年七月に設けた社会運動団体で、支部結成などで獲得した賛同者は三〇〇万人に達したとされる（大本七十年史編纂会編『大本七十年史』下巻、一八二頁）。

昭和神聖会統管の出口王仁三郎

内務省の報告によると、同年九月から翌月にかけ、新日本国民同盟と昭和神聖会の両幹部が会合を五度にわたりもったほか、一〇月に大本教の出口王仁三郎と佐々井が会見した。この席で、出口から運動資金二〇万円提供の申し出があり、佐々井らがこの時期取り組む「祈願運動」との提携も約したという。

……大本ト新日本国民同盟トノ提携ノ動機トナリタル所謂「祈願運動」ノ内容ハ実ニ「明治神宮参拝祈願ノ名ノ下ニ新日同盟（新日本国民同盟）及（昭和）神聖会両団体ヲ総動員シテ主力ヲ宮城前広場ニ結集シ（隊型）神聖会ヲ中心トシテ其ノ外廓ヲ新日同盟、更ニ其ノ外部ヲ友交関係団体、最モ外廓ヲ軍部参加者ノ順ニヨリ取巻キ円陣ヲ作リテ示威行動ヲ起シ、又集結不能ノ各地方ニ於テハ夫々地方毎ニ適当ノ場所ニ集会シテ同趣ノ示威運動ヲ敢行シ、斯間何等カノ事件ヲ勃発セシメテ一挙ニ暴動――戒厳令施行ニ導カム」ト策シタルモノ、如ク、之カ決行ニ際シテハ出口王仁三郎ハ唯「ダン」ノ一句ヲ暗号トシテ全国ニ指令スルコト等ノ細目ヲモ決定シ居タルモノナリ。（特高課長『大本資料』一三〇－一三一頁）

別の資料には「昭和九年盛夏」に佐々井が出口に謁見し、「時は来た　富士が二つか三つ見えたか／その時が来た」と書いた扇を授けられたとある（「出口王仁三郎氏と佐々井一晁氏」）。

内務省の報告書によれば、両団体が「暴動――戒厳令施行」をさもねらったかのようだが、それはフレームアップの可能性が高い。祈願運動は一二月に決行予定だったが、延期につぐ延期で実行に至らなかった。

一九三五年二月に新日本国民同盟が発した指令「請願署名運動第四期活動に関する件」からは「今日までの数字」に納得していない様子がうかがえ、運動は必ずしも順調ではなかった（「国民の窮乏匡救に関する請願運動に全精力を注げ」）。同指令では、新日本国民同盟は、経済国策研究会が展開する改造断行上奏請願運動に協力的ではあるが別個の運動であること、この運動に大本教、昭和神聖会から「莫大な軍資金」が出ているという説は「一ツのナンセンス的デマ」だとされている。

満川の日記を見れば、一九三四年四月と九月に昭和青年会（大本教の青年組織）の会合や講演会に参加したとあるので、彼個人としても大本教と何らかの繋がりがあったと考えられる（「DIARY　一五九四」同年四月一日、九月一八日条）。

そもそも、満川と大本教の関係は古く、大正期の老壮会までさかのぼる。三周年記念として開かれた第三九回例会（一九二〇年一〇月一二日）に、皇道大本大教監木島寛仁が招かれている。木島は「予が社会主義より大本教に入信の径路」の題で「予は大本内部の改造に就ても万全の努力をなし、以て老壮会の諸氏と相携へ国家の為めに尽さんとするもの」などと講演した（「例会記事」）。当初は出口王仁三郎教主も招かれる予定で、満川はこの招聘によって「定めし物騒な評判や滑稽な誤聞なども起るだらう」と述べている（満川世話人「老壮会の回想」）。第一次大本教事件が起こったのは翌年二月であった。

さて話を戻せば、新日本国民同盟は請願運動と並行して、一九三四年一一月に同盟本部の組織強化をはかり、「血盟団」とも関係の深い木島完之、田島啓邦（正邦）らが新しく幹部にくわわったほか、一時はなれていた高橋忠作も戻ってきた。

ここで注目したいのが木島完之である。木島は一九二〇年頃に大本教に入信しており、「青年隊の副長」をしていたとされるが（『血盟団事件公判速記録』下巻、五九四頁）、じつはこの人物こそ木島寛仁であった。当局側の資料には老壮会第三九回例会に「大本教幹部木島完之」が「予カ社会主義ヨリ大本教ニ入信ノ経路」との題で講演をしたことが記されており、同一人物であることが確認できる（前掲『大本史料集成』Ⅱ運動篇、二五一頁）。

木島を新日本国民同盟に迎えたのは、満川と思われる。ちょうど同時期の一一月三日に満川は木島完之の来訪を受け、その三日後も行動をともにしているからである（「DIARY　二五九四」同年一一月三日条）。一一月六日、二人は市ヶ谷刑務所に行って獄中の井上日召と面会し、その帰途、満川は木島を同盟本部に案内した（同前、同年一一月六日条）。

木島に関する司法省の記録には「同（一九三四）年十二月昭和神聖会総本部嘱託として各地に於ける支部結成の為活動」（『国家主義系団体員の経歴調査（一）』二〇四頁）とあるので、この頃も大本教や昭和神聖会との関係がつづいていたことがわかる。

以上のことから、新日本国民同盟が打ち消そうとした「軍資金」説の真否はともかく、新日本国民同盟と大本教、昭和神聖会が接近していたことは確かだろう。木島らの加入によって、一一月一二日付の通達「本部の組織拡充に関する件」が出され、中央総務委員長に佐々井、本部総務局委員に佐々井、満川、野本義松、神田兵三が就き、中央常任総務委員に新しく木島完之（教育部長）、田島正邦（青年部長）、高橋忠作（調査部長）が就いたことが報告された（「客観的情勢の激化と全国的組織の拡大に照応して同盟本部の戦闘陣容確立」）。

これら一連の動きは、国家改造運動の統一戦線形成の一環と見ることができる。背景には、五・一五事件被告減刑運動などで盛り上がる国民の「民意」をいかにして運動に取りこみ、合法的な国家改造に結びつけるかという問題意識があった。

終章　「惟神」の道へ

1　統一戦線の模索と挫折

大川の保釈

満川は、新日本国民同盟の仕事で多忙をきわめる一方、これまでの人脈を活かして様々な運動に関わっている。

アジア主義との関連では、一九三三年五月にボースが自費で創刊した『新亜細亜』を支えたほか、同年一二月に新宿中村屋で開かれた彼の亡命一八年記念会に参加した（「Diary」同年一二月二日条）。満川以外には、頭山満、佃信夫、中野正剛、下中彌三郎、岩波茂雄、中山忠直、中谷武世、安岡正篤、宮川一貫、宮崎龍介、鈴木梅四郎らの友人が集まった。

日本主義との関連では、「君が代」運動の支援に動いた。この一件が満川の日記に登場するのは一九三四年一月以降で、下中と「君が代」運動の相談をしている（「DIARY 二五九四」同年一月二八日条）。四月には、「小田切氏」が満川宅を訪ね、二人で下中を訪ねた（同前、同年四月一五日条）。この人物は、君が代会を結成して「君が代」の普及運動をしていた小田切信夫だろう（小田切信夫『回想「君が代」人生五十年』）。この運動を下中が支援してくれたと小田切は回想しており、満川が二人を仲介したのかもしれない。

一方で、一新社元メンバーとの交流は細々とつづいていたが、西田や北とはもはや運動でははなれていた。一九三四年六月には元行地社社員沼田多稼蔵中佐の渡伊送別会が開かれ、この場で久し振りに西田税と顔を合わせた（「DIARY　一二五九四」同年六月一三日条）。また、満川が北一輝のもとを訪ねるのも一九三四年の日記では二度だけだった（同前、同年四月二八日、八月二三日条）。

結びつきを深めたのが国民協会と維新懇話会である。国民協会の前身は、一九三三年に赤松克麿、津久井龍雄らが結成した国難打開連合協議会である。赤松は、かつて大川の指示で三月事件に関与した経歴があり、津久井も大川の肝煎りで生まれた全日本愛国者共同闘争協議会の幹部で、その意味で国民協会は大川の運動の支流といえた。満川もこの団体を側面から支え、同年四月に創刊される機関誌『国民運動』に寄稿する。

他方の維新懇話会は、一九三四年五月に下中彌三郎が主催した「『維新を語る』の会」をきっかけに七月に生まれた団体である。同年一〇月前後に下中が間に入って、『国民運動』と中谷武世らの『国民思想』が合併することになり、これが維新懇話会の機関誌『月刊維新』（発行所平凡社）として公刊される（『特高月報』一九三四年十月分、四二頁）。一度は潰えた右派社会運動の統一戦線がここに試みられている。

『月刊維新』は一巻二号（同年一二月一日）で「大川周明の思想と人物を語る」という特集を組んだ。寄稿者は満川、赤松、蓑田胸喜、金内良輔である。

満川は「大川兄と大島行」で、猶存社以降の大川を振りかえりながら、彼が「学者としては血があり過ぎ、志士としては学問があり過ぎる」こと、二人の蜜月はもはや過ぎて一九二六年からは袂を分かち、一九三一年八月の大島行で邂逅した時以外は会っていないことを述べる。とはいえ、満川は「目ざす国内改造の機は迫ってゐるとしても、その出獄の日は何日であらうか」として大川の帰りを待ち望んだ。

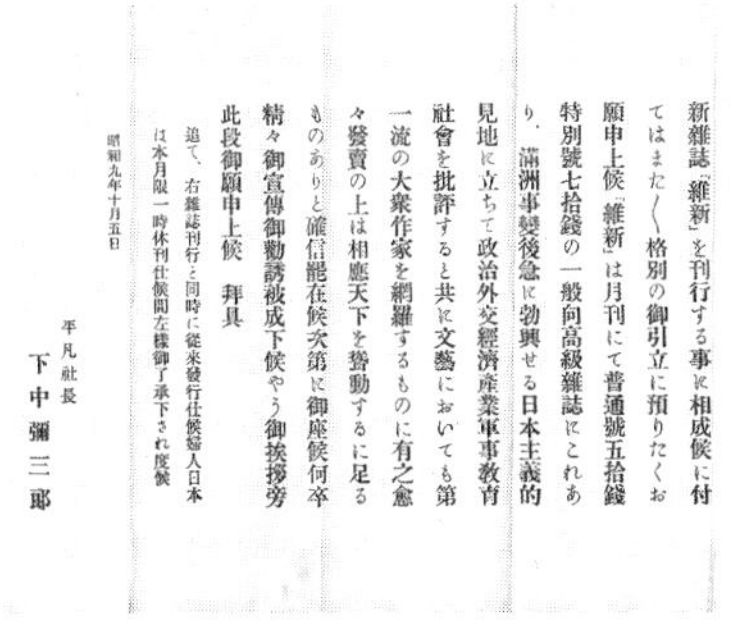
拝啓小社此度
新雑誌「維新」を刊行する事に相成候に付てはまた〳〵格別の御引立に預りたくお願申上候「維新」は月刊にて普通號五拾錢特別號七拾錢の一般向高級雑誌にこれあり、滿洲事變後急に勃興せる日本主義的見地に立ちて政治外交經濟産業軍事教育社會を批評すると共に文藝においても第一流の大衆作家を網羅するものに有之愈々發賣の上は相應天下を聳動するに足るものありと確信罷在候次第に御座候何卒精々御宣傳御勸誘被成下候やう御挨拶旁此段御願申上候　拜具
追て、右雑誌刊行と同時に從來發行仕候婦人日本は本月限一時休刊仕候間左様御了承下され度候
昭和九年十月五日
平凡社長
下中彌三郎

『月刊維新』刊行告知（1934年10月）

五・一五事件で獄中にあった大川は、同年一一月一二日に保釈され、二〇日に満川の訪問を受けた（同前、同年一一月二〇日条）。周囲の期待とは裏腹に、保釈後の大川は、もはや右派社会運動の統一戦線や大衆運動に以前ほど積極的ではなく、一九三五年二月に自身の指導下にあった神武会を解散した。

天皇機関説批判

代わって右派社会運動の結集を推しすすめていくのが、同じ月に起こった天皇機関説事件であった。美濃部達吉の発表した天皇機関説が国体に背くとして貴族院で告発されたことが事件の発端である。

三月一五日、維新懇話会の主催で機関説排撃有志懇談会が丸の内中央亭で開催された。下中、鹿子木員信、中谷、満川ら各団体の有志六〇名が参加し、機関説批判の申し合わせを行った（「機関説排撃有志懇談会　三月十五日於丸之内中央亭」）。同月下旬にも、頭山満の主唱で生まれた機関説撲滅同盟などが大会をいくども開催するなど、運動の裾野はしだいに広がっていった。

新日本国民同盟もこの運動に精力的に取り組み、三月八日に指令「天皇機関説観念の徹底的撲滅に関する件」を発令した。これは「妄論」である機関説に対して、美濃部の著書の発禁・改訂や美濃部の公職辞退などの「闘争目標」をかかげるものであった（「指令　第拾八号　昭和十年三月八日」）。

その二日後に、同盟は「声明」を発表し、美濃部に「良心よりする自決」をうながし、問題を放置していた岡田内閣を「不臣の極」として弾劾した。また、こうした要求を記した「決議」を首相、陸海相、枢府議長に送り、岡田首相と一木喜徳郎《いちききとくろう》枢府議長には「自決善処」を、陸海相には「所信勇断」を要望した（「声明」「首相に対する決議」「陸海両相に対する決議」）。

さらに、三月一八日、同盟は指令を出して、「『天皇機関説撲滅闘争』は、国運民命の岐るゝ所、昭和維新大聖業の成否を決定する、最初にして最後的なる決戦たるべき」とした（「指令　第十九号　昭和十年三月十八日」）。彼らの論を見れば、もはや機関説の批判というよりは、機関説もふくめた西洋文明の批判とこれを乗り越える日本主導の新文明建設という論へと飛躍している。しかし、この運動の反響は大きく、新日本国民同盟にとっても組織を拡大させるきっかけとなる。

故藤井斉君慰霊祭記念撮影（靖国神社，1935年2月）
前列左から2人目が富田鎮彦，4人目が木島完之，5人目が今泉定助，6人目が林逸郎，7人目が満川，後列左から1人目が葦津正之，5人目が角田清彦

この活動の中心にいた満川にしてみれば、美濃部の天皇機関説は「国体に反逆せる不逞、不敬思想」であった。さらにはこの説に「近々七十年来国内に浸潤氾濫して測るべからざる害毒を流し来つた外来の自由思想、個人思想」を認めたうえで、こうした傾向を一掃する「皇国国体を基調とせる指導原理——日本学」樹立を訴えている（満川亀太郎「美濃部博士の邪説を破砕す」）。

満川にとって、一九三五年は三国干渉による遼東半島還付から満四〇年にあたり、国際連盟から正式に脱退するという記念すべき年でもあった。「日本が漸く亜細亜の故郷に復帰し来れる」時でありながら、国内では機関説問題が起こっていることが彼には看過できなかった（満川亀太郎「白人文明の崩壊と有色民族の抬頭」）。

天皇機関説問題は、満川自身の天皇観を見直す契機にもなったようだ。一九三五年二月八日に満川は木島完之を連れだって神道思想家の今泉定助を訪れ、その翌日と一二日には木島、富田鎮彦の訪問を受けた（「日記」同年二月八、九、一二日条）。これは惟神館に関するものであったと思われる。惟神館とは、「国体ノ本義ヲ闡明シ惟神大道ノ実現ヲ期ス」との目的下に、道場や講座を開設して一般有志者への啓蒙、「祭祀ノ真義顕彰／国策ノ樹立研究」、また「中央地方ノ愛国運動者」との連絡を目指した施設である（『惟神館主意　信条　規約』）。

この施設を拡大する話が同時期にもちあがり、二月には満川、富田ら出席のもと惟神館拡大協議会が開かれ、惟神館の行事に根本博陸軍大佐が招かれた（「日記」同年二月一八、二四日条）。その後も木島、富田、満川の交流はつづき、四月末には彼らと鹿島神宮におもむいて参籠や講演を次のように行った（同前、同年四月三〇日条）。

参籠と参拝

第一日は午前五時の起床であつたが、第二日からは四時になつた。白装束に身を纏ひ、しつらへたる手桶を下げて六町許り隔てたる御手洗池に行きこゝで真裸になつて水をかぶる。初めは冷めたいよりは痛い感じだが、雄叫を発しつゝ、かぶつてゐる間に、五体が段々温かくなつて来る気がする。エイ、ヤアの掛声に五十杯もかぶると、非常な元気が体内から湧いて来て病気などは、何処かへ吹き飛んでしまひさうだ。その内に夜が全く明けて、池の面より立ち登る朝霧が、人のこゝろをして神韻縹渺の彼方に誘ひ込む。かくて清浄になつた五体を包んで神宮拝殿に昇つて、

気吹長世の行事を行ふのである。（「阿佐ケ谷より」同年九月二五日）

これらの活動が当局からあやしまれたのか、満川は帰宅途中、潮来から阿佐ヶ谷の自宅近くまで刑事に尾行された（同前、同年五月七日条）。

満川は、以後定期的に神社を参拝するようになり、行動に明らかな変化が認められる。これは彼の体調の変化とも関係していたらしい。この事情を満川は次のように語っている。

私は三月上旬、或る医師の診断によつて健康を害してゐることが明かになつた。油断をしてゐては危険だとまで脅かされたのである。実のところ昨年臘月よりその症状は自覚されたのであるが、日々の多忙に取紛れて、ついそのままとなつてゐた。これがために家族の者はもとより、多くの友人達にも心配をかけたが、特に富田鎮彦、木島完之両君は、霊顕著しき神社に参籠することによつて、根本的に心身の潔斎精進を勧められたので、私の気は大に動いた。私は四月関西の旅行から帰京以来、全然医薬を斥けてゐた代りとして、半ケ月ばかり生れて最初の灸道に就いてゐたが、今度は水行によつて、これを駆逐し去らんとしたのである。病気に取ては正に火攻水攻といふ訳である。（南溟庵主人「こゝろの日記」一九三五年六月一日）

病名は明らかではないが、日記には満川が三月に通院してホルモン剤や脳溢血予防などの注射を受けたことが記されているので、死因となる脳溢血の予兆があったということだろう（「日記」同年三月四、五日条）。

深まる亀裂

そんな満川の心をさらに追いこむことになるのが、新日本国民同盟内の暗闘だった。創立三周年の節目となる五月末には、佐々井、満川、田島ら幹部が明治神宮に参拝したものの、六月から翌月にかけて佐々井委員長の党運営をめぐって徐々に幹部間の対立が激しくなっていく。

これが表面化するのが、七月中旬から下旬にかけてである。佐々井、神田兵三と彼らから同盟を追いだされた野本義松の幹部間対立が支部員から問題視され、佐々井はその収拾に追われるようになった。この問題が複雑化していく様子が、官憲報告に次のように記されている。

如斯事案は愈々複雑重大化し行く状況に極度に苦悩せる佐々井は遂に最後的決意の下に満川、木島、田島等の最高幹部の参集を求め意見を徴したるに右幹部は何れも野本、神田を極力排撃し延ては佐々井委員長の態度をも難詰し本部改組の急務を強調せり。茲に於て佐々井は愈々其の進退に窮し遂に辞表を提出したるが一同の慰撫により辞表を撤回するに至れり。（『特高月報』一九三五年七月分、二八頁）

このため七月二五日、佐々井ら幹部は中央常任総務委員会を開く。満川が議長となり、野本復党の件と神田兵三の組織部長辞任の件が正式に決定したので、反佐々井派の言い分が認められたことになる。さらに、満川、木島、田島らは同盟の改組問題にまで話を発展させて、中央常任総務局の権限をより強化しようとした。

満川は、八月から講演と神社詣出のために新潟、長野を訪ねた（「日記」同年八月二二日条）。新潟で満川を迎えた同盟員の柄沢利清は、野本擁する新潟県連合会書記長で、七月初旬から本部側（とりわけ野本と対立した佐々井）の突きあげを行っていた人物になる。満川は、同じく来潟した安藤紀三郎中将、木島とともに、錦旗青年隊閲兵式に列席した（同前、同年八月二三日条）。木島も安藤も昭和神聖会の協力者であった。表向きは講演旅行だが、反佐々井派の結束を固める目的もあったと思われる。

惟神顕修会

この内紛のさなかにあって、満川は精神修養の活動をいっそう押し進めた。特に木島、富田との関係が深まり、それが形となってあらわれたのが、六月末に富田と完成させた惟神顕修所（のちの惟神顕修会）の趣意書である（同前、同年六月二八日条）。彼らは精神修養を行う新団体設立を目指すことになった。七月から翌月にかけ、満川は講演旅行などで忙殺されながらも、木島や田島と会って話しを進めたものと思われる。

満川が一連の旅行を終えた九月三日、惟神顕修会が靖国神社で開かれた。理事長の満川を筆頭に、雑賀博愛、木島、富田、角田清彦らが参加した（同前、同年九月三日条）。会の顧問には賀茂百樹《ももき》、白川資長《すけなが》、理事には鹿子木員信、野田蘭蔵、草鹿龍之介《くさかりゅうのすけ》、澤田五郎、雑賀、満川、千家尊建《せんげたかたけ》、幹事は富田、田島啓邦、荒川甚吾、葦津正之が就くことになった。それ以外の同人には大森一声、田尻隼人、角田清彦、松永材、木島完之らがいる。

同会の「趣旨」によれば、近年、国民の「日本精神」は外来思想の揚棄・克服を目指すなかで「皇国体ノ発揚」にまで至ろうとしている。この「皇国体ノ本義ハ惟神ノ大道ニ在リ」、ここから「祭政一致、君民一体、天皇親治」が発源する。しかし、これまでの政教は主に言説と形式ばかりで、実践と修行を蔑視していた。したがって、これを取り戻すことが惟神顕修会の目的だという（惟神顕修会同人「惟神顕修会趣旨」）。

この活動のためか、満川は再び刑事の来訪を受けた（「日記」同年九月一四日条）。官憲にすれば、この運動もさることながら、他の国家改造運動との提携も警戒対象だったろう。しかし、満川は運動を横に広げるよりも、顕修会に見られるように国家改造と自己改造の一体化をはかっていた節がある。

満川がこれまで関わってきた国家改造運動を振りかえった『三国干渉以後』を平凡社から刊行したのも同年九月である。同著を知友に告知する『ひさかたぶり』第五（一九三五年九月二五日、関口一男）で、「今回の『三国干渉以後』ほど、小生自身の主観と体験とをさらけ出した出版は無い」、「小生の思想発展史とも生活記録とも呼ばるべきもの」と述べる。それゆえ、満川は書名を「愛国者の行進」にしようとした。

『三国干渉以後』では、これまで彼が取り組んできた老壮会、猶存社の活動、北一輝や大川周明をはじめとする周囲の運動家たちがじつに生き生きと活写されている。同著刊行を「小生生涯の任務の半を果たしたやうな気がする」と満川は振りかえるように、彼の人生においてこの本の刊行はひとつの転機であった。

2 「皇化」の伝導

脱退声明

一方の新日本国民同盟内では、一九三五年八月から翌月にかけて佐々井一晁委員長と「強硬改組派」の亀裂はさらに深まっていた。佐々井と神田は野本義松を告発する怪文書を撒き、これに応じて野本も「怪文書事件の真相に就て、附佐々井の責任問題」を撒布した。野本に同情的な満川亀太郎、木島完之、高橋忠作らは「革正派」として集い、九月一日の会合で佐々井排撃を決定したほか、九月二〇日にも協議を開き、佐々井を辞任に追いこむために次の戦術を立てた。

（イ）佐々井が大阪より帰京（二十四日）を俟つて満川が同盟脱退を声明する（ロ）満川の脱退声明と同時に革正派より佐々井の非人格的行動を暴露し、満川の引止運動を声明し、一挙に佐々井を追放すること（ハ）一時同盟革正会を設け申合せ（一、革正会今後の方針として従来の同盟単独の方法を排し右翼の合同を図る　一、木島外十二名を世話人とし連絡場所を高橋忠作とすること）を発表すること等（『特高月報』一九三五年九月分、五九頁）

この官憲報告だけを見れば、満川が佐々井排斥の仕掛け人であるかのような印象を受けるが、おそらくは革正派の中心に担がれただけだろう。

満川は九月二五日から一〇月四日まで東京をはなれるが、この最初の日に満川の同盟脱退が発表されることになる。この発表の理由を、「まことに頃日来同盟本部内に捲起された紛争の醜体到底見るに忍びずして、一日も長く留まることの快しとせざるがため」と言うが、この「醜体」こそ、幹部間の対立であった。満川によれば、「紛争の原因は相当長く深く培はれてゐたものと思ふ。だがその表面に現はれたのは佐々井、神田両君合作の野本君放逐運動所謂怪文書事件」だとする（満川亀太郎「新日本国民同盟脱退通知書」）。

通知書と官憲報告では記述内容に相違があり、通知書によれば、満川は当初佐々井・神田の言い分を信じていたが、野本の声明書を見て彼のことを気の毒と思うようになったという。と同時に、満川のなかに佐々井への不信感も芽生えてきたとして次のようにつづける。

もとより佐々井君は野本君の声明書を以て徹頭徹尾虚構の事実なりとし、相手にするのも馬鹿らしいと言つてゐる。而して目下本部の内訌に乗じて撹乱の魔手を拡げつゝある者は高橋忠作君であるとし、排斥の鉾を野本君より高橋君の上に転じ、全力をこれに集注してゐる。だが高橋君は今でも陰ながら佐々井君の身上を案じ、佐々井君の前途が八方塞がりにならぬやう小生にも相談してゐるほどである。

七

佐々井君は先達て小生に対し、高橋君の組織部長は不適任であると話したとき小生はたゞ「左様か」と合槌を打つたに過ぎぬ。それを何の故意か誤解か知らぬが、小生自身高橋君を排斥せしやう宣伝し回つた。これは小生として迷惑至極この上もない。こんなことでは心を安んじて同盟に留まることは出来ない。たとへ今日「太陽の如き存在である」とか「識見高邁の士である」とか持上げられても明日何時風向の変向によつて野本君や高橋君の如く排斥せらるゝかも知れぬと思ふと、不快の念禁じ難く、今まで誠意と友情を尽して来たことが徒労に帰した感がする。

八

だが小生は決して佐々井君と抗争しやうとする意志を毛頭所持してゐない。小生はたゞ一日も早くかゝる醜争の渦中から脱し、全く別個に——魂の革命の上から御奉公がして見たいと思ふが故に、こゝに理由を明かにして新日本国民同盟の脱退を宣言する者である。（同前）

しかし、発表のタイミングが満川にとっては不本意で、「余ノ不在旅行中亀川君早マリテ余ノ脱退声明書発表　同盟本部大騒ギヲナセリ」と日記にある（「日記」同年一〇月四日条）。この反響は大きく、のちに満川の自宅に同盟員から「脅迫的電話」もかかってきた（同前、同年一〇月二九日条）。

満川につづいて、木島や田島も新日本国民同盟を辞めていったが、満川と木島は高橋忠作ら脱退メンバーが組織した革正会の顧問になることを承諾した（『特高外事月報』一九三五年十月分、一一三頁）。

第１回早天顕修会記念撮影（靖国神社，1935年10月）
前列左から５人目が富田鎮彦，６人目が賀茂百樹，７人目が満川，右から１人目が大森一声，中列左から１人目が角田清彦，８人目が田島啓邦

一方の佐々井を擁する本部派は、満川の辞任声明を受け、九月二八日に参集して、満川の文書に論駁する声明書を発表のうえ地方支部に発送した（『特高月報』一九三五年九月分、六一頁）。つづいて、一〇月一〇日に中央常任総務委員会を開き、「報告」として木島辞任と満川脱退声明の「人事問題」および「同盟内部撹乱の真相」が述べられた。後者では、革正会結成が批判され、高橋、野本らが除名処分とされた（『特高外事月報』一九三五年十月分、一二三―一二四頁、「中央常任総務委員会　議事決議概要報告　終始緊張裡に進行」）。

顕修会と皇道派

自身の脱退で新日本国民同盟が迷走するなか、満川はいっそう惟神顕修会の活動に打ちこむようになっていく。一九三五年一〇月五日、満川は富田、田島と明治神宮に参拝、翌日からの惟神顕修会の第一回早天顕修会の奉告を行った（「日記」同年一〇月五日条）。この時の「惟神顕修会第一回早天顕修会要綱」によれば、早天顕修会は靖国神社の境内で一〇月六日から一二日まで行われた。定員五〇名で男子にかぎるとある。修行の「日課」は以下のようになる。

毎朝午前五時半マデニ靖国神社能楽殿ニ参集
次　潔斎（行水）ノ上白衣袴ヲ着ス
次　調息靖魂行事
　　右指導　本会顧問　子爵　白川資長先生
次　講話
次　会食後退散

講話の順序は、賀茂百樹（靖国神社宮司）「惟神の道に就て」（一日目）、平泉澄「藤田東湖先生送桑原毅卿之京師序」（二日目）、田中義能《よしとう》「禊祓の精神と人生観」（三日目）、伊藤武雄「古典と日本精神」（四、五日目）、草鹿龍之介（海軍大佐）「奉公道念」（六日目）、満川亀太郎「世界の皇化」（七日目）である（『惟神顕修会要覧』九頁）。

満川の講話「世界の皇化」は、翌月、「惟神顕修叢書」第一冊目の冊子として惟神顕修会から発行された。「皇化」とは聞きなれない言葉だが、「世界全体をして我天皇の御稜威を剰す隈なく仰がしめるといふ点」を意味する（満川亀太郎講述・富田鎮彦編『世界の皇化』一八頁）。

一〇月からファシスト・イタリアによるエチオピア侵攻がはじまっており、有色人種を圧迫するエチオピア戦争でさらに進む「欧羅巴の没落」（一四頁）を背に、西洋発の帝国主義、侵略主義、資本主義に代わるものとして満川が求めたのが、「豊葦原中国即ち世界の中心」（同前）にある日本による「世界の皇化」だった。その理想の世界を満川は次のように語っている。


あたかも赫灼たる太陽が万物を照し、総てのものの上に大なる光と愛とを投げ与へつゝあるが如くに、我皇国の理想が全世界に達した暁に於てこそ、始めて黄金世界が実現して、仏者の謂ゆる彌勒の世界となり得るのであります。（一七頁）

一〇月二四日には顕修会の幹事会が開かれ、富田、田島、角田、葦津、田中らが集まった（「日記」同年一〇月二四日条）。二日後には、満川は富田と連れだって宇都宮に向かい、畑俊六師団長と佐藤鉄馬中佐を訪ねたが不在だった。このため二人は水戸に行って常盤神社で雨谷毅らと会談したのち横山勇連隊長を訪問する。翌日も水戸で開かれた弘道会の水戸学朗誦会に出席して講演し、常盤神社も訪ねて宮司と会談した（同前、同年一〇月二六、二七日条）。

富田が同伴したため惟神顕修会関係と思われるが、興味深いのは満川らが軍人を積極的に訪問した

第2回早天顕修会記念撮影（靖国神社，1935年12月）
前列中央に満川

ことだろう。なかでも惟神顕修会を通じて満川が働きかけたのが、荒木貞夫の腹心柳川平助第一師団長だった。

もともと新日本国民同盟の佐々井は統制派の方に近かったが、満川の方は行地社時代から荒木貞夫ら皇道派との付き合いがあった。顕修会の人々は、一〇月二九日午後に柳川平助を訪問して、彼から「軍人へノ勅諭講解」を拝聴した（同前、同年一〇月二九日条）。軍部内で皇道派と統制派の対立が激化するなか、軍人の政治関与を戒めたこの勅諭を柳川がどのように説いたのか気になるところである。

柳川は一二月に台湾軍司令官に命ぜられ、この送別に満川は立ち会った（同前、同年一二月六、一〇日条）。二人の接近は、同じ皇道派の真崎甚三郎にも伝わり、真崎の日記一九三五年一一月一七日条に「新日本国民同盟分裂シ、佐々井一晁ト満川亀太郎ト分レ、満川一派ハ柳川ノ指導ヲ受ケツ、アリト云フ」とある（伊藤隆・佐々木隆・季武嘉也・照沼康孝編『真崎甚三郎日記 昭和十年三月～昭和十一年三月』二八九頁）。

再び靖国神社で惟神顕修会が開かれるのは一二月一日から八日までである（「日記」同年一二月一日条）。このときの講師は藤井甚太郎、伊藤武雄らである。満川は、拓大の授業をこなしながら顕修会に参加し、七日目に「日本民族ノ世界的使命」を講話した（同前、同年一二月七日条）。

一九三六年二月一一日（紀元節）に開かれた惟神顕修会新年会には今泉定助《さだすけ》、生田目《いくため》経徳、吉田茂、澤田五郎、松永材、富田鎮彦、角田清彦、田中末広、田島啓邦、曽根朝起、葦津正之、藤井甚太郎らが参加した（「日記」同年二月一一日条）。やや異色な参加者が内閣調査局長の吉田茂だが、彼はもともと安岡正篤らの国維会に属し、明治神宮造営局につとめて以来神道にも熱心だった（『吉田茂』二一三頁）。これが満川の日記に残された顕修会の最後の記録となった。

立命館禁衛隊

この間、惟神顕修会とともに、満川が深く関わったのが立命館大学だった。中川小十郎個人との関係は本書でもつとに触れてきたが、個人的な付き合いにとどまらず、立命館の行事にも積極的に参加しはじめる。一九三五年四月に満川は西下し、清和会京都支部の会合に出席したり、立命館中学校始業式に参加したりした。式では同窓生の本田義英（のち京都帝大教授）とともに講話を行っている（「日記」同年四月二、六日条）。

ちょうど満川が新日本国民同盟を脱退する頃、彼は中川に請われて立命館大を訪ね、立命館禁衛隊

中川小十郎立命館長古稀祝賀会（浅草草津亭，1935年12月）
前列左から４人目が生田蝶介，６人目が中川小十郎，７人目が満川

を前にイタリア・エチオピア紛争について講演した（同前、同年一〇月三日条、「満川先生御講話」）。満川の招聘には、立命館中卒業生としての側面と立命館禁衛隊の思想的指導者としての側面があったが、後者の側面がしだいに強くなってくる。

立命館禁衛隊は、一九二八年の即位大礼時に御所警護を目的として設けられた学生団体だった。隊員には行軍、天皇陵参拝、軍事教練などが課され、満川が立命館に呼ばれたのも日本主義教育の一環だったと思われる。じつは中川側にも、牧野伸顕の耳に「中川小十郎氏、真崎〔甚三郎〕大将方面と内通、種々策動の形績〔跡〕あり」（前掲『牧野伸顕日記』六五一頁）と入るなど、満川を招聘する理由があった。そして、二人の活動の交点が立命館禁衛隊の発展だった。

一一月二三日の立命館大創立三五周年記念祝典にも出席した満川は、同窓総代として祝辞を述べたあと、御所で行われた禁衛隊分列式を閲見した（「日記」同年一一月二三日条）。一九三六年も年明け早々、満川は立命館関係の用事で京都へ向かった。これは、中川総長と禁衛隊の上賀茂神社参拝に参加するためで、その後、立命館中学校で「世界的日本思想」について講義した（満川亀太郎「母校新年の行学に参して」）。

さらに満川は、立命館の運営にも関与することになる。三月四日に中川から「立命館建学精神ニ基ク改革」について電話で相談を受けた（「日記」同年三月四日条）。三月九日に京都に降り立った満川は立命館中学校第三〇回・商業学校第三回卒業式に列席し、来賓代表として祝辞を述べた（満川亀太郎「卒業式祝辞」）。この京都滞在中に満川は中川と会っているので（「日記」同年三月一五日条）、ここでも立命館の改革案が話題に出た可能性がある。

帰京後の三月二四日、満川は立命館を「皇道大学」へ更改する趣意書を書いて中川に送った（同前、同年三月二四日条）。その内容は明らかでないが、ちょうどこの頃、天皇機関説排撃運動にさらされていた佐々木惣一が立命館大学学長を辞任した。この背景には、中川と佐々木の間で機関説に関して意見の相違があったといわれている（立命館百年史編纂委員会編『立命館百年史』通史一、五三三－五三九頁）。つまり、国体明徴運動に基づいて大学を改組しようとする中川が、満川に今後の指針を求めたのがこの趣意書であったと考えられる。

「国体明徴」の影響は大学に及び、一九三五年九月から禊を教育に取りいれるなど改編は進んでいた。特に積極的だったのが中川自身で、彼は小学校長を前にした挨拶で、満川の惟神顕修会に言及しながら次のように述べている。

尚其の意味以外に我国固有の禊の精神を注入して心の統一に迄到らしめようと目下引続き努力中である。今日靖国神社には天神会といふ禊の団体があり、本校第一回の卒業生満川といふ人が四五人と共に早朝冷水を浴びて白衣に改め神前に参拝すること丶してゐる。天神会は一ケ月の中特に一週間程だけ行ふのであるから本校のとは多少相違してゐるが、我が国固有の禊の精神を取り上げた点は偶然にも東西一致した訳で、此の行事の今後の成績を注目して頂き度いと思ふ。(「小学校長招待日に於ける中川校長挨拶要旨」)

3 不慮の死

解けぬ昏睡

満川は中野正剛(国民同盟)の選挙応援演説のために、二月一四日から九州へ旅立った。この旅行から東京に戻ってきたのが二・二六事件勃発の日(一九三六年二月二六日)だった。岡田啓介首相や牧野伸顕らは難を逃れたものの、陸軍青年将校らによる襲撃を前に、高橋是清蔵相、斎藤実内大臣、渡辺錠太郎教育総監が殺害され、鈴木貫太郎侍従長は重傷を負った。また、総理大臣官邸はじめ、警視庁、陸軍省、参謀本部、東京朝日新聞社が占拠された。

満川はこの日の日記に「二・二六事件勃発」とのみ記している（「日記」同年二月二六日条）。管見のかぎり、彼が事件に直接関与したことを示す資料は見つかっていない。ただ、さきの九州行きで鹿児島の菅波三郎陸軍大尉を訪ねていたことから（同前、同年二月二一日条）、事件に至る運動の一端を小耳に挟んでいたかもしれない。

くわえて、事件の翌日、惟神顕修会の田島啓邦、富田鎮彦とともに、下中彌三郎を訪ねている（同前、同年二月二七日条）。二八日にも「時局対策講究」のため平凡社を訪問しており、満川は二・二六事件に関する何らかの善後策を下中らと練っていた可能性は高い（同前、同年二月二八日条）。

しかし、事件の方は翌二八日に幕を閉じて、同日北一輝は憲兵隊に引致され、西田税は三月四日に逮捕された。三月下旬、満川は北の家族を気遣い、留守宅を慰問している（同前、同年三月一八日条）。

その後も、満川は中部、関西地方での講演旅行のために休む間もなかったが、五月三日、靖国神社での禊から帰って、夕方入浴していたときに突如倒れた。脳溢血だった（同前、同年五月三日条）。このとき遠出していた妻の逸子は電報を受けて、兵庫の香住駅を夜中に発ち、自宅に戻ってきたのは翌日午後四時だった（同前、同年五月四日条）。

しかし、医師の診察もむなしく、満川は昏睡状態のまま五月一二日午後五時二五分に息を引き取った。まだ四九歳の若さだった。近所の新野医院による「診断書」には次のように記されている。

患者ハ深キ昏睡ニ陥リ呼吸深長鼾声ヲ発シ顔面潮紅瞳孔縮小欠伸ヲ催シ頻リニ咖啡状物ヲ嘔吐ス左側偏癱ヲ現ハシ同側運動麻痺膝関節以上ノ知覚鈍麻ヲ来ス血圧ハ最高二二〇最低一二〇尿中ニ微ニ蛋白ヲ証ス
其ノ後昏睡依然トシテ醒覚セズ時々発熱シテ三十八度以上ヲ示シ患側上肢ノ緊張性強硬ヲ来シ発語噤下共ニ不能呼吸次第ニ疾速不正時々シェーンストック氏」《ママ》吸呼現象ヲ呈シ喘鳴ヲ放ツ血圧ハ瀉血血圧降下剤ノ注射ニヨルモ容易ニ降下セズ心臓衰弱ノ次第ニ加ハルニ至リ降下シ始メ遂ニ心臓衰弱ノ為メニ鬼籍ニ登ル。（「診断書」）

満川の葬儀は、一四日午後四時から拓殖大学講堂で行われた。神式であった。喪主は長男の靖で、関係者に送られた案内状には親戚総代として永田惇治郎と野口一次が、友人総代として永田秀次郎（拓殖大学長）、中川小十郎、澤田五郎（惟神顕修会理事）、下中彌三郎が名を連ねた（「満川亀太郎死去及び告別式通知葉書」）。

この日、弔辞を読んだのは永田秀次郎はじめ拓大関係者が多く、本田義英（京都立命館清和会会長）、新日本国民同盟革正会、澤田五郎らも葬式に出席した。ここでは晩年の満川が最も熱心に取り組んだ惟神顕修会による「弔詞」を引いておこう。

拓殖大学教授惟神顕修会理事長満川亀太郎大人の霊に白す

我れ等の大人を識るや既に十幾年身にしみて親しかりし
大人は京都の人なるを常に誇りし尊皇慷慨の士なりき
苦学其材を大にして其人となりや明敏　内に熱血を蔵して
現はには清和　博覧強記史籍を好み文才天稟にして雄弁世に聞ゆ　日本主義国家改造運動亜細亜
復興運動の先駆者たる知見を深めては国家の改造亜細亜の復興もまことや神ながらなるすめらみ
くにのみたみ我れ等の清明心を顕彰するに非んば遂に其実を挙ぐるに由なきを識つて惟神顕修会
の理事長となり衆を率ひて靖国神社神域に神ながらの修業を重ぬ　今や世を挙げて其の理想に近
づかむとする時に当り忽然として逝く
四十九才とは余りにもはやし
我れ等悲しみに堪えず　現身の御姿今は見るによしなき
この悲しみをせめては思ひかへさむとて　今はただ大人の霊の天駆り国駆りまして我大日本帝国
の使命の荒潮の潮の八百路の八潮路のいや広にいや遠永に世界のはてはるけく人の心の奥深く我
れ等同志の雄心のたぎりみなぎりゆくさまを弥益々に導きまもらせ給へとこひのみ奉りて御別れ
の辞とす

昭和十一年五月十四日

惟神顕修会理事　澤田五郎

式が終わった後、満川の遺体は荼毘に付された。

「香奠帳」には葬式出席者の名前と額が記され、冒頭には風見章、田尻隼人、ボース、葛生能久、中野正剛らの名前が見える。特に吉田茂、中川小十郎、平凡社、立命館中学校から多額の香奠があった（「為故満川亀太郎　香奠帳」）。

「初七日」には、下中彌三郎、富田鎮彦、牛窪愛之進、大森忠四郎、山田良恭、奥田善彦、太田悌蔵、田島啓邦、犬飼時男、岸徳次郎が集まり、故人を偲んだ（「初七日参詣者」）。

満中陰のため、家族が満川の遺骨を携えて入洛するのは六月下旬であった。二八日午前九時から立命館清和会会長の本田義英宅で、日蓮宗式の追悼法要と「満川君ヲ語ル」会が催され、生前の満川を懐かしんだ。午後一時から菩提寺の勝巌院で納骨式が行われた（「満川亀太郎追悼法要案内」「満川逸子宛本田義英書簡」）。

「君子人」の追悼

一家の支柱を失った満川家には、夫人とまだ学生の三人の子どもが残された。彼らのために満川亀太郎遺族扶助会が設けられて扶養金が募られ、諸経費をのぞいた分（約四三〇〇円）を下中、太田が管理した。一部は遺族に渡され、残りは月々分割で遺族に届けられた。中川小十郎からも毎月の生活費が遺族に送られ、生活を支えた（「満川逸子宛満川亀太郎遺族扶助会書簡」）。

満川が生前関わっていた雑誌も、一斉に追悼特集を組んだ。最もはやいのが『立命館禁衛隊』である。同誌は六三号（同年四月五日）から満川の「日本の世界的地位」を掲載していたが、六四号（同年五月五日）に「満川亀太郎先生の急逝」の告知をのせて、歌人で中学同窓生の生田蝶介の書信を掲載した。生田は、「私とちがつて学校にも時々おうかゞひしていろ〳〵とお世話にもなり、学校にもおつくししてゐたといふことですが、いま彼をうしなふことはたとへるものもないほどの大きい損失です」と故人を想った（生田蝶介「消息」）。

同誌六五号（同年六月五日）には、満川の妻逸子と生田蝶介の書信、追悼文、特集「満川亀太郎先生の死を悼む」に寄せられた中学生の追悼文が掲載された。生田は火葬場に同道しており、そのときの気持ちを次の詩であらわしている。

うつそみのむくろの姿たちまちに両手にすくふ程の骨なる
雄哮びに天下の志士を聚めたる顕修会主いまは骨壺にあり（生田蝶介「満川亀太郎逝く」）

その後も『立命館禁衛隊』は、「皇道大学」への道を描くかのように、亡き満川の原稿をのせつづけた。

同誌以外には『大亜細亜主義』の巻頭言や『月刊維新』『惟神』（惟神顕修会機関誌）などで、満川の早すぎる逝去が読者に告知された。そのなかでも『月刊維新』三巻六号（一九三六年六月）には下中彌三郎、中谷武世、綾川武治、永田秀次郎、中野正剛、ボースら運動をともにした人々が追悼文を寄せた。

下中は追悼文のなかで、晩年の満川がじつは京都への移住を考えていたこと、しかし、今日の世相を見れば東京を去るのは「いかにも敗北者だといふ感じ」で取りやめたことを伝えている。これが下中と満川が交わした最後の言葉となった（前掲「満川君について」）。

長らく満川の背中を見つめた中谷武世は、満川の人となりを振りかえり、その死を次のように惜しんだ。

満川さんが脳溢血で倒れた、との報に接したとき、満川さんを知る程の人は斉しく意外の思ひをせられたであらうと思ふ。平素烟草も喫まず、酒も嗜まず、夜は早く寝るし、朝は夙いし、あんなに健康で、あんなに円満で、いつもニコ〳〵して居た満川さんが、五十に充たぬ齢で急逝されやうとは誰が思ひ設けたらうぞ。満川さんはそれほど謹直で徳行に篤い君子人であつた。我々仲間に於ける人格派の第一人者であつた。兎角日常生活の放縦に流れ易い愛国運動者の中では、満川さんと下中さんが恐くは君子人的タイプの双璧であつたらう。否、下中さんも此の点では満川さんに一籌を輸する。と云つて別に四角四面な気六ケ敷い人では絶対になかつた。寧しろその正反対であつた。大抵の場合明るい人なつつこい微笑を湛へて、めつたに怒つたやうな顔を見せたことがないし、洒落などもなか〳〵うまかつた。春風駘蕩といつた形容が満川さんの場合に最もよくあてはまる。自ら持すること厳に、人に対して寛に、私事をいふこと稀に口を開けば常に国事である。まことに文字通りに国士の典型である。が国士の典型といつたやうな四角な言葉で祭り込むことは、何だか満川さんにそぐはないやうな気がする。それほど満川さんは親しみのある、人間味の多い、謂はゞ国士にして国士臭の尠い人であつた。（中谷武世「満川さんの憶ひ出」）

まさしく満川は「君子人」と呼ぶべき人物であった。北一輝の雄弁にも温かく耳を傾けていた満川の姿が想像できる。二人の訪問を受けた中野正剛によれば、「両人は剣と玉との様」であったという（中野正剛「純情の朋満川君」）。

同じく、中谷の語るところでは、「満川さんも猶存社から行地社へかけての此の頃の生活が、最も楽しく思はれたと見えて、晩年にもよく此の頃のことを話され、国民運動の発展に伴ふ自然の過程とはいひながら、親しい同志がだん〳〵異つた道を歩むやうになつて行くことを悲んで居られた」という（前掲「満川さんの憶ひ出」）。これが満川にとっては最も寂しく、また心残りではなかったろうか。

長男の出征

じつは、満川の日記は彼が倒れたのちもつづいている。満川が倒れた次の日、妻逸子の筆跡で、「朝特急にて京都を出で午後四時帰宅ス満川昏睡状態にあり吾悲しむ看護婦医師親友の者達の看護をうけゐるも意識更になし」とある（「日記」同年五月四日条）。もはや問いかけても応えることのない夫の姿と対面した彼女の悲しみは思うに余りある。

逝去から二ヶ月たった同年七月末に、逸子は下中や中谷に頼んで、満川の書斎などを調べてもらった。彼の遺稿を集めて「敬明会」（啓明会）に提出するためであった。その場では、断片的な原稿が相当あるので、これをまとめて遺著を出してはという話も出た（同前、同年七月二九日条）。

しかし、この話は実現しなかったのか、遺稿集は現在のところ確認できていない。満川の没後七年をへた一九四二年五月に満川先生七周年追憶記念会が出した『世界の皇化』がそれらしきものだろうか。すでにこの時期には太平洋戦争がはじまっていた。満川は日米開戦を見ることなく、この世を去った。

彼亡きあと一家を支えた長男靖は、一九三八年に浜松高等工業学校卒業後、東亜鉄工所に入社した。その後、「北支」に出征、幹部候補生として陸軍兵器学校に入学、卒業すると「満洲」の部隊へ、一九四四年には技術将校として南方へ配属された（「履歴書」）。

すでに戦局は日本にとって大きく悪化していた。彼の足取りがたどれるのは同年一〇月までである。靖は、一九四五年二月頃にフィリピンのルソン島マニラ東方拠点で戦死したとされる。戦後、音信のない息子の安否を想う母宛に「死亡告知書」が届けられた。それは、建のときと同じく、役所から「型のごと手続を取」って送られてきたものだった。

いま靖は父と同じ墓で眠っている。国のためにはやすぎる死を迎えた愛息を、満川はどのような気持ちで迎えたのだろうか。

満川一家
右から２人目が靖

資料ならびに参考文献

未公刊資料

満川亀太郎関係文書（国会図書館憲政資料室所蔵）
満川亀太郎関係資料（早稲田大学図書館所蔵）
拓殖大学満川亀太郎文書（原真理氏寄贈）（拓殖大学創立百年史編纂室所蔵）

満川関連資料および著書の翻刻・覆刻

満川亀太郎著、長谷川雄一、C・W・A・スピルマン、福家崇洋編『満川亀太郎日記　大正八年→昭和十一年』二〇一一年一月、論創社
長谷川雄一、C・W・A・スピルマン、今津敏晃編『満川亀太郎書簡集　北一輝・大川周明・西田税らの書簡』二〇一二年七月、論創社
右記以外に満川の著書『三国干渉以後』『ユダヤ禍の迷妄』『奪はれたる亜細亜』が覆刻されてきたほか、満川の拓殖大学関係論文・資料は拓殖大学創立百年史編纂室編『満川亀太郎　地域・地球事情の啓蒙者』（二〇〇一年九月、拓殖大学）として翻刻刊行されている。

満川亀太郎に関する主要研究

池田憲彦『近代日本の大学人に見る世界認識』二〇〇五年一〇月、自由社

刈田徹「満川亀太郎の青少年期の思想と行動に関する一考察　その民声新聞時代を中心に」『政治・経済・法律研究』一〇巻二号、二〇〇八年三月

刈田徹「満川亀太郎の青年期の思想と行動に関する一考察　その『海国日報』記者時代を中心に」『政治・経済・法律研究』一二巻二号、二〇一〇年三月

長谷川雄一「満川亀太郎における初期アジア主義の空間　明治末を中心に」同編『アジア主義思想と現代』二〇一四年七月、慶應義塾大学出版会

C・W・A・スピルマン『近代日本の革新論とアジア主義　北一輝、大川周明、満川亀太郎らの思想と行動』二〇一五年三月、芦書房

萩原稔「一九三〇年代の日本の右翼思想家の対外認識　満川亀太郎・北一輝を中心に」伊藤信哉・萩原稔編『近代日本の対外認識』I、二〇一五年六月、彩流社

長谷川雄一『近代日本の国際認識』第三・四章、二〇一六年一月、芦書房

国家改造運動に関する主要研究

伊藤隆『昭和初期政治史研究　ロンドン海軍軍縮問題をめぐる諸政治集団の対抗と提携』一九六九年五月、東京大学出版会

伊藤隆『大正期「革新」派の成立』一九七八年一二月、塙書房

植村和秀『丸山眞男と平泉澄　昭和期日本の政治主義』二〇〇四年一〇月、柏書房

植村和秀『「日本」への問いをめぐる闘争　京都学派と原理日本社』二〇〇七年一二月、柏書房

大塚健洋『大川周明と近代日本』一九九〇年九月、木鐸社
大塚健洋『大川周明　ある復古革新主義者の思想』二〇〇九年二月、講談社
片山杜秀『近代日本の右翼思想』二〇〇七年九月、講談社
刈田徹『昭和初期政治・外交史研究　十月事件と政局』増補改訂版、一九八九年二月、人間の科学社
刈田徹『大川周明と国家改造運動』二〇〇一年一一月、人間の科学新社
北博昭『二・二六事件　全検証』二〇〇三年一月、朝日新聞社
木下宏一『近代日本の国家主義エリート　綾川武治の思想と行動』二〇一四年一一月、論創社
小松和生『日本ファシズムと「国家改造」論』一九九一年四月、世界書院
須崎愼一『日本ファシズムとその時代　天皇制・軍部・戦争・民衆』一九九八年一二月、大月書店
須崎愼一『二・二六事件　青年将校の意識と心理』二〇〇三年一〇月、吉川弘文館
滝沢誠『近代日本右派社会思想研究』一九八〇年八月、論創社
筒井清忠『二・二六事件と青年将校』二〇一四年八月、吉川弘文館
筒井清忠『二・二六事件とその時代　昭和期日本の構造』二〇〇六年一〇月、筑摩書房
中島岳志『下中彌三郎　アジア主義から世界連邦運動へ』二〇一五年三月、平凡社
中島岳志『血盟団事件』二〇一三年八月、文藝春秋
中島岳志『中村屋のボース　インド独立運動と近代日本のアジア主義』二〇一二年八月、白水社
萩原稔『北一輝の「革命」と「アジア」』二〇一一年一月、ミネルヴァ書房
平井一臣『「地域ファシズム」の歴史像　国家改造運動と地域政治社会』二〇〇〇年四月、法律文化社
福家崇洋『戦間期日本の社会思想　「超国家」へのフロンティア』二〇一〇年二月、人文書院
堀真清『西田税と日本ファシズム運動』二〇〇七年八月、岩波書店

松浦正孝編『アジア主義は何を語るのか　記憶・権力・価値』二〇一三年二月、ミネルヴァ書房
松浦正孝『「大東亜戦争」はなぜ起きたのか　汎アジア主義の政治経済史』二〇一〇年二月、名古屋大学出版会
松本健一『評伝　北一輝』二〇〇四年七-一二月、中央公論新社

序章

「満川亀太郎宛大川周明書簡」一九一九年八月六日付、「満川亀太郎関係文書」（以下「満川文書」）二三一-七
満川亀太郎『三国干渉以後』復刻版、一九七七年六月、伝統と現代社
「満川亀太郎・大川周明宛北一輝書簡」一九一九年八月二七日付、「満川文書」四一-三
大川周明「北一輝君を憶ふ」同『大川周明全集』第四巻、一九六二年一〇月、大川周明全集刊行会
「満川亀太郎宛北一輝書簡」一九一九年八月九日付、「満川文書」四一-一七
「満川亀太郎宛北一輝書簡」一九一九年一一月六日付、「満川文書」四一-一
北一輝『北一輝著作集』Ⅲ、第三版、一九九九年一月、みすず書房
「満川亀太郎宛北一輝書簡」一九二〇年一月一日付、「満川文書」四一-四
「満川亀太郎宛北一輝電報」一九二〇年一月四日付、「満川文書」四一-五
下中彌三郎「満川君について」『月刊維新』三巻六号、一九三六年六月一日、維新社
ラス・ビハリ・ボース「満川君を憶ふ」『月刊維新』三巻六号、一九三六年六月一日、維新社

第一章

「系歴」原真理氏所蔵
「証」『福井家文書』B-三九、京都市歴史資料館所蔵

福家崇洋「海外雄飛時代の歴史学　川島元次郎と京都の歴史」小林丈広編『京都における歴史学の誕生』二〇一四年四月、ミネルヴァ書房

「私史」「満川文書」五三〇

『永田圭一追想録』一九八二年五月、永田幹人

暁〔満川亀太郎〕「記憶のとり〳〵」『民声新聞』一九〇七年一一月二〇日付

満川亀太郎「『南国史話』の後に叙す」川島元次郎著、満川亀太郎編『南国史話』一九二六年五月、平凡社

暁峰〔満川亀太郎〕「五月山麓の昔（中）」『民声新聞』一九〇八年八月二〇日付

「明治三三年（庚子）日記抄」「満川文書」四五四

「山城日報」一号、一九〇〇年九月一七日付、「満川文書」八三七

「社告」「新日本」一号、一九〇〇年九月二三日、「満川文書」九三五

「山城日報社告」「京都独立新聞」一五号、一九〇〇年一〇月八日付、「満川文書」八五〇

「嗚呼平和何日ニカ成ル。」「京都独立新聞」一七号、一九〇〇年一〇月一〇日付、「満川文書」八五二

「東亜ノ形勢累卵ノ比ニアラズ（上）」「京都独立新聞」二〇号、一九〇〇年一〇月一五日付、「満川文書」八五四

「二十世紀末之日本（上）」「京都独立新聞」八四号、一九〇二年一月八日付、「満川文書」八八七

「二十世紀末之日本（下）」「京都独立新聞」九〇号、一九〇二年一月一四日付、「満川文書」八九二

一記者〔満川亀太郎〕「題しらず。」「京都独立新聞」九九号、一九〇二年一月二三日付、「満川文書」八九九

「桑港電報（七日発）」「京都独立新聞」八四号附録、一九〇二年一月八日付、「満川文書」八八八

暁峰「自ら祝ひて」「京都独立新聞」一〇〇号、一九〇二年一月二四日付、「満川文書」九〇〇

「独ト立」「京都独立新聞」一〇〇号附録、一九〇二年一月二四日付、「満川文書」九〇一

「公告」「京都独立新聞」一一〇号、一九〇二年四月五日付、「満川文書」九一〇

「明治三十五年　懐中日記」「満川文書」四五五
「発刊ノ詞」「誠基新報」一号、一九〇二年七月一日、「満川文書」九一二
「涙」「誠基新報」一号、一九〇二年七月一日
「博覧会ト京都」「誠基新報」二号、一九〇二年七月一一日、「満川文書」九一四
「日露戦争論（承前）」「誠基新報」五号、一九〇二年八月一一日、「満川文書」九二一
「公告」「誠基新報」六号、一九〇二年八月二一日、「満川文書」九二三
「社告」「誠基新報」五号、一九〇二年八月一一日
「明治三十六年　懐中日記」「満川文書」四五六
満川亀太郎「三国干渉以後（二）」『国民思想』一巻二号、一九三二年七月一日、国民思想研究所
暁峰居士「明治三十八年一月　漂流日記　第一」「満川文書」四五七
暁峰居士「明治三十八年五月　第二漂流日記」「満川文書」四五八
南溟庵主人（満川亀太郎）「矢来台より」『経済時報』一四八号、一九一五年四月一日、経済時報社
暁峰居士「明治四十年一月　第六漂流日記」「満川文書」四六二
暁峰居士「明治三十八年九月　第三漂流日記」「満川文書」四五九
「総会記事」「金波」一巻八号、一九〇五年一〇月二五日、金波会、「満川文書」九四九
「本会ノ活動」「金波」一巻一一号附録、一九〇五年一二月八日、金波会、「満川文書」九五〇
「金波会々員名簿」「金波」一巻八号、一九〇五年一〇月二五日、金波会
「広告」「金波」一巻一一号附録、一九〇五年一二月八日、金波会
「新撰会員逸話」「金波」一巻三号、一九〇五年五月一〇日、金波会、「満川文書」九四六
暁峰生「片々一束」「KINPA」一巻四号、一九〇五年六月一一日、金波社、「満川文書」九四七

満川暁峰「余が主義　第一。」「KINPA」一巻四号、一九〇五年六月一一日、金波社
暁峰生「最大ナル遺憾」「金波」一巻三号、一九〇五年五月一〇日、金波会
暁峰居士編「金波第一巻第六号附録　事局私見　附歴史之回顧」「満川文書」九四八
暁峰居士「冷乎熱乎」「KINPA」一巻一一号、一九〇五年一二月八日、金波会、「満川文書」九五〇
暁峰居士「明治三十九年五月　第五漂流日記」「満川文書」四六一
「理想之日本」「満川亀太郎関係資料」（以下「満川資料」）四
「歎願書」「満川文書」二七七
暁峰「国家の使命と国民の自覚」『民声新聞』一九〇七年二月七日付
暁峰「国家の使命と国民の自覚」『民声新聞』一九〇七年二月一九日付
「満川亀太郎宛川島元次郎書簡」一九〇七年三月一〇日付、川島一彦氏所蔵
それがし「当年の日記」『清和』一号、一九一一年一二月二五日、清和中学校同窓会
暁峰居士「明治四十年四月　第七漂流日記」「満川文書」四六三

第二章

南溟庵主人「こゝろの日記」『錦旗』四巻五号、一九三五年七月一〇日、錦旗社
満川亀太郎「新愛国運動の諸士」『解放』五巻五号、一九二三年五月一日、解放社
暁峰居士「明治四十年七月　第八漂流日記（暑中休暇号）」「満川文書」四六四
暁峰居士「明治四十年九月　第九漂流日記」「満川文書」四六五-一
満川亀太郎「仮日記」「満川文書」四六九
暁峰居士「明治四十一年度之一　紀元二千五百六十八年　第十漂流日記」「満川文書」四六六

満川暁峰「海洋日本論（八）」『民声新聞』一九〇七年一〇月三一日付
満川暁峰「海洋日本論（十二）」『民声新聞』一九〇七年一一月六日付
「かめさん宛母書簡」一九〇八年二月二六日付、川島一彦氏所蔵
暁峰居士「明治四十一年度之二　紀元二千五百六十八年　第十一漂流日記」「満川文書」四六八
暁峰居士「森羅万象録　第二巻」「満川文書」四六七
暁峰居士「明治四十二年ノ一　紀元二千五百六十九年　第拾弐漂流日記」「満川文書」四七〇
暁峰居士「明治四十二年ノ二　紀元二千五百六十九年　第拾参漂流日記」「満川文書」四七一－一
暁峰満川亀太郎「社を退くに臨んで一言を述ふ」『民声新聞』一九〇九年八月一五日付
暁峰居士「明治四十三年ノ一　紀元二千五百七十年　第拾四漂流日記」「満川文書」四七二
満川暁峰「当今パン問題の解決」『経済時報』九六号、一九一〇年一二月一日、経済時報社
暁峰居士「明治四十三年ノ二　紀元二千五百七十年　第拾五漂流日記（六月及七月）」「満川文書」四七三
満川暁峰「天下更新之機」『経済時報』九五号、一九一〇年一一月二〇日、経済時報社
満川亀太郎「幸徳秋水の話」『政界往来』三巻五号、一九三二年五月一日、政界往来社
暁峰居士「明治四十三年八月　第十六漂流日記」「満川文書」四七四
暁峰居士「明治四十四辛亥年一月　第十八漂流日記」「満川文書」四七六－一
南溟庵主人「矢来夜話」『月刊日本』一四号、一九二六年五月一日、行地社出版部
剣書楼〔満川亀太郎〕「床次と上泉」『経済時報』一一〇号、一九一二年二月二〇日、経済時報社
「発刊の辞」『海軍』一巻一号、一九〇六年四月三日、海光社
暁峰居士「明治四十三年十一月　第十七漂流日記」「満川文書」四七五
満川暁峰「東洋政局観察（五）」『海国日報』一九一一年四月一三日付

満川暁峰「海先陸後主義（一）」『海国日報』一九一一年七月四日付
満川暁峰「海先陸後主義（下）」『海国日報』一九一一年七月六日付
「亜細亜義会設立主意」『大東』四巻二号、一九一一年二月一日、亜細亜義会
アブデュルレシト・イブラヒム著、小松香織・小松久男訳『ジャポンヤ　イブラヒムの明治日本探訪記』二〇一三年七月、岩波書店
暁峰生「一昨夜の精養軒」『海国日報』一九一一年一一月一四日付
満川暁峰「気候馴化性と民族発展」『大東』五巻三号、一九一二年三月一日、亜細亜義会
暁峰居士「明治四十五年一月起　第十九漂流日記」「満川文書」四七七
暁峰生「朝鮮行（二十）」『海国日報』一九一二年七月三日付
暁峰生「北日本（一）」『海国日報』一九一二年七月二六日付
「大正元年一日起　第二十漂流日記」「満川文書」四七八
「暁峰満川君を送る」『海国日報』一九一二年八月一六日付
満川暁峰「共和政歟君主政」『海国日報』一九一二年一一月三〇日付
満川暁峰「支那近時の形勢を論ず（上）」『経済時報』一二一号、一九一三年一月二〇日、経済時報社
酒巻貞一郎『支那分割論　附袁世凱』一九一三年七月、啓成社
満川暁峰「敵か味方か」『経済時報』一二二号、一九一三年一一月一日、経済時報社
「大正弐年一月　第二十一漂流日記」「満川文書」四七九
「満川亀太郎宛川島元次郎書簡」一九一二年五月一六日付、川島一彦氏所蔵
「結婚ニ付西下中ノ仮日記」「満川文書」四八〇‐二
暁峰生「第二十三漂流日記」「満川文書」四八〇‐三

第三章

満川暁峰「大戦乱と将来の国際政局」『経済時報』一四一号、一九一四年九月一日、経済時報社
満川亀太郎「衣斐白洋の懐出」『立命館学誌』一〇〇号、一九二六年一二月一五日、立命館
満川暁峰「過渡時代の政局」『経済時報』一二三号、一九一三年三月二〇日、経済時報社
南溟庵主人「風塵漫録」『経済時報』一二六号、一九一三年六月一日、経済時報社
『蘭英二国の盛衰と海上競争』一九一三年七月、大日本国防義会
「発刊の辞」『大日本』一巻一号、一九一四年一〇月一日、大日本社
南溟庵主人「在外邦人の欠陥」『経済時報』一六五号、一九一六年一〇月一日、経済時報社
満川亀太郎「日支興廃の機と我積極政策」『大日本』四巻八号、一九一七年八月一日、大日本社
満川生「老壮会の過去と現在」『雄叫び』一号、一九二〇年七月一日、猶存社出版部
暁峰生「矢来夜話（五）」『歯科新報』八巻七号、一九一五年七月一〇日、歯科新報社
「惟一協会の創立」『経済時報』一六九号、一九一七年二月一日、経済時報社
長岡新次郎「日本におけるヴェトナムの人々」潘佩珠著、長岡新次郎・川本邦衛編『ヴェトナム亡国史他』一九六六年八月、平凡社
「何盛三君とエスペラント」『大日本』七巻二号、一九二〇年二月一日、大日本社
JACAR（アジア歴史資料センター）Ref. B03040643300、新聞雑誌出版物等取締関係雑件　第二巻（外務省外交史料館）
本田義英「東上日記の中から」『清和』七号、一九一七年一二月二八日、清和中学校同窓会
北一輝『北一輝著作集』Ⅱ、一九五九年七月、みすず書房
南溟庵主人「戴氏来朝を機として」『東洋』三〇巻四号、一九二七年四月一日、東洋協会

北輝次郎『支那革命及日本外交革命』「満川資料」七－一
JACAR Ref. B03050975600、各国内政関係雑纂／英領印度ノ部／革命党関係（亡命者ヲ含ム）第二巻（外務省外交史料館）
満川亀太郎「印度の不穏と其将来」『我が国』一五六号、一九一七年八月一日、興国社
「社友評判記」『大日本』五巻九号、一九一八年九月一日、大日本社
JACAR Ref. B03050975800、各国内政関係雑纂／英領印度ノ部／革命党関係（亡命者ヲ含ム）第二巻（外務省外交史料館）
「謹賀新年」『亜細亜時論』二巻一号、一九一八年一月一日、黒龍会出版部
満川亀太郎「国際政局の新中心　中亜と印度とに着目せよ」『亜細亜時論』一巻五号、一九一七年一一月一日、黒龍会出版部
満川亀太郎『列強の領土的并経済的発展』一九一八年六月、広文堂書店
「満川亀太郎宛大川周明書簡」一九一八年八月二四日、「満川文書」二二一－一
「雁のたより」『清和』八号、一九一九年三月一日、清和中学校同窓会
「老壮会名簿」一九一九年六月一九日、「満川文書」三六四
「大日本社報」『大日本』四巻六号、一九一七年六月一日、大日本社
満川生「老壮会の記」『大日本』六巻四号、一九一九年四月一日、大日本社
「大正八年三月三日初　行余日誌」「満川文書」四八三
満川亀太郎「脈々の熱血」『国家社会主義』一巻二号、一九一九年六月一日、売文社出版部
内務省警保局「特別要視察人状勢一班　第九」『続・現代史資料一　社会主義沿革一』一九八四年一〇月、みすず書房

「老壮会の記」『大日本』六巻一〇号、一九一九年一〇月一日、大日本社
柳田国男『定本　柳田国男集』別巻第四、三三五頁、一九六四年一〇月、筑摩書房
満川亀太郎「黒人阿弗利加の新潮」『東方時論』六巻六号、一九二一年六月一日、東方時論社
神谷昌史「第一次大戦後の世界秩序と日本の「改造」　改造同盟とその周辺」武田知己・萩原稔編『大正・昭和期の日本政治と国際秩序　転換期における「未発の可能性」をめぐって』二〇一四年一月、思文閣出版
水谷悟『雑誌「第三帝国」の思想運動　茅原華山と大正地方青年』二〇一五年六月、ぺりかん社
中島岳志『下中彌三郎　アジア主義から世界連邦運動へ』二〇一五年三月、平凡社
北一輝『国家改造案原理大綱』一九一九年八月、猶存社
「朝鮮独立運動重要人名」「満川文書」三六七
宇都宮太郎関係資料研究会編『日本陸軍とアジア政策　陸軍大将宇都宮太郎日記　三』二〇〇七年一二月、岩波書店
「大正八年　読書の印象」『大日本』七巻一号、一九二〇年一月一日、大日本社
「北輝次郎氏よりの来翰一節」『大日本』六巻一〇号、一九一九年一〇月一日、大日本社
「満川亀太郎・大川周明宛北一輝書簡」一九一九年月不明二九日付、「満川文書」四一‐二
「老壮会ノ労働問題解決案」「斎藤実関係文書　書類の部一」国会図書館憲政資料室所蔵
大原社会問題研究所編『日本労働年鑑』大正九年版、一九六七年九月、復刻版、法政大学出版局
岡悌治・山元亀次郎・片岡軍二『日本労働党之本領』一九二〇年四月、日本労働党出版部
『何故に「過激派」を敵とする乎』一九一九年三月三一日付、「満川文書」七〇六
「満川亀太郎宛大川周明書簡」一九一九年四月六日付、「満川文書」二二一‐二
満川亀太郎「新軍国露西亜の出現と日本」『中外』四巻一号、一九二一年六月一日、中外社

満川亀太郎「亜細亜解放運動」『亜細亜時論』三巻八号、一九一九年一〇月一日、黒龍会出版部
大日本社「老壮会に就て」『大日本』七巻一号、一九二〇年一月一日、大日本社
「社告」『大日本』七巻六号、一九二〇年六月一日、大日本社
「満川亀太郎宛北一輝書簡」一九二〇年四月三日付、「満川文書」四一 - 六
南溟庵主人「矢来夜筆」『月刊日本』一二号、一九二六年三月一日、行地社出版部
「『雄叫び』発刊記念大講演会」猶存社
「六大綱要」「三大特色」『雄叫び』一号、一九二〇年七月、猶存社出版部
「満川亀太郎宛能勢丑三書簡」一九二〇年七月八日付、「満川文書」一〇四 - 一六 - 一
猶存社同人「本誌の八大綱領」『雄叫』三号、一九二〇年一〇月、猶存社出版部
満川亀太郎「革命的大帝国」『雄叫』三号、一九二〇年一〇月、猶存社出版部
JACAR Ref. C08021531000、大正九年　公文備考　巻八　官職八止　帝国議会　軍港要港及港湾（防衛省防衛研究所）
「支那ノ乱局ニ対スル当面ノ施策」林茂他編『二・二六事件秘録』別巻、一九七二年二月、小学館
「満川亀太郎宛北一輝書簡」一九二〇年一二月一日付、「満川文書」四一 - 七
角田清彦『大眼目』一九二〇年一二月五日、民衆食堂
還（中村還一）「抹殺社一味」『労働運動』七号、一九二一年三月二〇日、労働運動社
『大眼目』一九二〇年一二月三日
池田昭編『大本史料集成』Ⅱ　運動篇、一九八二年九月、三一書房
倉富勇三郎日記研究会編『倉富勇三郎日記』第二巻、二〇一二年六月、国書刊行会
「久爾宮殿下宛北一輝書簡」一九二一年二月四日付、「満川文書」一七二 - 一

「床次竹二郎宛満川亀太郎書簡」一九二一年二月二日付、「満川文書」一五五
満川「三通の黒枠」『東洋』二七巻四号、一九二四年四月一日、東洋協会
江口喚『奇怪な七つの物語』一九五六年一二月、三一書房
「東宮殿下御渡欧之御延期を仰望祈願する七大理由」「満川文書」六九一
原奎一郎編『原敬日記』第五巻、一九八一年九月、福村出版
南溟庵主人「流水日記」「満川文書」四八四－三
満川亀太郎「黒木少佐の想出」瀬尾栄太郎編『黒木親慶君追悼伝記』一九三七年一一月、黒木親慶氏追悼伝記編纂所
満川亀太郎「渥美さんの懐出」『月刊維新』二巻一一号、一九三五年一一月一日、維新社
JACAR Ref. B03050969800、各国内政関係雑纂／英領印度ノ部　第五巻（外務省外交史料館）
大塚健洋「拓殖大学『魂の会』について」『拓殖大学百年史研究』一・二合併号、一九九九年三月三一日、拓殖大学
「東西南北」『月刊日本』一号、一九二五年四月三日、行地社
JACAR Ref. B03041026300、在内外協会関係雑件／在内ノ部　第四巻（外務省外交史料館）
中島岳志『朝日平吾の鬱屈』二〇〇九年九月、筑摩書房
満川亀太郎『奪はれたる亜細亜』一九二一年五月、広文堂書店
満川亀太郎「青年日本の国際的新舞台」『東方時論』六巻九号、一九二一年九月一日、東方時論社
満川亀太郎「亜細亜復興運動の基調」『国本』一巻七号、一九二一年七月一日、国本社
満川亀太郎「世界激動渦中の日本」『東方時論』七巻一号、一九二二年一月一日、東方時論社
満川亀太郎「我人口問題と国際的分配の正義」『国本』一巻一二号、一九二一年一二月一日、国本社

望月雅士「風見章の原点」『早稲田大学史記要』四四号、二〇一三年二月二八日、早稲田大学大学史資料センター
岡野龍一編『中野正剛対露支論策集』一九二六年四月、我観社
JACAR Ref. B06151182400、日露国交回復交渉一件／長春会議　松本記録（外務省外交史料館）
Москва–Токио. Политика и дипломатия Кремля 1921–1931. Сборник документов, книга1 1921–1925, Москва, 2007
満川亀太郎「労農露西亜の近東政策」『東方時論』七巻一一号、一九二二年一一月一日、東方時論社
満川亀太郎「欧亜の形勢を顧望して」『国本』二巻一二号、一九二二年一二月一日、国本社
「山鹿泰治宛北一輝書簡」一九二〇年二月三日付、「満川文書」七〇四
北一輝『ヨッフエ君に訓ふる公開状（露西亜自らの承認権放棄）』一九二三年五月九日
満川亀太郎「労農露西亜と日本　無名の出兵より汚辱の撤兵」『東方時論』七巻六号、一九二二年六月一日、東方時論社
「NOTE BOOK」拓殖大学創立百年史編纂室所蔵

第四章

「日記」「満川文書」四八六
清水行之助著、清水行之助回想録刊行会編『大行　清水行之助回想録』一九八二年一月、原書房
堀真清『西田税と日本ファシズム運動』二〇〇七年八月、岩波書店
「満川亀太郎宛西田税書簡」一九二三年六月一〇日付、「満川文書」一〇三-七
南溟庵主人「間島行」『国本』三巻九号、一九二三年九月一日、国本社
「旅行日程」「満川文書」五七六
南溟庵主人「哈爾賓行」『国本』三巻一一号、一九二三年一一月一日、国本社

満川亀太郎「沼波先生のことゞも」瑞穂会編『噫瓊音沼波武夫先生』一九二八年二月、瑞穂会
「満川亀太郎宛福永憲書簡」一九二三年八月一五日付、「満川文書」一一二‐三
「満川亀太郎宛西田税書簡」一九二三年一〇月二六日付、「満川文書」一〇三‐九
満川亀太郎「我等は何を為すべき乎」『国本』三巻一一号、一九二三年一一月一日、国本社
「碌々の記序文」「満川文書」五三六
「POCKET DIARY 1924」「満川文書」四八七
下中彌三郎伝刊行会編『下中彌三郎事典』再版、一九七一年八月、平凡社
澤田五郎「亜細亜復興の首唱者　故満川教授を追憶す」『拓殖大学新聞』一〇五号、一九三六年六月二〇日付、
　拓殖大学拓殖研究室新聞学会
満川亀太郎作歌「鵬翼会の歌」『鵬翼』一号、一九二五年一二月二〇日、宇都宮高等農林学校々友会
安岡正篤先生年譜編纂委員会・安岡正篤先生生誕百年記念事業委員会編『安岡正篤先生年譜』一九九七年二月、
　郷学研修所・安岡正篤記念館
「訊問調書（大川周明）」『現代史資料五　国家主義運動二』一九六四年一月、みすず書房
大川周明「吾等の志業」『月刊日本』五一号、一九二九年六月一日、行地社出版部
東京行地社脱退同人「我々は何故に行地社を脱退したか」『鴻雁録』第一、一九二六年一一月、「満川文書」六九三
林茂他編『二・二六事件秘録』一、一九七一年四月、小学館
山本重太郎述『山本重太郎伝』一九六九年九月
「東西南北」『月刊日本』四号、一九二五年七月一日、行地社
行地社同人「綱領」『月刊日本』四号、一九二五年七月一日、行地社
「編輯机上」『月刊日本』一八号、一九二六年九月一日、行地社出版部

「東洋協会々務近況」『東洋』二七巻一一号、一九二四年一一月一日、東洋協会
「東西南北」『月刊日本』二号、一九二五年五月一日、行地社
伊藤隆・広瀬順晧編『牧野伸顕日記』再版、一九九〇年一二月、中央公論社
「協定書」「満川文書」四二三
『大学寮要覧 大正十四年度』「満川文書」四三〇
南溟庵主人「こゝろの日記」『錦旗』四巻三号、一九三五年四月一日、錦旗社
沼波瓊音「巻頭之辞」『月刊日本』一号、一九二五年四月三日、行地社
「東西南北」『月刊日本』八号、一九二五年一一月一日、行地社出版部
満川亀太郎「次の世界史への開展」『東方時論』八巻一号、一九二三年一月一日、東方時論社
満川亀太郎「第二維新に面せる日本」『東方時論』八巻四号、一九二三年四月一日、東方時論社
満川亀太郎「道徳的帝国を標目として」『国本』四巻一号、一九二四年一月一日、国本社
満川亀太郎「戦闘的組織と思想的充実」『国本』四巻二号、一九二四年二月一日、国本社
満川亀太郎「黄白人種闘争の史的観察」『日本及日本人』三九号、一九二四年一月一日、政教社
満川亀太郎「大邦の理想」『東洋』二七巻六号、一九二四年六月一日、東洋協会
満川亀太郎「行詰りと開展」『日本及日本人』七〇号、一九二五年四月一日、政教社
満川亀太郎「亜細亜復興と東洋精神」『月刊日本』三号、一九二五年六月一日、行地社
満川亀太郎「世界革命と日本改造」『月刊日本』五号、一九二五年八月一日、行地社
満川亀太郎「何故に改造を急とするか」『月刊日本』七号、一九二五年一〇月一日、行地社本部
満川亀太郎『黒人問題』一九二五年一一月、二酉名著刊行会
満川亀太郎「『黒人問題』に就て」『東洋』二九巻三号、一九二六年三月一日、東洋協会

南冥〔ママ〕庵主人「矢来夜話」『月刊日本』一三号、一九二六年四月一日、行地社出版部
満川亀太郎「水平社運動と猶太民族運動」『国本』三巻四号、一九二三年四月一日、国本社
満川亀太郎『ユダヤ禍の迷妄』一九二九年六月、平凡社
満川亀太郎『世界現勢と大日本』一九二六年四月、行地社出版部
満川亀太郎「世界変動と亜細亜復興」『太陽』三二巻四号、一九二六年四月一日、博文館
「POCKET DIARY 1926」「満川文書」四八九
南溟庵主人「南行記」『東洋』二九巻一号、一九二六年一月一日、東洋協会
「凡例」『大西郷全集』第三巻、一九二七年一一月、平凡社
「満川亀太郎宛北一輝書簡」一九二六年二月一三日付、「満川文書」四一‐一一
「無題〔朴烈・金子文子関係〕」一九二六年七月一八日
満川亀太郎「世紀末的現象」『共存』六巻一〇号、一九二六年一〇月一〇日、新日本協会
「満川亀太郎宛大川周明書簡」一九二六年八月一六日付、「満川文書」二二一‐一六
「社告」『月刊日本』一八号、一九二六年九月一日、行地社出版部
「満川亀太郎宛大川周明書簡」一九二六年九月三日付、「満川文書」二二一‐一七
「満川亀太郎宛井上寅雄書簡」一九二六年九月一四日付、「満川文書」一三
「同人名簿」『鴻雁録』第一、一九二六年一一月
「満川亀太郎宛西田税書簡」一九二六年一一月二四日付、「満川文書」一〇三‐一一
「東西南北」『月刊日本』七号、一九二五年一〇月一日、行地社出版部
「Diary」「満川文書」四九〇
「小引」衣斐釪吉『東亜の形勢と日本の将来』上巻、一九二六年一二月、立命館大学出版部

「立命館筆の会」『立命館学誌』一〇八号、一九二七年一一月一五日、立命館
「立命館中学第二十二回卒業式」『立命館学誌』一一三号、一九二八年四月一五日、立命館
「満川亀太郎氏特別講演」『立命館学誌』一一八号、一九二八年一〇月一五日、立命館
満川亀太郎「故伯の日露提携意見書」三井邦太郎編『吾等の知れる後藤新平伯』一九二九年七月、東洋協会
「満川亀太郎宛北一輝書簡」一九二七年五月七日付、「満川文書」四一－一二
「同人消息」『鴻雁録』第三、一九二七年五月、「満川文書」六九五
満川亀太郎「金子先生の思出」『新天地』五巻一〇号、一九二五年一〇月一日、新天地社
「敬愛学寮設立趣意書」「満川文書」三三三
「興◎《ママ》学塾の成立まで」『ひさかたぶり』第二、一九三一年二月一一日、満川亀太郎、「満川文書」七〇〇
満川亀太郎「敬愛中学校趣意書」「満川文書」三三四
「Diary」「満川文書」四九一
朝山伊佐雄「興亜学塾の創設」『科学雑誌』一四巻一号、一九三一年一月一日、科学の世界社
「一新」『鴻雁録』第二、一九二七年二月、「満川文書」六九四
「宣言」『鴻雁録』第三、一九二七年五月
満川亀太郎『世界維新に面せる日本』一九二七年五月、一新社
満川亀太郎「秩父おろし」『鴻雁録』第二、一九二七年二月
「満川亀太郎宛西田税書簡」一九二七年五月一一日付、「満川文書」一〇三－一二
「満川亀太郎宛菅波三郎書簡」一九二七年五月二〇日付、「満川文書」六三
「満川亀太郎宛堀之内吉彦書簡」一九二七年六月九日付、「満川文書」一一七－一
『司法研究』第一九輯一〇、一九三五年三月、司法省調査課

独立国策協会創立世話人「独立国策協会創立案内」「満川文書」三七七
「独立国策協会趣旨及び規約草案」「満川文書」四三七
満川亀太郎「世界の中心に座せる日本」『日蓮主義』二巻一号、一九二八年一月一日、日蓮宗宗務院
満川亀太郎「維新還暦と休戦十年」『東洋』三一巻一号、一九二八年一月一日、東洋協会
『大邦』二巻一号、一九二八年一月一日、大邦社
「満川亀太郎宛古賀清志書簡」一九二七年一月一二日付、「満川文書」四五
不戦条約御批准奏請反対同盟編『不戦条約文問題に就て』一九二九年二月、不戦条約御批准奏請反対同盟
イチロ「秘　特別報告　藤原代議士明政会脱会顛末」一九二八年一〇月一五日記、『鶴見祐輔関係文書』一三八、国会図書館憲政資料室所蔵
「明政会軟化のかぎ　一五万円の取調べ　島氏と共に策動者続々召喚　大事を取る検事局」『東京朝日新聞』一九二九年一二月一七日付朝刊
富田武『戦間期の日ソ関係　一九一七－一九三七』二〇一〇年一月、岩波書店
「Diary」「満川文書」四九二
「安部ト田中トノ密接ナル関係ヲ証明スル材料」「満川文書」六〇五－二
「床次暗殺ニ関スル暗号電報往復顛末」「満川文書」六〇五－一
「満川氏との一問一答」『大阪毎日新聞』一九二九年七月一四日付
「牧野伸顕宛安岡正篤書簡」『牧野伸顕関係文書』六六七、国会図書館憲政資料室所蔵
小田部雄次「資料紹介　『安岡正篤書翰』　国立国会図書館憲政資料室所蔵」『史苑』四〇巻二号、一九八〇年一一月、立教大学史学会
伊藤隆・広瀬順皓編『松本学日記』一九九五年二月、山川出版社

出口和明『実録出口王仁三郎伝　大地の母』一一、天下の秋、一九九四年三月、あいぜん出版
「告発要旨」「満川文書」六〇四
「首相告発の証拠薄弱　安部は詐欺罪で起訴」『東京朝日新聞』一九二九年六月一三日付夕刊
「三大官告発不起訴と内定す　満川教授が摘発の事件　けふ取調べ一段落」『東京朝日新聞』一九二九年七月二五日付夕刊
「満川拓大教授一杯食はさる　阿部の書いた狂言に三大官告発は大からくり」『東京朝日新聞』一九二九年八月一日付朝刊
「山口旅団長遂に辞職す　例の告発事件に入れられ不徳の責を引いて」『東京朝日新聞』一九二九年七月三一日付朝刊
満川亀太郎「政治時評」『我観』七二号、一九二九年一一月一日、我観社
南溟庵主人「こゝろの日記」『錦旗』三巻六号、一九三四年七月一日、錦旗社
満川亀太郎「政治時評」『我観』七五号、一九三〇年二月一日、我観社
満川亀太郎手記「昭和四年八月二十日夜　杉浦久雄来訪談」「満川文書」五九八
JACAR Ref. B04013129700、要視察人関係雑纂／本邦人ノ部　第十二巻（外務省外交史料館）
JACAR Ref. B02030234100、満州事変（支那兵ノ満鉄柳条溝爆破ニ因ル日、支軍衝突関係）／在留邦人保護、引揚、避難及被害関係／被害関係　第一巻（外務省外交史料館）
JACAR Ref. B02030097000、済南事件／解決交渉関係　松本記録　第二巻（外務省外交史料館）
「奇々怪々なる阿部の陳述　弁護士まで閉口した形　アヘン事件公判＝続き」『東京朝日新聞』一九三〇年六月一二日付朝刊

第五章

満川亀太郎「亜細亜復興と日本」新東方協会編『光は日本より』一九二九年二月、新潮社
満川亀太郎「亜細亜、太平洋及日本」『日本及日本人』一八八号、一九二九年一一月一日、政教社
満川亀太郎『日露戦争の世界史的意義』一九三〇年五月、国民戦線社
「Diary」「満川文書」四九三
満川亀太郎「政治時評」『我観』七四号、一九三〇年一月一日、我観社
「夏季大学講習会案内」「満川文書」七二六
「独立国策協会沿革」「満川文書」四三八
小村俊三郎『田中内閣対支外交の総決算』一九二九年三月、国民外交協会
満川亀太郎「現代東洋の革命的人豪」『人の噂』一九三〇年四月一日、月旦社
「満川亀太郎次男建昭和五年六月廿七日死去当時父亀太郎のよみしもの」「満川資料」八―一四
朝鮮女子学寮事務所「朝鮮女子学寮創立趣旨」「満川文書」四三三
山田勝芳『溥儀の忠臣・工藤忠　忘れられた日本人の満洲国』二〇一〇年六月、朝日新聞出版
鎌田勇編『興亜学塾要覧』一九三一年一月、興亜学塾
JACAR Ref. B03041030000、在内外協会関係雑件／在内ノ部　第五巻（外務省外交史料館）
「満川亀太郎氏の興亜学塾」『立命館学誌』一三八号、一九三〇年一二月一日、立命館
「興亜学塾短期開講要綱」
「将来の日本に輝くべき民族的英雄」『祖国』三巻一〇号、一九三〇年一〇月一日、学苑社
満川亀太郎「天下非常の時機到来」『道』二六七号、一九三〇年九月一日、道社
「満川亀太郎宛西田税書簡」一九三〇年一〇月二八日付、「満川文書」一〇三―一三

「Diary」「満川文書」四九四
原秀男・澤地久枝・匂坂哲郎編『検察秘録　五・一五事件Ⅲ　匂坂資料三』一九九〇年一〇月、角川書店
「興亜学塾月額予算」「満川文書」三三〇
「Diary」「満川文書」四九五
満川亀太郎『満蒙特殊性の解剖』一九三一年一一月、興亜閣
満川亀太郎「国際時評」『財政経済時報』一八巻一一号、一九三一年一一月一日、財政経済時報社
満川亀太郎「国際時評」『財政経済時報』一八巻一二号、一九三一年一二月一日、財政経済時報社
満川亀太郎「世界的動乱時代」『道』二八三号、一九三二年一月一日、道社
満川亀太郎「新満洲国とアジアの展望」『海外』六三号、一九三二年五月一日、海外社
満川亀太郎「満洲問題を中心とする日米露の関係」『東亜』五巻七号、一九三二年七月一日、東亜経済調査局
近藤栄蔵「日記ノート」「近藤栄蔵文庫」同志社大学人文科学研究所所蔵
経済問題研究会「声明」「渋谷定輔文庫」一六〇八、富士見市立中央図書館所蔵
経済問題研究会「宣言」「渋谷文庫」一五七七
「新党樹立に就て」『日本国民社会党準備会々報』一号、一九三二年一月二八日、日本国民社会党準備会、「渋谷文庫」二一七七
下中彌三郎「御挨拶にかへて」「渋谷文庫」二一七六－一
「新党組織準備会出席者芳名」『日本国民社会党準備会々報』一号、一九三二年一月二八日、日本国民社会党準備会
「第一回準備委員会」『日本国民社会党準備会々報』一号、一九三二年一月二八日、日本国民社会党準備会
満川亀太郎「内外時評」『政治経済時報』一九巻二号、一九三二年二月一日、財政経済時報社
満川亀太郎『激変渦中の世界と日本』一九三二年四月、先進社

「満川亀太郎宛北一輝書簡」一九三二年六月九日付、「満川文書」四一‐一四
「新日本国民同盟ニュース」第一報、『国民社会党準備会新日本国民同盟本部発行印刷物綴』（以下『印刷物綴』）
「新日本国民同盟関西事務局第三回協議会報告」『印刷物綴』
新日本国民同盟「報告」一九三二年八月一四日、『印刷物綴』
『特高月報』一九三二年十一月分、一九三二年一二月二〇日、内務省警保局保安課
「満川亀太郎宛佐々井一晁書簡」一九三二年一〇月一七日付、「満川文書」五二‐二
満川亀太郎「リットン報告書を俎上にのせて」『錦旗』一巻一号、一九三二年一二月一日、錦旗社
満川亀太郎「日英戦争を準備せよ」『錦旗』二巻七号、一九三三年七月一日、錦旗社
「阿佐ケ谷より」『ひさかたぶり』第四、一九三三年四月二五日、関口一男、「満川文書」七〇〇
相馬黒光・相馬安雄『アジアのめざめ　印度志士ビハリ・ボースと日本』一九五三年二月、東西文明社
山田義雄『絆を彫る　栃木県に「インド独立の碑」を建てた丹野清翁の物語』二〇〇六年一一月、下野新聞社
一記者「仙台の『ガンヂー協会』と丹野清氏　印度独立記念旗樹立」『人の噂』二巻五号、一九三一年五月一日、月旦社
中谷武世『昭和動乱期の回想　下　中谷武世回顧録』一九八九年三月、泰流社
「当研究所関係集会一束」『国民思想』一巻三号、一九三二年八月一日、国民思想研究所
「満川亀太郎宛中谷武世書簡」一九三二年九月二二日付、「満川文書」九四‐一
ワレンチン・アルハンゲリスキー著、古本昭三訳『レーニンと会った日本人　ドキュメント〈歴史の三〇分〉』一九八七年四月、サイマル出版会
「『汎亜細亜』の集ひ」『国民思想』一巻六号、一九三二年一一月一日、国民思想研究所
「大亜細亜協会創立準備委員書簡」「満川文書」四一‐九

「日支提携の新運動　大亜細亜協会創設」『東京朝日新聞』一九三二年一二月二二日付朝刊
「大亜細亜協会の諸集会」『大亜細亜主義』一巻一号、一九三三年五月一日、大亜細亜協会
「大亜細亜協会創立趣意」『大亜細亜主義』一巻一号、一九三三年五月一日、大亜細亜協会
「大亜細亜協会役員」『大亜細亜主義』一巻一号、一九三三年五月一日、大亜細亜協会
「編輯後記」『国民思想』二巻三号、一九三三年三月一日、国民思想研究所
満川亀太郎「大亜細亜連盟の結成」『創造』三巻八号、一九三三年八月一日、創造社
満川亀太郎「欧州中心時代の終焉」『大亜細亜主義』一巻一号、一九三三年五月一日、大亜細亜協会
「大亜細亜協会々報」『大亜細亜主義』二巻九号、一九三四年九月一日、大亜細亜協会
『特高月報』一九三三年一月分、一九三三年二月二〇日、内務省警保局保安課
『特高月報』一九三三年七月分、一九三三年八月二〇日、内務省警保局保安課
「資料　新日本国民同盟全国府県支部総代会議々事録」『錦旗』二巻七号、一九三三年七月一日、錦旗社
「集る代表者百六十名　超非常時局に呼応して全国支部代表者会議開催」『錦旗国民軍』五四号、一九三三年八月一五日、新日本国民同盟
「次期大会に至るまでの同盟の運動方針要綱（一）」『錦旗国民軍』五四号、一九三三年八月一五日、新日本国民同盟
「次期大会に至るまでの同盟の運動方針要綱（完）」『錦旗国民軍』五六号、一九三三年一〇月一五日、新日本国民同盟
満川亀太郎『大変動期の世界と日本』一九三四年二月、錦旗社
満川生「国際時評」『錦旗』二巻八号、一九三三年八月一七日、錦旗社
満川亀太郎「世界の人種問題」『錦旗』三巻三号、一九三四年三月一日、錦旗社

「DIARY 二五九四」「満川文書」四九七
「編輯後記」『錦旗』二巻一一号、一九三三年一一月一日、錦旗社
「再び全国民同胞に訴ふ」『錦旗国民軍』五八号、一九三三年一一月一五日、新日本国民同盟
「非常重大時局に直面して国民の拠るべき指標を宣言 議案没収の弾圧に抗しつつ堂を埋める代議員七百名 厳粛壮重を極めた臨時全国大会」『錦旗国民軍』五八号、一九三三年一一月一五日、新日本国民同盟
『特高月報』一九三四年二月分、一九三四年三月二〇日、内務省警保局保安課
南溟庵主人「こゝろの日記」『錦旗』三巻五号、一九三四年五月一日、錦旗社
「首相・外相・陸相に決議を手交 委員長以下代表陳情」『錦旗国民軍』六八号、一九三四年九月二六日、新日本国民同盟
満川亀太郎「一大変革期に立てる日本」『東方公論』九巻六号、一九三四年六月一日、東方公論社
「眼前国情の危局突破を期し国民の窮乏匡救に関する願請署名運動を全力に傾注せよ!」『錦旗国民軍』六七号、一九三四年八月二四日、新日本国民同盟
「新日本建設の準備工作たるべきわれらの請願運動の意義とその要旨」『錦旗国民軍』六八号、一九三四年九月二六日、新日本国民同盟
大本七十年史編纂会編『大本七十年史』下巻、一八二頁、一九六七年八月、大本
特高課長『大本資料』
「出口王仁三郎氏と佐々井一晁氏」「真崎甚三郎関係文書」二二八九、国会図書館憲政資料室所蔵
「国民の窮乏匡救に関する請願運動に全精力を注げ」『錦旗国民軍』七二号、一九三五年二月一五日、新日本国民同盟
「例会記事」「満川文書」三六一

満川世話人「老壮会の回想」『雄叫』三号、一九二〇年一〇月、猶存社出版部
『血盟団事件公判速記録』下巻、一九六八年一〇月、血盟団事件公判速記録刊行会
『国家主義系団体員の経歴調査（一）』一九四一年四月、司法省刑事局
「客観的情勢の激化と全国的組織の拡大に照応して同盟本部の戦闘陣容確立」『錦旗国民軍』七〇号、一九三四年一二月五日、新日本国民同盟

終章

小田切信夫『回想「君が代」人生五十年』二〇〇二年五月、伊藤美津
『特高月報』一九三四年十月分、一九三四年一一月二〇日、内務省警保局保安課
満川亀太郎「大川兄と大島行」『月刊維新』一巻二号、一九三四年一二月一日、平凡社
「機関説排撃有志懇談会　三月十五日於丸之内中央亭」『錦旗国民軍』七三号、一九三五年四月八日、新日本国民同盟
「指令　第拾八号　昭和十年三月八日」『錦旗国民軍』七三号、一九三五年四月八日、新日本国民同盟
「声明」『錦旗国民軍』七三号、一九三五年四月八日、新日本国民同盟
「首相に対する決議」『錦旗国民軍』七三号、一九三五年四月八日、新日本国民同盟
「陸海両相に対する決議」『錦旗国民軍』七三号、一九三五年四月八日、新日本国民同盟
「指令　第十九号　昭和十年三月十八日」『錦旗国民軍』七三号、一九三五年四月八日、新日本国民同盟
満川亀太郎「美濃部博士の邪説を破砕す」『日本及日本人』三一八号、一九三五年四月一日、政教社
満川亀太郎「白人文明の崩壊と有色民族の抬頭」『月刊維新』二巻一号、一九三五年一月一日、維新社
「日記」「満川文書」四九九

『惟神館主意　信条　規約』一九三四年九月、「満川文書」三八〇
「阿佐ケ谷より」『ひさかたぶり』第五、一九三五年九月二五日、関口一男、「満川文書」七〇二
南溟庵主人「こゝろの日記」『錦旗』四巻四号、一九三五年六月一日、錦旗社
『特高月報』一九三五年七月分、一九三五年八月二〇日、内務省警保局保安課
惟神顕修会同人「惟神顕修会趣旨」「満川文書」三八五
満川亀太郎「無題」『ひさかたぶり』第五、一九三五年九月二五日、関口一男
『特高月報』一九三五年九月分、一九三五年一〇月二〇日、内務省警保局保安課
満川亀太郎「新日本国民同盟脱退通知書」「満川文書」四二五
『特高外事月報』一九三五年十月分、一九三五年一一月二〇日、内務省警保局保安課
「中央常任総務委員会　議事決議概要報告　終始緊張裡に進行」『錦旗国民軍』七七号、一九三五年一〇月一五日、
　新日本国民同盟
「惟神顕修会第一回早天顕修会要綱」「満川文書」三八九
『惟神顕修会要覧』惟神顕修会、「満川文書」三九〇
満川亀太郎講述・富田鎮彦編『世界の皇化』一九三五年一一月、惟神顕修会、「満川文書」六八〇
伊藤隆・佐々木隆・季武嘉也・照沼康孝編『真崎甚三郎日記　昭和十年三月～昭和十一年三月』一九八一年七月、
　山川出版社
「日記」「満川文書」五〇〇
『吉田茂』一九六九年一二月、吉田茂伝記刊行編輯委員会
「満川先生御講話」『立命館禁衛隊』五七号、一九三五年一〇月五日、立命館大学出版部
満川亀太郎「母校新年の行学に参して」『立命館禁衛隊』六〇号、一九三六年一月五日、立命館大学出版部

満川亀太郎「卒業式祝辞」『立命館禁衛隊』六三号、一九三六年四月五日、立命館大学出版部
立命館百年史編纂委員会編『立命館百年史』通史一、一九九九年三月、立命館
「小学校長招待日に於ける中川校長挨拶要旨」『立命館禁衛隊』六二号、一九三六年三月五日、立命館大学出版部
「診断書」「満川資料」八－一
「満川亀太郎死去及び告別式通知葉書」「満川資料」八－二
「弔詞」「満川資料」八－四
「為故満川亀太郎　香奠帳」「満川資料」八－五
「初七日参詣者」「満川資料」八－六
「満川亀太郎追悼法要案内」「満川文書」四四四
「満川逸子宛本田義英書簡」「満川文書」四四五
「満川逸子宛満川亀太郎遺族扶助会書簡」「満川文書」一六四－一
満川亀太郎「日本の世界的地位（一）」『立命館禁衛隊』六三号、一九三六年四月五日、立命館大学出版部
生田蝶介「消息」『立命館禁衛隊』六四号、一九三六年五月五日、立命館大学出版部
生田蝶介「満川亀太郎逝く」『立命館禁衛隊』六五号、一九三六年六月五日、立命館大学出版部
中谷武世「満川さんの憶ひ出」『月刊維新』三巻六号、一九三六年六月一日、維新社
中野正剛「純情の朋満川君」『月刊維新』三巻六号、一九三六年六月一日、維新社
満川亀太郎講述、下中彌三郎編『世界の皇化』一九四一年五月、満川先生七周年追憶記念会
「履歴書」一九四三年一月、原真理氏所蔵
「死亡告知書（公報）」一九四七年一一月二七日、原真理氏所蔵

あとがき

本書は、満川亀太郎没後八〇年にして初の評伝となる。はたしてこれでいいのだろうかという自問自答を繰り返しながらの執筆行脚だった。

本書をまとめなければと思ったのには、ある理由がある。中野正剛は、北一輝と満川を「剣」と「玉」のようだと評したが、これまでの「国家主義」運動史は、「剣」による変革が強調されすぎてきたのではないかと考えるようになったからだ。

右派の社会運動史は、クーデター未遂やテロなど多くの事件に彩られている。二・二六事件を筆頭に、これらの出来事が重要であることは論を俟たないだろう。しかし、事件の羅列では、社会運動の歴史を正確に伝えることはできない。

そうした事件と事件のあいだにある日々の動きや伏流に目を向けてみたい。そして、この流れにおいて大きな役割を果たした人物を描いてみたいと思いはじめてから、満川の評伝をまとめることの重要性が私のなかで固まっていった。その意味で、本書は新たな社会運動史を描くうえでの、はじまりの書でもある。

満川の思想には、北のような鋭さはないものの、その包括性に特徴がある。ひとことでまとめるなら、〈第二コミンテルン〉構想の萌芽とでもいえるだろうか。ここには、階級闘争だけではなく、左派社会運動のアキレス腱であった民族独立運動や人種解放闘争も組み込まれ、欧米列強の打倒が呼びかけられている。むろん、満川にとって変革の中心は帝国日本でなければならず、それゆえに今日から見れば看過できない問題を孕んでいる。

近年、日本で「右傾化」が伝えられるなかで、「右翼」とみなされてきた人物の評伝を世に送り出すことには、様々な意見があると思う。だが、私は本書を通して、「右傾化」に与するわけでも、警世のよすがとしたいわけでもない。歴史の批判に堪えるという遠大な目的をいだきながら、淡々と、しかし粘り強く研究対象と向き合うことをただ心がけたつもりである。

振り返れば、満川について、最初に拙い発表をしたのは博士課程のときだっただろうか。それから十数年経った。この間、京都市歴史資料館に奉職して京都の近現代史を学んだこと、戦間期・戦後期日本の社会思想・社会運動の研究を推し進めたことが、本書を執筆するうえで大いに役立った。幾度となく、京都と大阪にある満川ゆかりの地を訪ねたことも、よき想い出になっている。

本書の執筆・刊行にあたって、多くの方々や機関にお世話になったが、とりわけ執筆の機会を与えてくださった伊藤之雄先生（京都大学大学院法学研究科）と、満川の孫である原真理様のお名前をあげておきたい。自宅で何気なくとった固定電話の受話器から、伊藤先生の声が聞こえてきたときの衝撃は今でも忘れられない。原様には、資料の利用や読解についてさまざまな便宜を図っていただき、牛歩の執筆を温かく支えていただいた。本書がこうして日の目を見ることができたのも、ひとえにお二人のおかげである。この場を借りて厚く御礼を申し上げたい。

ただひとつ、執筆に取りかかるのが遅かったため、満川の次女根岸桂子様に本書をお届けすることができなかったのは、返す返す申し訳なく思っている。

私の執筆の遅さから、ミネルヴァ書房の担当編集者は何人も変わってしまったが、この度、涌井格さんとのご縁を得て本書を世に送り出せたことはありがたかった。

最後に、私事ながら、本書の最初の読者である妻りさと、いつも見守ってくれる両親にこの本を捧げたい。

二〇一六年三月

福家崇洋

満川亀太郎略年譜

和暦	西暦	齢	関係事項	一般事項
明治二一	一八八八	1	1・18大阪府で誕生。	
二二	一八八九	2		2・11大日本帝国憲法発布。
二三	一八九〇	3		10・30教育ニ関スル勅語発布。11・25第一回帝国議会開会。
二七	一八九四	7		3・29朝鮮で東学党蜂起。8・1日清戦争勃発。
二八	一八九五	8	4月京都市立植柳尋常高等小学校尋常科第二学年入学。	4・23ロシア・フランス・ドイツから遼東半島の清国返還を勧告（三国干渉）。4月京都で第四回内国勧業博覧会開催。
二九	一八九六	9	3・31京都市立植柳尋常高等小学校尋常科第二学年修業。	
三〇	一八九七	10	1・22母いくと京都から大阪へ転居。3・26池田尋常高等小学校尋常科第三学年修業。10月北豊島尋常	

三一	一八九八	11	高等小学校尋常科第四学年に転校。3・31北豊島尋常高等小学校尋常科卒業。4月北豊島尋常高等小学校高等科進級。	6・11変法自強宣布。9・21戊戌の政変。10月京都で市制特例が撤廃され初代民選市長に内貴甚三郎就任。
三二	一八九九	12	3・31北豊島尋常高等小学校高等科第一学年修業。4月京都市立第一高等小学校第二学年に転校。	3月山東省で義和団蜂起。9・6アメリカが対華門戸解放宣言。
三三	一九〇〇	13	3・31京都市立第一高等小学校第二学年修業。4月京都市立第四高等小学校第三学年に転校。9・17「山城日報」創刊。9・23「新日本」創刊。	3・10治安警察法公布。10・8孫文ら恵州で挙兵。
三四	一九〇一	14	3・31京都市立第四高等小学校第三学年修業。10・14「京都独立新聞」刊行。	5・18社会民主党結党。
三五	一九〇二	15	2・10日本銀行見習に命ぜられる。2・25父勘兵衛没。3・31京都市立第四高等小学校卒業。7・1「誠基新報」創刊。	1・30日英同盟協約調印。1月シベリア鉄道（ウラジオストク・ハバロフスク間）開通。
三七	一九〇四	17	9・2日本銀行見習を免ぜられる。10・5吉田中学校第三学年入学。	2・10日露戦争勃発。2・23日韓議定書調印。8・22日韓協約調印。10・12西郷菊次郎が京都市長就任。
三八	一九〇五	18	2・11「金波」創刊。3・27吉田中学校第三学年課	7・29桂・タフト覚書成立。

			程修了。	8・12第二回日英同盟協約調印。8・20孫文ら中国革命同盟会結成。9・5日露講和条約調印。11・17第二次日韓協約調印。
三九	一九〇六	19	3・28吉田中学校第四学年課程修了。10・8「理想之日本」脱稿。10・19吉田中学校閉校命令取消嘆願のため東上（二五日まで）。11・14清和中学校第五学年に転校。	3月西郷市長が市会で三大事業提案。9・5『革命評論』創刊。
四〇	一九〇七	20	1・6『京都朝報』で「国家の使命と国民の自覚」連載開始。2・6『民声新聞』で「国家の使命と国民の自覚」連載開始。3・31清和中学校卒業。4・2上京。4・4早稲田大学高等予科入学。11月『民声新聞』に入社し言論・編集事務担当。	6月ハーグ密使事件。7・24第三次日韓協約調印。7・30日露協約調印。
四一	一九〇八	21	4・6山田丑太郎『北門之宝庫富之樺太論』（警眼社）代筆終了。4月母上京説得のため西下。7・3早稲田大学高等予科修了。7・26母いく没。9月早稲田大学大学部政治経済学科第一学年入学。	
四二	一九〇九	22	1月早稲田大学退学。8・14『民声新聞』退社。10・1日本大学大学部法律科特科入学。	
四三	一九一〇	23	5・1床次竹二郎を初訪問。8・15『海国日報』入	5・25大逆事件検挙開始。7・

			社。	4第二回日露協約調印。8・22韓国併合。
四四	一九一一	24	3月東京外国語学校専修科露語学科入学。9・13亜細亜義会の茶話会に参加。11・12亜細亜義会、太平洋会、大陸会の三派連合有志懇談会に参加。	2・21日米新通商航海条約調印（関税自主権確立）。4・27黄興ら黄花崗蜂起。7・13第三回日英同盟協約調印。10・10武昌蜂起（辛亥革命）。12・29孫文が中華民国臨時大総統選出。
四五 大正元	一九一二	25	5・20鎮海視察記者団の一員として朝鮮視察に出発（六月七日まで）。7・20大湊開港期成同盟会の招待で東北旅行に出発（二四日まで）。8・15『海国日報』退社。12月大日本国防義会の設立趣意書発表。	1・1中華民国臨時政府成立。2・12清朝滅亡。7・8第三回日露協約調印。7・30明治天皇没。
二	一九一三	26	2・20神田大火災で被災。3・8藤澤逸子と結婚。4月北一輝が中国からの国外退去命令を受ける。7・30酒巻貞一郎『支那分割論　附袁世凱』（啓成社）に満川筆「袁世凱」収録。10月日本歯科医学専門学校嘱託。	2・10護憲派の民衆が議会を取りまく（翌日桂太郎内閣総辞職）。3・22宋教仁暗殺事件。10・10袁世凱が正式に大総統就任。
三	一九一四	27	10・1川島清治郎らと『大日本』を創刊。	1月シーメンス事件。7・8孫文が中華革命党結党。7・28第一次世界大戦が勃発。8・23日

四	一九一五	28	11・28日本政府がインド亡命革命家R・B・ボースに国外退去を命じる。11月北一輝が「支那革命党及革命之支那」執筆（後半部は翌年四月執筆）。	本政府がドイツに宣戦布告。1・18対華二十一カ条要求提出。12・12袁世凱が帝位宣言（のち取消）。12・25中国で第三革命勃発。
五	一九一六	29	11月大川周明『印度に於ける国民的運動の現状及び其の由来』刊行。この年、三五会結成。	
六	一九一七	30	6月頃タラクナス・ダスが大日本社を訪問。7・1黒龍会機関誌『亜細亜時論』創刊し「誌友」となる。7・13長女喜美誕生。7月全亜細亜会『国際間に於ける日本の孤立』刊行。	1月「西原借款」開始。3・15ロシア二月革命勃発。11・7ロシア一〇月革命勃発。
七	一九一八	31	6・22『列強の領土的並経済的発展』（広文堂書店）刊行。10・9満川亀太郎を世話人として老壮会第一回開催。	3・3ブレスト＝リトウスク講和条約調印。8・2日本政府がシベリア出兵宣言。8月米騒動勃発。9・29原敬内閣成立。11・9ドイツ革命勃発。11・11第一次世界大戦終結。12・23吉野作造、福田徳三らが黎明会結成。12月赤松克麿、宮崎龍介らが新人会結成。

八	一九一九	32	1・19老壮会第六回開催、高畠素之、北原龍雄が出席。1月人種的差別撤廃期成同盟設立相談会に参加。3・31『何故に「過激派」を敵とする乎』発行。3月日支国民協会に参加。4・1高畠素之、北原龍雄らが『国家社会主義』創刊。6・10『今日の南米及び渡航移住案内』（広文堂書店）刊行。6月北一輝が満川に「ヴエルサイユ会議に対する最高判決」を送付（一九二一年四月に猶存社同人名義で謄写刷・頒布）。島中雄三、下中彌三郎らが結成した文化学会に参加。8・1満川亀太郎らが猶存社を結成。8・13上海の北一輝訪問のため大川周明が離京。8・29老壮会第二〇回開催、堺利彦が講演。8月中野正剛らが結成した改造同盟に参加。10・8「老壮会ノ労働問題解決案」発表。10・15老壮会第二六回開催、渋川雲岳が朝鮮問題につき講演。12・24山元亀次郎らが結党した日本労働党に参加。12・末北一輝が上海を発つ。	1・18パリ講和会議開催。3・1京城・平壌などで三・一独立運動勃発。3・2コミンテルン創立大会開催。3・23ムッソリーニらが戦闘ファッショ結成。5・4北京で五・四運動勃発。6・28ベルサイユ講和条約調印。10・10孫文が中華革命党を中国国民党に改組し総理就任。
九	一九二〇	33	1・1大川周明と満川が頒布の辞を添えて『国家改造案原理大綱』『北一輝氏ノ国際政局観』を頒布。1月『大日本』退社。6月大川周明とともに『支那	1・10国際連盟発足。2・11数万人の普選要求大示威運動。3月戦後恐慌開始。12・9日本社

			乱局ノ基本的説明』発行。7月『雄叫び』創刊。9月猶存社同人『支那ノ乱局ニ対スル当面ノ施策』発行。11・30長男靖誕生。12・3『大眼目』発行。12・5角田清彦『大眼目』（民衆食堂）刊行。	会主義同盟創立大会開催（翌年五月二八日解散）。
一〇	一九二一	34	1・1『北人遺稿』（北人遺稿発行所）刊行（編纂・発行にあたる）。2・2宮中某重大事件につき床次竹二郎に奮起を促す書簡を送付。2月「東宮殿下御渡欧之御延期を仰望祈願する七大理由」発行。3・5『奪はれたる亜細亜』（広文堂書店）刊行。6・23日の会主催世界革命に関する講演会に参加。7・23大阪で日の会主催アタル追悼講演会に参加。9・28安田善次郎が朝日平吾に刺殺される。11・25北一輝『支那革命外史』（大鐙閣）刊行。	2・12第一次大本教事件。6・22コミンテルン第三回大会開催。7・1中国共産党創立大会。11・4原敬首相が刺殺される。11・12ワシントン会議開催。
一一	一九二二	35	3月魂の会（拓殖大学）結成。7月中野正剛らが結成した又新社に参加。秋頃満川を指導者として潮の会（早稲田大学）結成。11・14次女桂子誕生。11・30復興亜細亜大講演会開催。12・10兄川島元次郎没。	1・21極東諸民族大会開催。夏頃堺利彦、山川均らが日本共産党創立。10・31イタリア・ファシスタ政権成立。12・30ソビエト社会主義共和国連邦成立。
一二	一九二三	36	5・9北一輝『ヨッフエ君に訓ふる公開状』発行。北一輝『日本改造法案大綱』（改造社）刊行。5・	1・26孫文・ヨッフェ共同宣言。2・1ヨッフェ来日。6・5第

			17東アジア視察旅行（七月下旬まで）。	一次共産党事件。9・1関東大震災。11・8ミュンヘン一揆。12・27虎の門事件。
一三	一九二四	37	1月東洋協会に入会。五の日会・社会教育研究所に参加。4月行地会（もしくは行地社）結成。10月東洋協会大学講師就任。12・15『東西人種闘争史観』（東洋研究会）刊行。	1・7清浦奎吾内閣成立。1・10第二次憲政擁護運動発足。1・20第一次国共合作成立。1・21レーニン没。6・28島中雄三、青野季吉らが政治研究会結成。11・24孫文が神戸で大亜細亜主義演説。
一四	一九二五	38	4月行地社結成。社会教育研究所教育部が大学寮と改称。宇都宮高等農林学校講師就任。4・3行地社機関誌『月刊日本』創刊。4・15『大邦建設の理想』（社会教育研究所）発行。8月安田共済事件。11・20『黒人問題』（二酉名著刊行会）刊行。12月十五銀行怪文書事件。	3・2普通選挙法案が衆議院で修正可決。3・12孫文没。4・22治安維持法公布。12・1浅沼稲次郎らが農民労働党結党（即日結社禁止）。
一五 昭和元	一九二六	39	2・11北一輝『日本改造法案大綱』（西田税）刊行。4・10『世界現勢と大日本』（行地社出版部）刊行。5・1川島元次郎著・満川亀太郎編『南国史話』（平凡社）刊行。5・10北一輝『日本改造法案大綱』	3・5労働農民党結成。7・9蔣介石が国民革命軍総司令に就任し北伐開始。12・4日本共産党再建。12・5安部磯雄らが社

			再版（西田税）刊行。5月宮内省怪文書事件。7・5『東西人種闘争史観』（東洋協会出版部）再版刊行。7月朴烈怪写真事件。8・17行地社脱退通知書発表。11月『鴻雁録』創刊。	会民衆党結党。12・25大正天皇没。
二	一九二七	40	1・10次男建誕生。1月後藤新平の依頼で「支那時局ノ重大性ニ鑑ミ日露提携ノ急務ヲ述ブ」を執筆。5月敬愛学寮、一新社設立。5・10『世界維新に面せる日本』（一新社）刊行。8月口田康信らが大邦社を設立（機関誌『大邦』に満川ら関与）。11・20『大西郷全集』（大西郷全集刊行会）第三巻刊行。11・23全日本興国同志会発会式に参加。	3月金融恐慌開始。3・24南京事件。4・12四・一二クーデター。4・20田中義一内閣成立。5・28日本政府が山東出兵声明。
三	一九二八	41	4・17鶴見祐輔らが明政会を結成。6・5『黒人問題大観』（中央融和事業協会）刊行。8・9民政党を脱党した床次竹二郎らが新党倶楽部を結成。10月独立国策協会設立。11・25北一輝『日本改造法案大綱』普及版（西田税）刊行。12・7床次竹二郎が訪中出発。	2・20第一六回総選挙（最初の普通選挙）。3・15共産党員大検挙（三・一五事件）。4・19日本政府が第二次山東出兵を閣議決定。5・3済南事件。6・4張作霖爆死事件。6・29治安維持法改正。10・1ソ連が第一次五ヶ年計画開始。12・20日本労農党など中間派が合同して日

				本大衆党結党式開催。12・22大山郁夫ら新労働農民党結成大会開催（二日後解散命令）。
四	一九二九	42	2・9不戦条約御批准奏請反対同盟に参加。2月床次暗殺計画につき田中義一首相らの糾弾運動に従事。6・15『ユダヤ禍の迷妄』（平凡社）刊行。6・20『ひさかたぶり』創刊。7月独立国策協会改組。8月立正護国堂に招かれ講演。10・7愛国大衆党組織準備会第一回準備委員会開催。11・26寺田稲次郎、八幡博堂らが日本国民党を結党。12・26床次暗殺計画告発事件不起訴決定。	4・16共産党員大検挙（四・一六事件）。7・2浜口雄幸内閣成立。10・24ニューヨーク株式市場暴落（世界恐慌）。11・21金解禁に関する省令公布。12・10社会民衆党分裂。
五	一九三〇	43	2・11中谷武世、天野辰夫らが愛国勤労党を結党。5・18『日露戦争の世界史的意義』（国民戦線社）発行。6月下中彌三郎を中心に結成された経済問題研究会に参加（翌年一一月再編成）。6・27次男建没。10・15『日本外交史』（受験講座刊行会）刊行。11・3興亜学塾開塾式。	この年世界恐慌が日本に波及（昭和恐慌）。2・26共産党員大検挙。3月ガンジーらが英印円卓会議を拒否して第二次非暴力・不服従運動。4・22ロンドン海軍軍縮条約調印（統帥権干犯問題が起こる）。9・14ドイツ国会選挙でナチ党躍進。11・14浜口雄幸首相が狙撃される。

六	一九三一	44	2・5『東洋問題十八講』（白鳳社）刊行。3・10北一輝『支那革命外史』（平凡社）刊行。3月橋本欣五郎、大川周明らがクーデターを計画、未遂（三月事件）。津久井龍雄らが全日本愛国者共同闘争協議会を結成。10・14近藤栄蔵が新党結成の件で下中彌三郎を訪問。10月橋本欣五郎、大川周明らがクーデターを計画、未遂（十月事件）。11・3『満蒙特殊性の解剖』（興亜閣）発行。12月朝鮮女子学寮設立相談会に参加。	6・28内田良平らが大日本生産党結党式開催。7・5労農党、全国大衆党、社会民衆党合同派が全国労農大衆党結党。9・18満洲事変勃発。11・27中華ソビエト臨時政府樹立。12・13閣議で金輸出再禁止決定。
七	一九三二	45	1・17下中彌三郎を中心とする新党結成懇談会に参加。2・5『猶太禍問題の検討』（中央教化団体連合会）刊行。2・9井上準之助が小沼正に射殺される（血盟団事件）。2・11大川周明らが神武会を結成。2・25『亜細亜太平洋及び日本』（新更会刊行部）発行。3・5団琢磨が菱沼五郎に射殺される（血盟団事件）。4・18『激変渦中の世界と日本』（先進社）刊行。5・15古賀清志中尉ら首相官邸を襲い、犬養毅を射殺（五・一五事件）。5・29赤松克麿派と下中彌三郎派が分裂し、赤松らは日本国家社会党を、下中らは新日本国民同盟を結成し、満川	1・28第一次上海事変。3・1「満洲国」建国宣言。7・24全国労農大衆党、社会民衆党が合同して社会大衆党結党。7・31ドイツ国会選挙でナチ党が第一党となる。

			は後者に参加。6・1『国民思想』（国民思想研究所）創刊。6・15大川周明逮捕。8・11新日本国民同盟国際部長就任。8・31下中が新国同委員長の辞任届を提出。10・17愛国勤労党が新日本国民同盟を脱退表明。12・1新日本国民同盟機関誌『錦旗』創刊。	
八	一九三三	46	1月近藤栄蔵が新国同組織部長・中央常任委員を辞任。3・1大亜細亜協会発会式に参加。4・1『国民運動』（国民運動社）創刊。4・22『太平洋及び濠州』（平凡社）刊行。7・11天野辰夫らのクーデター計画発覚（神兵隊事件）。7月新日本国民同盟が「国難打開並皇国理想達成の祈願運動」を展開。近藤栄蔵が新国同脱退。10・15『国際日本の史的展望』（社会教育協会）発行。11・5『日本外交史』（国史講座刊行会）刊行。	1・30ヒトラーがドイツ首相就任。3・27日本政府が国際連盟脱退発表。4月滝川事件。6・7日本共産党幹部佐野学、鍋山貞親が獄中転向声明。
九	一九三四	47	2・15『大変動期の世界と日本』（錦旗社）刊行。3・1『最近四十年の日本外交』（社会教育協会）発行。11・1『ロマノフよりソヴェトまで』（社会教育協会）発行。『月刊維新』（平凡社）創刊。11・12大川周明が保釈。	9・12在満機構改革問題をめぐる陸軍・拓務両省の対立から関東庁全職員退職決議。10・1陸軍省が『国防の本義とその強化の提唱』頒布。11・20士官学校

一〇	一九三五	48	2月惟神館拡大協議会に参加。3月天皇機関説排撃運動に従事。7月新国同の幹部間対立表面化。9・3惟神顕修会開催。9・23『三国干渉以後』（平凡社）刊行。9・25新国同脱退声明書を公表。10・6第一回早天顕修会実施。11・30『世界の皇化』（惟神顕修会）発行。12・1第二回早天顕修会実施。	事件。2・18菊池武夫が貴族院で美濃部達吉の天皇機関説を攻撃。7・25第七回コミンテルン大会で人民戦線テーゼ採択。8・12永田鉄山刺殺事件。10・3エチオピア戦争勃発。12・8第二次大本教事件。
一一	一九三六	49	2・14中野正剛の選挙応援演説のため九州行。2・26二・二六事件勃発。2・28北一輝が憲兵隊に引致。3・4西田税逮捕（翌年八月一九日に北とともに銃殺刑）。3・24立命館を「皇道大学」へ更改する趣意書を中川小十郎に送付。5・3脳溢血で倒れ昏睡状態。5・12没。	3・7ドイツ軍がラインラント進駐。

徳富蘇峰 杉原志啓
*竹越与三郎 西田 毅
内藤湖南・桑原隲蔵 礪波 護
廣池千九郎 橋本富太郎
岩村 透 今橋映子
*西田幾多郎 大橋良介
*金沢庄三郎 石川遼子
柳田国男 鶴見太郎
厨川白村 張 競
天野貞祐 貝塚茂樹
大川周明 山内昌之
西田直二郎 林 淳
折口信夫 斎藤英喜
辰野 隆 金沢公子
シュタイン 瀧井一博
*西 周 清水多吉
*福澤諭吉 平山 洋
成島柳北 山田俊治
福地桜痴 山田俊治
島田三郎 武藤秀太郎
田口卯吉 鈴木栄樹
*陸 羯南 松田宏一郎
黒岩涙香 奥 武則
長谷川如是閑 織田健志
*吉野作造 田澤晴子
山川 均 米原 謙
*岩波茂雄 十重田裕一

*北 一輝 岡本幸治
*穂積重遠 大村敦志
中野正剛 吉田則昭
*満川亀太郎 福家崇洋
*北里柴三郎 福田眞人
高峰譲吉 木村昌人
田辺朔郎 秋元せき
*南方熊楠 飯倉照平
寺田寅彦 金森 修
石原 純 金子 務
*辰野金吾 河上眞理・清水重敦
*七代目小川治兵衛 尼崎博正
ブルーノ・タウト 北村昌史

現代

昭和天皇 御厨 貴
高松宮宣仁親王 後藤致人
*李方子 小田部雄次
吉田 茂 中西 寛
マッカーサー 柴山 太
石橋湛山 増田 弘
重光 葵 武田知己
市川房枝 村井良太
*池田勇人 藤井信幸
高野 実 篠田 徹

和田博雄 庄司俊作
朴正熙 木村 幹
竹下 登 真渕 勝
*松永安左エ門 橘川武郎
鮎川義介 井口治夫
*出光佐三 橘川武郎
松下幸之助 米倉誠一郎
渋沢敬三 井上 潤
*本田宗一郎 伊丹敬之
井深 大 武田 徹
*佐治敬三 小玉 武
幸田家の人々 金井景子
*正宗白鳥 大嶋 仁
大佛次郎 福島行一
*川端康成 大久保喬樹
*薩摩治郎八 小林 茂
太宰 治 安藤 宏
松本清張 杉原志啓
安部公房 鳥羽耕史
*三島由紀夫 島内景二
井上ひさし 成田龍一
R・H・ブライス 菅原克也
柳 宗悦 熊倉功夫
バーナード・リーチ 鈴木禎宏

イサム・ノグチ 酒井忠康
熊谷守一 古川秀昭
川端龍子 岡部昌幸
藤田嗣治 林 洋子
*井上有一 海上雅臣
*手塚治虫 竹内オサム
古賀政男 藍川由美
*吉田 正 金子 勇
武満 徹 船山 隆
*八代目坂東三津五郎 田口章子
*力道山 岡村正史
*西田天香 宮田昌明
安倍能成 中根隆行
サンソム夫妻 平川祐弘・牧野陽子
和辻哲郎 小坂国継
矢代幸雄 稲賀繁美
石田幹之助 岡本さえ
*平泉 澄 若井敏明
安岡正篤 片山杜秀
島田謹二 小林信行
田中美知太郎 川久保剛
前嶋信次 杉田英明
唐木順三 澤村修治
保田與重郎 谷崎昭男
*福田恆存 川久保剛
井筒俊彦 安藤礼二

佐々木惣一 伊藤孝夫
小泉信三 都倉武之
*瀧川幸辰 伊藤孝夫
矢内原忠雄 等松春夫
式場隆三郎 服部 正
*フランク・ロイド・ライト 大久保美春
*中谷宇吉郎 杉山滋郎
大宅壮一 有馬 学
今西錦司 山極寿一

*は既刊
二〇一六年四月現在

*月性　海原徹
*吉田松陰　海原徹
*高杉晋作　海原徹
久坂玄瑞　一坂太郎
ペリー　遠藤泰生
ハリス　福岡万里子
オールコック　佐野真由子
アーネスト・サトウ　奈良岡聰智
緒方洪庵　米田該典
冷泉為恭　中部義隆

近代

*明治天皇　伊藤之雄
*大正天皇　F・R・ディキンソン
*昭憲皇太后・貞明皇后　小田部雄次
大久保利通　三谷太一郎
山県有朋　鳥海靖
木戸孝允　落合弘樹
井上馨　伊藤之雄
*松方正義　室山義正
北垣国道　小林丈広
板垣退助　小川原正道
長与専斎　笠原英彦
大隈重信　五百旗頭薫
伊藤博文　坂本一登
井上毅　大石眞
*井上勝　老川慶喜
*桂太郎　小林道彦
渡辺洪基　瀧井一博
*乃木希典　佐々木英昭
星亨　小林道彦
*児玉源太郎　小林道彦
*高宗・閔妃　木村幹
山本権兵衛　室山義正
*金子堅太郎　松村正義
高橋是清　鈴木俊夫
小村寿太郎　簑原俊洋
*犬養毅　小林惟司
*加藤高明　櫻井良樹
牧野伸顕　小宮一夫
田中義一　黒沢文貴
内田康哉　高橋勝浩
石井菊次郎　廣部泉
平沼騏一郎　堀田慎一郎
鈴木貫太郎　小堀桂一郎
宇垣一成　北岡伸一
*宮崎滔天　榎本泰子
*浜口雄幸　川田稔
幣原喜重郎　西田敏宏
関一　玉井金五
水野広徳　片山慶隆
広田弘毅　井上寿一
安重根　上垣外憲一
*グルー　廣部泉
*永田鉄山　森靖夫
東條英機　牛村圭
今村均　前田雅之
蔣介石　劉岸偉
石原莞爾　山室信一
木戸幸一　波多野澄雄
*岩崎弥太郎　武田晴人
伊藤忠兵衛　末永國紀
五代友厚　田付茉莉子
大倉喜八郎　村上勝彦
*安田善次郎　由井常彦
渋沢栄一　武田晴人
益田孝　鈴木邦夫
山辺丈夫　宮本又郎
武藤山治　阿部武司・桑原哲也
池田成彬　松浦正孝
西原亀三　森川正則
小林一三　橋爪紳也
大倉恒吉　石川健次郎
大原孫三郎　猪木武徳
*河竹黙阿弥　今尾哲也
イザベラ・バード　加納孝代
*林忠正　木々康子
*森鷗外　小堀桂一郎
*二葉亭四迷　ヨコタ村上孝之
夏目漱石　佐々木英昭
徳冨蘆花　半藤英明
巌谷小波　千葉信胤
樋口一葉　佐伯順子
*島崎藤村　十川信介
泉鏡花　東郷克美
上田敏　小林茂
*有島武郎　亀井俊介
永井荷風　川本三郎
北原白秋　平石典子
菊池寛　山本芳明
芥川龍之介　髙橋龍夫
*宮沢賢治　千葉一幹
正岡子規　夏石番矢
高浜虚子　坪内稔典
与謝野晶子　佐伯順子
*種田山頭火　村上護
*斎藤茂吉　品田悦一
*高村光太郎　湯原かの子
萩原朔太郎　エリス俊子
*原阿佐緒　秋山佐和子
*狩野芳崖・高橋由一　古田亮
*小堀鞆音　小堀桂一郎
竹内栖鳳　北澤憲昭
黒田清輝　高階秀爾
中村不折　石川九楊
横山大観　高階秀爾
*橋本関雪　西原大輔
小出楢重　芳賀徹
土田麦僊　天野一夫
岸田劉生　北澤憲昭
*山田耕筰　後藤暢子
松旭斎天勝　川添裕
中山みき　鎌田東二
佐田介石　谷川穣
*ニコライ　中村健之介
出口なお・王仁三郎　川村邦光
島地黙雷　阪本是丸
*新島襄　太田雄三
新島八重　佐伯順子
木下広次　冨岡勝
海老名弾正　西田毅
嘉納治五郎　クリストファー・スピルマン
柏木義円　片野真佐子
津田梅子　田中智子
*澤柳政太郎　新田義之
河口慧海　高山龍三
山室軍平　室田保夫
大谷光瑞　白須淨眞
*久米邦武　髙田誠二
フェノロサ　伊藤豊
井上哲次郎　井ノ口哲也
三宅雪嶺　長妻三佐雄
*岡倉天心　木下長宏
志賀重昂　中野目徹

＊親鸞　末木文美士
恵信尼・覚信尼　西口順子
覚如　今井雅晴
＊道元　船岡　誠
叡尊　細川涼一
＊忍性　松尾剛次
＊日蓮　佐藤弘夫
一遍　蒲池勢至
夢窓疎石　原田正俊
＊宗峰妙超　竹貫元勝

南北朝・室町

後醍醐天皇　上横手雅敬
護良親王　新井孝重
＊赤松氏五代　渡邊大門
＊北畠親房　岡野友彦
楠正成　兵藤裕己
＊新田義貞　山本隆志
＊光厳天皇　深津睦夫
足利尊氏　市沢　哲
足利直義　亀田俊和
佐々木道誉　下坂　守
円観・文観　田中貴子
足利義詮　早島大祐
足利義満　川嶋將生
足利義持　吉田賢司
足利義教　横井　清
大内義弘　平瀬直樹
伏見宮貞成親王　松薗　斉
＊山名宗全　山本隆志
細川勝元・政元　古野　貢
日野富子　脇田晴子
世阿弥　西野春雄
雪舟等楊　河合正朝
宗祇　鶴崎裕雄
＊満済　森　茂暁
一休宗純　原田正俊
蓮如　岡村喜史

戦国・織豊

北条早雲　家永遵嗣
＊毛利元就　岸田裕之
毛利輝元　光成準治
＊今川義元　小和田哲男
＊武田信玄　笹本正治
＊武田勝頼　笹本正治
＊真田氏三代　笹本正治
＊三好長慶　天野忠幸
＊宇喜多直家・秀家　渡邊大門
＊上杉謙信　矢田俊文
島津義久・義弘　福島金治
長宗我部元親・盛親　平井上総
吉田兼倶　西山　克
山科言継　松薗　斉
＊雪村周継　赤澤英二
正親町天皇・後陽成天皇　神田裕理
織田信長　三鬼清一郎
豊臣秀吉　藤井讓治
＊北政所おね　田端泰子
＊淀殿　福田千鶴
前田利家　東四柳史明
＊黒田如水　小和田哲男
＊蒲生氏郷　藤田達生
＊細川ガラシャ　田端泰子
伊達政宗　伊藤喜良
＊支倉常長　田中英道
＊長谷川等伯　宮島新一
顕如　神田千里
教如　安藤　弥

江戸

徳川家康　笠谷和比古
＊徳川家光　野村　玄
徳川吉宗　横田冬彦
＊後水尾天皇　久保貴子
光格天皇　藤田　覚
崇伝　杣田善雄
春日局　福田千鶴
宮本武蔵　渡邊大門
＊池田光政　倉地克直
保科正之　八木清治
シャクシャイン　岩崎奈緒子
＊田沼意次　藤田　覚
＊二宮尊徳　小林惟司
末次平蔵　岡美穂子
＊高田屋嘉兵衛　生田美智子
＊林羅山　鈴木健一
吉野太夫　渡辺憲司
中江藤樹　辻本雅史
＊山崎闇斎　澤井啓一
山鹿素行　前田　勉
＊北村季吟　島内景二
伊藤仁斎　澤井啓一
貝原益軒　辻本雅史
松尾芭蕉　楠元六男
＊ケンペル　B・M・ボダルト＝ベイリー
新井白石　大川　真
荻生徂徠　柴田　純
＊雨森芳洲　上田正昭
石田梅岩　高野秀晴
白隠慧鶴　芳澤勝弘
前野良沢　松田　清
平賀源内　石上　敏
本居宣長　田尻祐一郎
杉田玄白　吉田　忠
木村蒹葭堂　有坂道子
＊大田南畝　沓掛良彦
菅江真澄　赤坂憲雄
＊鶴屋南北　諏訪春雄
良寛　阿部龍一
＊山東京伝　佐藤至子
＊滝沢馬琴　高田　衛
平田篤胤　山下久夫
シーボルト　宮坂正英
本阿弥光悦　岡　佳子
小堀遠州　中村利則
狩野探幽・山雪　山下善也
尾形光琳・乾山　河野元昭
＊二代目市川團十郎　田口章子
伊藤若冲　狩野博幸
鈴木春信　小林　忠
＊佐竹曙山　成瀬不二雄
葛飾北斎　岸　文和
酒井抱一　玉蟲敏子
孝明天皇　青山忠正
＊和宮　辻ミチ子
徳川慶喜　大庭邦彦
島津斉彬　原口　泉
＊古賀謹一郎　小野寺龍太
＊永井尚志　高村直助
＊栗本鋤雲　小野寺龍太
大村益次郎　竹本知行
西郷隆盛　家近良樹
＊塚本明毅　塚本　学

ミネルヴァ日本評伝選

企画推薦
梅原　猛
ドナルド・キーン
佐伯彰一
角田文衞

監修委員
上横手雅敬
芳賀　徹

編集委員
石川九楊
伊藤之雄
猪木武徳
今谷　明
今橋映子
熊倉功夫
佐伯順子
坂本多加雄
武田佐知子
竹西寛子
西口順子
兵藤裕己
御厨　貴

上代

*卑弥呼　古田武彦
*日本武尊　西宮秀紀
*仁徳天皇　若井敏明
雄略天皇　吉村武彦
*蘇我氏四代　遠山美都男
推古天皇　義江明子
聖徳太子　仁藤敦史
斉明天皇　武田佐知子
小野妹子・毛人　大橋信弥
*額田王　梶川信行
弘文天皇　遠山美都男
天武天皇　新川登亀男
持統天皇　丸山裕美子
阿倍比羅夫　熊田亮介
*藤原四子　木本好信
*柿本人麿　古橋信孝
*元明天皇・元正天皇　渡部育子
聖武天皇　本郷真紹
光明皇后　寺崎保広
*孝謙・称徳天皇　勝浦令子
藤原不比等　荒木敏夫
橘諸兄・奈良麻呂　遠山美都男
吉備真備　今津勝紀
*藤原仲麻呂　木本好信
道鏡　吉川真司
*藤原種継　木本好信
大伴家持　和田　萃
*行基　吉田靖雄

平安

*桓武天皇　井上満郎
嵯峨天皇　西別府元日
宇多天皇　古藤真平
醍醐天皇　石上英一
村上天皇　京樂真帆子
花山天皇　上島　享
*三条天皇　倉本一宏
藤原薬子　中野渡俊治
藤原良房・基経　瀧浪貞子
菅原道真　竹居明男
*紀貫之　神田龍身
源高明　所　功
*安倍晴明　斎藤英喜
藤原実資　橋本義則
*藤原道長　朧谷　寿
藤原伊周・隆家　倉本一宏
藤原定子　山本淳子
清少納言　三田村雅子
紫式部　竹西寛子
和泉式部　ツベタナ・クリステワ
大江匡房　小峯和明
*阿弖流為　樋口知志
坂上田村麻呂　熊谷公男
*源満仲・頼光　元木泰雄
平将門　西山良平
藤原純友　寺内　浩
空海　頼富本宏
最澄　吉田一彦
円珍　岡野浩二
*空也　石井義長
奝然　上川通夫
*源信　小原　仁
慶滋保胤　吉原浩人
*後白河天皇　美川　圭
式子内親王　奥野陽子
建礼門院　生形貴重
*藤原秀衡　入間田宣夫
平時子・時忠　元木泰雄
平維盛　根井　浄
守覚法親王　阿部泰郎
藤原隆信・信実　山本陽子

鎌倉

源頼朝　川合　康
*源義経　近藤好和
源実朝　神田龍身
*九条兼実　加納重文
九条道家　上横手雅敬
北条時政　野口　実
熊谷直実　佐伯真一
*北条政子　関　幸彦
北条義時　岡田清一
曾我十郎・五郎　杉橋隆夫
北条時頼　山本隆志
北条時宗　近藤成一
安達泰盛　山陰加春夫
平頼綱　細川重男
竹崎季長　堀本一繁
西行　光田和伸
鴨長明　浅見和彦
藤原定家　赤瀬信吾
*京極為兼　今谷　明
*兼好　島内裕子
重源　横内裕人
*運慶　根立研介
快慶　井上一稔
法然　今堀太逸
慈円　大隅和雄
明恵　西山　厚

刊行のことば

歴史を動かすものは人間であり、興趣に富んだ人間の動きを通じて、世の移り変わりを考えるのは、歴史に接する醍醐味である。

しかし過去の歴史学を顧みるとき、人間不在という批判さえ見られたように、歴史における人間のすがたが、必ずしも十分に描かれてきたとはいえない。二十一世紀を迎えた今、歴史の中の人物像を蘇生させようとの要請はいよいよ強く、またそのための条件もしだいに熟してきている。

この「ミネルヴァ日本評伝選」は、正確な史実に基づいて書かれるのはいうまでもないが、単に経歴の羅列にとどまらず、歴史を動かしてきたすぐれた個性をいきいきとよみがえらせたいと考える。そのためには、対象とした人物とじっくりと対話し、ときにはきびしく対決していくことも必要になるだろう。

今日の歴史学が直面している困難の一つに、研究の過度の細分化、瑣末化が挙げられる。それは緻密さを求めるが故に陥った弊害といえるが、その結果として、歴史の大きな見通しが失われ、歴史学を通しての社会への働きかけの途が閉ざされ、人々の歴史への関心を弱める危険性がある。今こそ歴史が何のためにあるのかという、基本的な課題に応える必要があろう。評伝という興味ある方法を通じて、解決の手がかりを見出せないだろうかというのも、この企画の一つのねらいである。

狭義の歴史学の研究者だけでなく、多くの分野ですぐれた業績をあげている著者たちを迎えて、従来見られなかった規模の大きな人物史の叢書として、「ミネルヴァ日本評伝選」の刊行を開始したい。

平成十五年（二〇〇三）九月

ミネルヴァ書房

《著者紹介》

福家崇洋（ふけ・たかひろ）

1977年　徳島県生まれ

2007年　京都大学大学院人間・環境学研究科博士後期課程研究指導認定退学，博士（人間・環境学）

京都市歴史資料館京都市政史編纂助手，京都大学大学文書館助教などを経て

現　在　富山大学人文学部准教授

著　書　『戦間期日本の社会思想——「超国家」へのフロンティア』人文書院，2010年。

『日本ファシズム論争——大戦前夜の思想家たち』河出書房新社，2012年。

ほか。

論　文　「京都民主戦線についての一試論」『人文学報』104号，2013年。

「鶴見俊輔と転向論」『現代思想』43巻15号，2015年。

「1950年前後における京大学生運動」（上・下）『京都大学大学文書館研究紀要』13・14号，2015・2016年。

ほか。

ミネルヴァ日本評伝選

満《みつ》川《かわ》亀《かめ》太《た》郎《ろう》

——慷慨の志猶存す——

2016年4月10日　初版第1刷発行　〈検印省略〉

定価はカバーに
表示しています

著　者　福　家　崇　洋

発行者　杉　田　啓　三

印刷者　江　戸　孝　典

発行所　株式会社　ミネルヴァ書房

607-8494 京都市山科区日ノ岡堤谷町1
電話代表（075）581-5191
振替口座 01020-0-8076

共同印刷工業・新生製本

ISBN978-4-623-07682-6

Printed in Japan

人名索引

あ 行

か　行

さ　行

た　行

な　行

は 行

ま　行

や　行

ら　行

わ　行